Kohlhammer

Die Autor*innen

Prof. Dr. Nicole Vliegen ist als psychodynamisch ausgerichtete Kinderpsychotherapeutin im Arbeitsbereich Klinische Psychologie der Universität Leuven tätig. Sie lehrt an der Universität Leuven im Bereich der psychoanalytischen Therapie und ist akademische Leiterin der postgradualen Ausbildung für psychoanalytische Kinder- und Jugendtherapeut*innen sowie akademisch Verantwortliche der Kinder- und Jugendtherapie am universitären Praxiszentrum ›Praxis P‹ in Leuven. Sie ist Leiterin des Forschungsprogramms zu komplexen Traumata und Bindungstraumatisierungen bei Pflege- und Adoptivkindern und des Ausbildungsinstituts RINO-Flandern, mit dem Fokus auf die psychische Gesundheit in der frühen Kindheit.

Prof. Dr. Eileen Tang ist Postdoc im Arbeitsbereich Klinische Psychologie der Universität Leuven. In ihrer Forschung widmet sie sich der Entwicklung von Pflege- und Adoptivkindern mit komplexen Traumatisierungen. Als psychoanalytische Psychotherapeutin ist sie im Therapiezentrum Praxis P der Fakultät Psychologie und Pädagogische Wissenschaften der Universität Leuven wirksam und lehrt überdies psychodynamische Psychotherapie an der Fakultät der Psychologie und Erziehungswissenschaften der Freien Universität Brüssel.

Prof. Dr. Patrick Meurs ist Direktor am Sigmund-Freud-Institut in Frankfurt/Main. Hier leitet er die Forschung zu Prozessen und Effekten der psychoanalytischen Kindertherapie und zur Entwicklung von Kindern und Jugendlichen mit Migrations- oder Fluchthintergrund. Er ist Leiter der Fachgruppe Psychoanalyse der Universität Kassel und lehrt am Institut für Erziehungswissenschaften psychoanalytische Entwicklungspsychologie und Kinderpsychotherapie. Zudem ist er akademischer Verantwortlicher für psychoanalytische Ausbildungen in Kassel und Leuven und praktizierender psychoanalytischer Psychotherapeut für Kinder und Jugendliche. Er ist auch Mitglied des Scientific Board des Frankfurter IDeA-Zentrums (Individual Development and Adaptive Education of Children at Risk).

Nicole Vliegen/Eileen Tang/Patrick Meurs

Bindungstraumatisierungen bei Kindern und Jugendlichen

Ein Leitfaden für Betreuungspersonen

Übersetzt von Corinna Poholski/
Constanze Rickmeyer/Judith Lebiger-Vogel

Verlag W. Kohlhammer

Dieses Werk einschließlich aller seiner Teile ist urheberrechtlich geschützt. Jede Verwendung außerhalb der engen Grenzen des Urheberrechts ist ohne Zustimmung des Verlags unzulässig und strafbar. Das gilt insbesondere für Vervielfältigungen, Übersetzungen, Mikroverfilmungen und für die Einspeicherung und Verarbeitung in elektronischen Systemen.

Pharmakologische Daten, d. h. u. a. Angaben von Medikamenten, ihren Dosierungen und Applikationen, verändern sich fortlaufend durch klinische Erfahrung, pharmakologische Forschung und Änderung von Produktionsverfahren. Verlag und Autoren haben große Sorgfalt darauf gelegt, dass alle in diesem Buch gemachten Angaben dem derzeitigen Wissensstand entsprechen. Da jedoch die Medizin als Wissenschaft ständig im Fluss ist, da menschliche Irrtümer und Druckfehler nie völlig auszuschließen sind, können Verlag und Autoren hierfür jedoch keine Gewähr und Haftung übernehmen. Jeder Benutzer ist daher dringend angehalten, die gemachten Angaben, insbesondere in Hinsicht auf Arzneimittelnamen, enthaltene Wirkstoffe, spezifische Anwendungsbereiche und Dosierungen anhand des Medikamentenbeipackzettels und der entsprechenden Fachinformationen zu überprüfen und in eigener Verantwortung im Bereich der Patientenversorgung zu handeln. Aufgrund der Auswahl häufig angewendeter Arzneimittel besteht kein Anspruch auf Vollständigkeit

Die Wiedergabe von Warenbezeichnungen, Handelsnamen und sonstigen Kennzeichen in diesem Buch berechtigt nicht zu der Annahme, dass diese von jedermann frei benutzt werden dürfen. Vielmehr kann es sich auch dann um eingetragene Warenzeichen oder sonstige geschützte Kennzeichen handeln, wenn sie nicht eigens als solche gekennzeichnet sind.

Es konnten nicht alle Rechtsinhaber von Abbildungen ermittelt werden. Sollte dem Verlag gegenüber der Nachweis der Rechtsinhaberschaft geführt werden, wird das branchenübliche Honorar nachträglich gezahlt.

Dieses Werk enthält Hinweise/Links zu externen Websites Dritter, auf deren Inhalt der Verlag keinen Einfluss hat und die der Haftung der jeweiligen Seitenanbieter oder -betreiber unterliegen. Zum Zeitpunkt der Verlinkung wurden die externen Websites auf mögliche Rechtsverstöße überprüft und dabei keine Rechtsverletzung festgestellt. Ohne konkrete Hinweise auf eine solche Rechtsverletzung ist eine permanente inhaltliche Kontrolle der verlinkten Seiten nicht zumutbar. Sollten jedoch Rechtsverletzungen bekannt werden, werden die betroffenen externen Links soweit möglich unverzüglich entfernt.

Aus dem Flämischen übersetzt von: Corinna Poholski, Constanze Rickmeyer und Judith Lebiger-Vogel

Flämische Originalausgabe:
Van kwetsuur naar litteken. Hulpverlening aan kinderen met complex trauma.

Alle Rechte vorbehalten
© 2017 Nicole Vliegen, Eileen Tang, Patrick Meurs
Illustrationen: Mark Borgions

Für die deutschsprachige Ausgabe:
1. Auflage 2021

Alle Rechte vorbehalten
© W. Kohlhammer GmbH, Stuttgart
Gesamtherstellung: W. Kohlhammer GmbH, Heßbrühlstr. 69, 70565 Stuttgart
produktsicherheit@kohlhammer.de

Print:
ISBN 978-3-17-037186-6

E-Book-Formate:
pdf: ISBN 978-3-17-037187-3
epub: ISBN 978-3-17-037188-0
mobi: ISBN 978-3-17-037189-7

Inhalt

Vorwort von Dr. phil. Marianne Rauwald 11

Vorwort der Autor*innen zur deutschen Version 14

Vorwort von Dr. med. Peter Adriaenssens 18

Danksagung der Autor*innen und Anerkennung 21

Einleitung 23

Entwicklung im Schatten eines komplexen Traumas

Einleitung 29

1 Außergewöhnliche Kinder, außergewöhnlicher
   Versorgungsbedarf 31
   1.1 Jedes Kind ist anders 32
   1.2 Kinder mit Gebrauchsanweisung 35
   1.3 Über das frühe Trauma nachdenken können und dürfen 36
   1.4 Definition der Traumatisierung 38
   1.5 Die komplexe Traumatisierung 42
   1.6 Von der Verletzung zur Narbe 43

2 Ein kurzer Einblick in die Entwicklungspsychologie 47
   2.1 Ein von Fürsorge abhängiges und sozial orientiertes
        Kleinkind 48
   2.2 Von der gemeinsamen Regulierung am Anfang des Lebens
        zur späteren Selbstregulierung 50
   2.3 Der Aufbau von Erinnerungen und dem Gefühl
        einer eigenen Lebensgeschichte 51
   2.4 Was passiert, wenn Kinder nicht beruhigt und getröstet
        werden? 52
   2.5 Die Bedeutsamkeit davon, den Kontakt wieder herzustellen 53
   2.6 Komplexes Trauma: Ein Rucksack voll überwältigender
        Erlebnisse 55
   2.7 Wie frühe Stresserfahrungen die Gehirnentwicklung
        beeinflussen 56

	2.8	Jedes Kind ist einzigartig: Die Symphonie der Entwicklung eines Kindes	58
3		**Die Relevanz der Bindungsentwicklung für den Aufbau der Persönlichkeit**	**61**
	3.1	Von der Regulierung bis zur Bindung	62
	3.2	Bindungsentwicklung als ein lebenslanger Prozess von Wachstum und Reifung	63
	3.3	Die versorgende Person: Von einer sicheren Basis zum Hafen, der Erholung bietet	65
	3.4	Eine sichere Bindungsbeziehung als Grundlage für eine gesunde emotionale Entwicklung	67
	3.5	Bindung im Kontext eines komplexen Traumas: Entwurf einer inneren Welt voller Angst und Misstrauen	69
	3.6	Eine neue Landkarte?	73
4		**Notwendigkeit reflektierender und haltender Eltern und Umgebungen**	**75**
	4.1	Über die eigene Innenwelt nachzudenken, wird innerhalb einer »normalen« Familienkonstellation erlernt	76
	4.2	Mentalisierung: ein Psy-Wort für den sorgsamen Umgang mit Kindern	77
	4.3	Eltern wird man ohne Ausbildung oder Gebrauchsanweisung: Auf der Suche nach einem Kompass	78
	4.4	Ein Kind findet sich in den Spiegeln, die versorgende Personen ihm vorhalten	79
	4.5	Kinder mit einem komplexen Trauma sind schwerer zu lesen	81
	4.6	Die elterliche Mentalisierung unter Druck	83
	4.7	Wie hält man als Eltern dann im Sturm noch den Kurs?	84
	4.8	»Außergewöhnlich gute Eltern« gesucht: Verletzte Kinder benötigen Eltern mit besonders ausgeprägten Reflexionsfähigkeiten	86
	4.9	It takes (more than) a village to raise a child (with complex trauma): Ein traumasensitiver Kontext für Eltern	88
	4.10	Traumasensible Hilfestellung	90

Behandlung: Von der Verletzung zur Narbe

Einleitung		**95**
	Ein Beratungsrahmen, ein dreiteiliges Angebot	96
	Kinderpsychotherapie im Therapiezimmer: spielen, malen und erzählen	97
	Was Psychotherapie bei Kindern mit einem komplexen Trauma bedeutet	99

5	**Das Spielzimmer als Ort des sich Wiederfindens**	**101**
5.1	Spielen, Malen und Erzählen bei Kindern mit einem komplexen Trauma	102
5.2	Narrative Entwicklung: die ersten Geschichten im Leben sind »Co-Constructions« (gemeinsame Konstruktionen)	103
5.3	Wenn die bisherigen Erfahrungen zu intensiv sind und zu früh auftreten, um in Worte gefasst zu werden	105
5.4	Traumatrigger: Traumaspuren als Störsender beim Spielen, im Verhalten und in der Kommunikation	109
5.5	Spielen ist wichtig, um zu wachsen und zu verarbeiten	110
5.6	Auf der Suche nach Wörtern und Bildern	112
5.7	Eine Schublade, eine Schachtel und ein Zeichenblock als »Container« für Erfahrungen	114
5.8	Regisseur der eigenen Geschichte werden: Das Spielen und Erzählen als Wiederholen, Meistern und ›In-den-Griff-bekommen‹	114
5.9	Gemeinsam Sprache und Bilder für Erfahrungen in der Psychotherapie finden	116
5.10	Zum Abschluss dieses Kapitels	117

6	**Von der emotionalen Achterbahnfahrt zu neuen Erfahrungen der Regulierung**	**119**
6.1	Das Regulationssystem von Kindern mit einem komplexen Trauma: Eine Innenwelt, die schnell dereguliert ist	120
6.2	Hypervigilanz und erhöhte Stressempfindlichkeit: Die biopsychosoziale Falle	122
6.3	Das Kontinuum der Erregung bei Kindern mit einem komplexen Trauma	124
6.4	Traumatrigger – Reize, die an das Trauma erinnern	127
6.5	Erste Hilfe bei Störungen: Co-regulierende Erwachsene, die tief durchatmen und ruhig nachdenken	128
6.6	Bilder, Worte und Sprache als Grundlage für Regulierung und Kontrolle	130
6.7	Vom »Eigenbrötler« bis zum »Ausflippen«: Metaphern, die helfen, sich selbst zu verstehen	132
6.8	Über Löwen, Rehe und Kaninchen: Die Beute eines primitiven fight-, flight- oder freeze-Modus	135
6.9	Wiederherstellung des Körpervertrauens	138
6.10	»Stop and rewind«: Von fight, flight und freeze zum gemeinsamen Spielen, Sprechen und Nachdenken	139
6.11	Abschließend	141

7		Inseln des Vertrauens in einer Erfahrungswelt unzuverlässiger Versorgung	143
	7.1	Komplexes Trauma ist auch ein »Bindungstrauma«: Eine innere Welt, die auf einem grundlegenden Gefühl des Misstrauens beruht	144
	7.2	Internale Arbeitsmodelle: Ein »Skript« für Beziehungen – eine Landkarte der sozialen Welt	145
	7.3	Das Spielzimmer als Labor für soziale und emotionale Erfahrungen/Entwicklung	147
	7.4	Brückentester: Die Kraft von und der ewige Kampf mit einer tief verwurzelten Verlassensangst	149
	7.5	Intermezzo	150
	7.6	The witching hour: Gelegentlich überwältigt von grausigen »Hexen«-Gefühlen gegenüber anderen	152
	7.7	»Gespensterstunde-Erfahrungen im Kleinen«	154
	7.8	Außen wütend, Innen zerbrechlich: Wutanfälle als Tarnung der Angst	157
	7.9	Sich verstecken, um gefunden zu werden: Erstes vorsichtiges Vertrauen	158
	7.10	Im Spielzimmer noch mehr Wechselseitigkeit und Vertrauen üben	160
	7.11	Zum Abschluss des 7. Kapitels	162
8		Ein Selbstnarrativ aufbauen und sich in neuen sozialen Beziehungen engagieren als Fundament der eigenen Identität	165
	8.1	Das komplexe Trauma, der Bindungsabbruch und die Identitätsentwicklung: In einem Labyrinth aus schwierigen Erfahrungen kann man sich auch selbst verlieren	166
	8.2	Eine betäubte Innenwelt: Niemand weiß, wie lange Sprösslinge auf Regen warten können	167
	8.3	Die Quelle der Vitalität anbohren und den Keim unter einer Kappe schützen	169
	8.4	Verliert man sich selbst, verliert man den inneren Kompass	170
	8.5	Kollidieren mit neuen Bezugspersonen und Konflikte suchen, um ein Selbstgefühl neu aufzubauen und Keime eines inneren Kompasses (wieder) zu finden	172
	8.6	Identitätsentwicklung: Schrittweise ein neues Narrativ mit verschiedenen Versionen oder Kapiteln des Selbst entwickeln	174
	8.7	Eine Lebensgeschichte mit Lücken, Sprüngen und Inkonsistenzen	175
	8.8	Trauer und Verlust betrifft mehr als nur eine versorgende Person	176
	8.9	Die unvermeidlichen Seelennarben als Teil des Selbst akzeptieren	177
	8.10	Zum Abschluss	179

Als Fazit: Ein Zehn-Punkte-Programm für eine traumasensible Gesellschaft **181**

Literatur 189

Vorwort von Dr. phil. Marianne Rauwald

Seit Erscheinen des DSM-5 haben wir die Möglichkeit, auch komplexe Verläufe einer Posttraumatischen Belastungsstörung zu diagnostizieren, die in Erwartung stehende ICD-11 wird die Diagnose einer Komplexen Traumatisierung als eigene Einheit aufnehmen und so der Erfahrung Rechnung tragen, dass gerade frühe und wiederholte im Bindungskontext erfahrene traumatische Erlebnisse bei den betroffenen Kinder langfristig kognitive, affektive und psychosoziale Beeinträchtigungen in unterschiedlicher Weise und Ausprägung bedingen können. Kinder, die häufig in ihrer nächsten Umgebung, in ihrer Familie, dort, wo sie Halt, Schutz und Geborgenheit erfahren sollten, zutiefst verletzt wurden, erfahren nahe Bindungen als Ort oft permanent drohender Gefahr, vor der es kaum einen Schutz gibt. Sie reagieren darauf abhängig von Alter und individuellen Faktoren sehr unterschiedlich mit aggressivem Verhalten, Rückzug und depressiver Entwicklung oder auch mit nach außen gezeigter auffälliger Unauffälligkeit, dies oft zum Schutz ihrer Eltern.

Kinderschutz und Jugendhilfe haben sich zur Aufgabe gemacht, Kindern in Not, Kindern, die in ihren Herkunftsfamilien unerträgliche Erfahrungen machen mussten, zu helfen. Mit Angeboten der ambulanten Hilfen versuchen sie, gefährdeten Kindern wie auch solchen, die bereits Beeinträchtigungen in ihrer bisherigen bio-psycho-sozialen Entwicklung erfahren mussten, zu helfen. In anderen Fällen kommt es zu einer Herausnahme und stationären Unterbringung betroffener Kinder in Einrichtungen, Wohngruppen oder auch Pflege- und Adoptivfamilien. Es besteht die Hoffnung, dass Kinder in dieser neuen Umgebung nun die Voraussetzung für eine gesunde und freie Entwicklung erfahren.

Immer wieder jedoch kommt es auch unter den neuen Lebensbedingungen zu schwierigen Entwicklungen und Situationen, die gerade die betreuenden Adoptiv- oder Pflegeeltern vor große Herausforderungen stellen und sie oft bis an die Belastungsgrenze bringen. Manchmal scheint schon eine Eingewöhnung schwierig, häufiger treten Konflikte und Verhaltensauffälligkeiten erst nach Monaten oder Jahren auf. Gerade Entwicklungskrisen wie Pubertät und Adoleszenz stellen für einige diese Kinder risikobehaftete Schritte dar und gehen oft mit aufwühlenden Erfahrungen einher – für sie selbst ebenso wie für ihre nahe Umgebung. Manchmal zeigen Kinder und Jugendliche dieses herausfordernde Verhalten hauptsächlich in den Familien, in denen es zu unerträglichen Streitigkeiten und zunehmend gegenseitigem Misstrauen und beiderseitigen Vorwürfen kommt, während die Schule oder die soziale Umgebung weiterhin freundliche, interessierte und aufgeschlossene jungen Menschen wahrnimmt. Bisweilen scheinen betroffene Kinder und Jugendliche nach einem hoffnungsvollen Start alle Brücken hinter sich abbrechen zu wollen und sich – kaum erreichbar für ihre Familien – über autoaggressive oder dissoziale Tendenzen einer positiven Entwicklung zu verschließen. Neben dem so ausgedrückten Leid der Kinder gehen derartige Entwicklungen für ihre Eltern bzw. Betreuungspersonen mit gravierenden Enttäuschungen, Verunsicherungen und häufig mit schwer aushaltbaren Schuld- und Versagensgefühlen einher. Eltern ebenso wie das professionelle Hilfesystem stehen dann oft ratlos einer destruktiv erlebten Entwicklung gegenüber, die hilfreiche Angebote auszuhebeln scheint und die Helfer hilflos zurückzulassen scheint.

Das vorliegende Buch zeigt, dass die Autor*innen bereits lange aus ihrer praktischen Arbeit und aus der begleitenden Forschung heraus die besondere Entwicklung von Kindern, die früh im Leben unter traumatischen Bedingungen aufwachsen mussten, in den Fokus ihrer Aufmerksamkeit gestellt haben. Im Zentrum ihres Verständnisses, das sie vor allem in der intensiven gemeinsamen therapeutischen Arbeit mit betroffenen Kindern und ihren Bezugspersonen entwickelt haben, stehen die belasteten Bindungserfahrungen dieser Kinder, die alle zumindest einen, oft mehrere Bindungsabbrüche erlebt haben. Es sind gerade diese erlebten Bindungsabbrüche, die als tiefe Erschütterung kindlichen Vertrauens und überdauernde Verunsicherung ihres Selbstverständnisses und Selbstgefühls verinnerlicht werden und in kritischen Momenten immer wieder neu aktiviert werden.

Lebendig und einfühlsam vermittelt der vorliegende Band anhand zahlreicher Vignetten und Erfahrungen aus kindertherapeutischen Behandlungen wie über ein genaues und einfühlsames Zuhören und eine zuverlässige Begleitung ihrer jungen Klient*innen sowie über offene und vertrauensvolle Gespräche mit ihren aktuellen Bezugspersonen, wie Pflege- oder Adoptiveltern aber auch Betreuer*innen in Hilfeeinrichtungen, ein vertieftes Verständnis des Erlebens, der Sorgen und Verhaltensweisen betroffener Kinder und Jugendlicher möglich wird. Anhand ihrer Erfahrungen aus der therapeutischen Begleitung betroffener Familien verdeutlichen die Autor*innen, wie die erlebten frühen Verletzungen dieser Kinder und Jugendlichen, die oft jenseits eines sprachlichen Zugangs tief in der sich entwickelnden kindlichen Persönlichkeit verankert sind, von hier aus die weitere Entwicklung und besonders das weitere Beziehungserleben nachhaltig beeinflussen. Die weitreichenden Folgen früh erlebter Erfahrungen von fehlender emotionaler Verfügbarkeit, grenzüberschreitendem Verhalten, Missbrauch oder Vernachlässigung äußern sich dann oftmals in überdauernden Schwierigkeiten der Emotionsregulierung, des Selbstgefühls, der Identitätsentwicklung und vor allem auch in ihrem späteren Bindungsverhalten.

Die Autor*innen des vorliegenden Bands machen deutlich, wie sehr gerade in diesen Krisen die früh erlebten traumatischen Bindungserfahrungen und vor allem Bindungsabbrüche neu inszeniert werden. Sie öffnen einen Blick in die Welt dieser früh verletzten Kinder und zeigen, wie über ein traumasensibles Verständnis der Verhaltens- und Erlebensweisen ein neuer Zugang zu Kindern und Jugendlichen möglich wird. Sie geben Eltern, Pflege- und Adoptiveltern, Begleitpersonen, Erzieher*innen, Pflegediensten, und auch Pädagog*innen und Therapeut*innen Hilfen an die Hand, mit den Herausforderungen, die das frühe Schicksal der in ihrer Obhut aufwachsenden Kinder und Jugendlichen an sie stellt, umzugehen.

Ich wünsche allen Lesern, vor allem den Eltern, Pflege- und Adoptiveltern und Betreuer*innen unter ihnen, die in ihrem Alltag und Zusammenleben mit betroffenen Kindern, täglich die Herausforderungen meistern müssen, die in den frühen Verletzungen der Kinder ihre Wurzeln haben, dass sie beim Lesen über ein vertieftes Verständnis der inneren Welt ihrer Kinder in ihrem Optimismus und ihrer Hoffnung, dass die neue Stabilität, Sicherheit und Liebe, die sie diesen Kindern geben, eine heilsame Wirkung zeigen wird, bestärkt werden.

Marianne Rauwald
Dr. Phil. Dipl.-Psychologin, Psychoanalytikerin;
Leiterin des Instituts für Trauma-Bearbeitung und Weiterbildung,
Frankfurt-am-Main

Vorwort der Autor*innen zur deutschen Version

In der internationalen Traumaliteratur unterscheidet man *man-made* und *nature-made* Traumata, wobei innerhalb der *man-made Traumata* Traumatisierungen durch die meist nahen Bindungspersonen eine besondere Position eingeräumt worden ist. Wenn traumatische Erfahrungen im sehr jungen Alter und innerhalb des engsten Fürsorgekontexts des Kindes auftreten, spricht man von komplexen Traumatisierungen (Herman, 1992; Solomon & Heide, 1999; Weinberg, 2005 und 2010; Zorzi, 2019), Entwicklungstraumatisierungen (van der Kolk, 2005; Garbe, 2015; siehe auch: Schmid, Petermann & Fegert, 2013) oder Bindungstraumatisierungen (Osofsky, 2004; Brisch, 2012 und 2016). Diese Traumatisierungen können in bestimmten Fällen lange andauern und aus einem Zusammenwirken von Vernachlässigung, Gewalt und Missbrauch entstehen. Nicht selten führen sie auch zu einer zeitlichen Unterbrechung oder einem endgültigen Abbruch der frühesten Bindungsbeziehungen. Aufgrund der enormen Komplexität dieser Traumatisierungen und/oder deren Potenzial, in neuen Bindungssituationen ›nachträglich‹ re-inszeniert zu werden, spricht man in der Psychotraumatologie von einer ›mehrfach komplexen Traumatisierung‹ (*multiple complex trauma*, van der Kolk, 2005).

In der deutschsprachigen Fachliteratur haben die Richtungen der Psychotraumatologie und der Bindungsforschung in den letzten Jahren näher zueinandergefunden (siehe: Brisch & Hellbrügge, 2003; Brisch, 2016). Die trauma-therapeutische Perspektive ist u. a. von Weinberg (2005, 2010, 2015) und Rauwald (2013) ausgearbeitet worden. Auch der Prävention dieser Traumata in der Eltern-Kind-Beziehung oder der Prävention der intergenerationalen Weitergabe von Bindungstraumatisierungen wurde bereits mehrfach Aufmerksamkeit gewidmet (siehe u. a. Franz & West-Leuer, 2008; Quindeau & Rauwald, 2016; Leuzinger-Bohleber & Lebiger-Vogel, 2016). Unter anderem hat die entwicklungsneurologische und -psychologische Forschung zu den Effekten von frühkindlichen Traumatisierungen deutlich hervorgebracht, wie wichtig die Trias ›Traumaforschung und -therapie‹, ›Bindungsforschung und bindungsorientierte Therapie‹, ›Entwicklungstrauma und entwicklungsorientierte Kindertherapie‹ ist und wie eng diese drei Forschungs- und Praxisfelder verknüpft sind (siehe u. a. Krüger & Reddemann, 2004; Brisch, 2016; Wöller, 2016).

Mit dem vorliegenden Buch widmen wir der bedeutenden Teilperspektive der Fürsorge für komplex traumatisierte Kinder besondere Aufmerksamkeit. In der Betreuung von neuen Bindungspersonen wie z. B. Pflege- oder Adoptiveltern oder Betreuer*innen in Heimen, Schulen, Jugendvereinen, Initiativen des ›begleiteten selbstständigen Wohnens‹, usw. bemerken wir, wie konflikthaft die Betreuung dieser komplex traumatisierten Kinder sein kann. Immerhin besteht das Risiko, das neue Bindungsbeziehungen, die diesen Kindern wichtige Entwicklungschancen bieten, erneut unter enormen Druck geraten und abgebrochen werden müssen. Die Begleitung der neuen Bindungspersonen von komplex traumatisierten Kindern stand bis heute weniger im Fokus. Bisher behandelten die Publikationen zum Thema komplexes Trauma oder Bindungstrauma in besonderer Weise das schmerzvolle Schicksal dieser Kinder oder die Besonderheiten dieser *children-at-risk*. Später ist dann die Zerrüttung oder der Abbruch der Bindung und das Entwicklungstrauma, das damit einhergehen kann, beschrieben worden. Beforscht wurden auch die Eltern, die als primäre Bindungspersonen zu Täter*innen geworden sind (Brisch, 2016). In der (system)therapeutischen Literatur wurde beschrieben, wie man nach einem komplexen Trauma mit den ›Eltern, die Täter*innen geworden waren‹ arbeiten kann, damit die elterliche Position besser hergestellt werden kann (siehe: Sells & Souder, 2018). Aber schrittweise wurde auch deutlich, dass die Therapeut*innen dieser komplex traumatisierten Kindern immer mehr mit den neuen Bindungspersonen arbeiten mussten (Pflege- und Adoptiveltern) und dass die Traumadynamik auch die Erzieher*innen, Lehrer*innen, Sozialarbeiter*innen und andere Betreuer*innen in Pflegeeinrichtungen erreichte. So wurde deutlich, dass es eines Leitfadens bedarf, der die neuen Bindungspersonen und Hilfeleistenden hinsichtlich eines traumasensiblen Umgangs mit diesen Kindern unterstützt. Ohne Leitfaden geraten diese Betreuer*innen allzu oft in eine Pattsituation mit diesen Kindern. Im vorliegenden Buch wird die Quintessenz einer traumasensiblen Betreuung dieser Kinder in (Pflege-)Familien, Heimen, Schulen, Therapien und Gesellschaft verdeutlicht. Das ist aktuell ein wichtiges Thema, weil zu den bindungstraumatisierten Kindern nicht nur die ›klassischen‹ Pflege- und Adoptivkinder zählen, sondern auch eine Untergruppe von geflüchteten Kindern und Minderjährigen (Rauwald, 2013 und 2016). Wie kann man im Schatten des Bindungstraumas und der Bindungsabbrüche diese Kinder und Jugendliche betreuen? In unserem Buch verdeutlichen wir, was ein traumasensibler Umgang mit Kindern und Jugendlichen beinhaltet; wir beschreiben Hintergründe dieser traumasensiblen Arbeit sowie Perspektiven auf und Handlungsempfehlungen für die Betreuung.

Bei einer Fremdunterbringung oder in verschiedenen Formen der Pflegefürsorge können bindungstraumatisierte Kinder vor den Folgen ihrer *early adversity* geschützt werden. Jedoch ist damit die Wirkung des Bindungstraumas nicht aufgehoben, da diese Kinder ihre traumatisierende Bindungsgeschichte in sich bzw. in ihr körperliches, persönliches und relationales Funktionieren aufgenommen haben. Bei einer Teilgruppe der bindungstraumatisierten Kinder besteht das Risiko, dass das erlebte Trauma in der Pflege- oder Adoptivfamilie reaktiviert oder re-inszeniert wird, was dann zu einer neuen potenziellen Bruchlinie innerhalb eines vielversprechenden neuen Kontextes führen kann. Pflege- oder Adoptiveltern, aber auch Lehrkräfte, Familienbegleiter*innen, Erzieher*innen und andere Betreuer*innen werden in dem Moment auf eine harte Probe gestellt, sobald sie die unerträglichsten Anteile der Traumata dieser Kinder sowie ihr Misstrauen zu spüren bekommen. Manche Betreuer*innen fühlen sich dann zu einer Gegenreaktion getrieben, wodurch das bindungstraumatisierte Kind sich vernachlässigt, abgewiesen oder verlassen fühlt und die befürchtete Wiederholung des Traumas sich zu realisieren scheint. Andere Betreuer*innen werden ratlos und fühlen sich in dieser Traumadynamik gefangen, worauf sie nicht vorbereitet waren. Diese Traumadynamik ist manchmal so ausgeprägt, dass die Betreuer*innen sehr stark betroffen sind und nicht selten einem Burn-out nahekommen, was die Bedeutsamkeit einer indirekten oder sekundären Traumatisierung (Keilson, 1979) hervorhebt.

Die Autor*innen, die dieses Buch konzipiert haben, sind berufsbedingt in Deutschland und Belgien tätig. Der Hintergrund, vor dem sie das Verhalten und die kognitiven Schwierigkeiten der früh bindungstraumatisierten Kinder betrachten, ist psychodynamisch. Frühe Bindungstraumatisierungen beeinflussen neuropsychologische Reaktionsmuster und implizite unbewusste Vorstellungen von Beziehungen. Sowohl auf neuropsychologischer sowie psychodynamischer Ebene hat sich das frühe Trauma tief eingeprägt. Das Trauma kann sich folglich in einer neuen Bindungssituation manifestieren, da mit einem verzweifelten Versuch, etwas vom Trauma zu kommunizieren, das Risiko einhergeht, die neuen Beziehungen mit der waltenden Dynamik unter Druck zu setzen und in bestimmten Fällen ein neuer Abbruch der Bindung droht.

Obwohl das frühe Bindungstrauma chronologisch vorbei ist und der Vergangenheit angehört, lebt es dynamisch aktiv weiter im Unbewussten, in tief eingeschliffenen Stressreaktionen und verzeichneten Bindungsrepräsentanzen, deren Wirkung außerhalb der Möglichkeiten der Regulierung und kognitiver Kontrolle dieser Kinder besteht. In diesem Zustand sind diese Kinder für ein neues entwicklungsförderndes Angebot nicht gut erreichbar. Aus unserer psychodynamischen Perspektive beschreiben wir, wie diese Kinder neue Regulierungsfähigkeiten lernen können, wie sie ein Narrativ aufbauen, das ihnen mehr Chancen bietet, ihre Mentalisierungsfähigkeiten zu vergrößern, und wie sie im Spielen und Sprechen im Therapiezimmer an ihrem Selbstwert und Identitätsgefühl arbeiten können. Regulierung, bindungsorientierter Beziehungsaufbau, Identitätsbildung, und sich in symbolisierender Körperarbeit, im Symbolspiel, im Gespräch und während des Geschichtenerzählens ausdrücken zu lernen, werden in dieses Buch als therapeutische Ziele beschrieben. Dieses Buch ist ein Buch zu komplex traumatisierten Kindern, jedoch ist es geschrieben für deren Sorgepersonen, Betreuer*innen und Netzwerke.

Eine zentrale Dynamik bestimmter bindungstraumatisierter Kinder ist die des Rückzugs bzw. des auf Distanz-Bleibens, um sich vor neuen Bindungstraumatisierungen schützen zu können. Diese Kinder können in einer neuen Pflegesituation unerreichbar erscheinen und lassen sich nicht selten nur schwer dazu aktivieren bzw. motivieren, Beziehungen einzugehen. Wenn sie letztendlich in Beziehung treten und eine neue Bindung entstehen könnte, sind sie schon bald überaktiviert, übererregt; es wird ihnen zu viel. Diese raschen Verschiebungen zwischen ›zu weit weg‹ und ›zu nah‹, ›zu wenig‹ und ›zu viel aktiviert‹, deuten darauf hin, dass ›der wirksame Rahmen‹ dieser Kinder eher schmal ist (a small window of tolerance). Gerade deshalb gilt bei der Betreuung dieser Kinder die goldene Regel: first regulate, then relate, then reason! (Perry, 2016, in: Vliegen, Tang & Meurs, 2017). Beim Regulieren zu helfen, bedeutet, dass die Betreuer*innen für das Kind die Spannung einer neuen Bindung auf einem optimalen, jedoch schwierig zu bestimmendem Niveau halten. Nur auf dem optimalen, aber flüchtigen Niveau des Arousal wird es möglich, bei diesen Kindern anzuknüpfen und in Kontakt zu bleiben. Die Erwartungen, die mit neuen Bindungsbeziehungen einhergehen, die Vertiefung des Kontakts, die Besprechung von schwierigeren Aspekten der Beziehung und die Verarbeitung der schmerzhaften Vergangenheit wird nur möglich sein, wenn man beachtet, dass die Spannung immer in diesem schmalen Bereich des affektiv Erträglichen bleibt. Die Betreuer*innen dieser Kinder wissen, wie schwierig diese Aufgabe ist, gerade weil die mit Trauma verbundene Dynamik des Streits, des Rückzugs, des Abbrechens, der Unerreichbarkeit oder der Überforderung, des Masochismus, usw. das Kind sehr leicht aus dem schmalen optimalen Bereich des *window of tolerance* wirft. Unser Buch richtet sich an die mutigen Betreuer*innen, wie z. B. die Pflege- oder Adoptiveltern, die im Schatten der unsagbaren, undenkbaren, unvorstellbaren Bindungstraumata und Bruchlinien der ihnen anvertrauten Kinder arbeiten und dabei das Beste geben. Mit diesem spezifischen Fokus auf neue Bindungspersonen, Pflegeleistende und Betreuer*innen hoffen wir, die Autor*innen des vorliegenden Buches, eine Lücke in der bindungsorientierten Traumaliteratur zu schließen.

Mit unserem Buch schließen wir außerdem an eine wachsende Aufmerksamkeit in der internationalen Fachliteratur für das Thema *multiple complex trauma, breakdown of attachment relationships, looked- after and adopted children (LAAC), foster care after attachment trauma, children at risk, children with early adversity* an, die sowohl in der psychoanalytischen Literatur (z. B. Mortensen & Grünbaum, 2010; Lanyado, 2010, 2013 und 2019) als auch in der breiteren klinisch-psychologischen Literatur (z. B. Cooper & Redfern, 2016; de Thierry, 2017; Hughes, Golding & Hudson, 2017; Gordon, 2018; McLean, 2019; Saint Arnauld & Sinha, 2019; Naish, Dillon & Mitchell, 2020; Norris & Rodwell, 2020; Rocha et al., 2020; Jones, 2021) und in der Therapieforschung zur seelischer Entwicklung von Kindern und Jugendlichen nach frühen stressvollen Lebenserfahrungen (z. B. Grünbaum & Mortensen, 2018) deutlich wird. In dieser Perspektive kann auch das Leipziger Forschungsprojekt AMIS / AMIS II (Leitung: von Klitzing und White, ab 2012): *Analysing pathways from childhood maltreatment to internalizing symptoms and disorders in children and adolescents*) erwähnt werden, genau wie die Forschungsprojekte des Frankfurter Sigmund-Freud-Instituts in Zusammenarbeit mit dem IDeA-Zentrum: BAPAS – *Bindungstrauma bei Adoptiv- und Pflegekindern: Eine psychoanalytische Therapiestudie* (Lebiger-Vogel, Rickmeyer & Meurs, 2020) und MUKI – ›Mutige Kinder‹: *Untersuchung emotionaler Erwartungs- und Bewertungsprozesse bei komplex traumatisierte Kindern im Alter von 8 bis 12 Jahren* (Hug, Fischmann & Meurs, 2019). Diese deutschen Studien schließen sich gleichartigen Projekten in anderen Ländern an, so wie am University College London (*Child Psychotherapy with looked after and adopted children*, von: Robinson, Luyten & Midgley, 2021), am Yale Child Study Center (*Developing more resilience in children after life-diminishing hardship*, Mayes, 2019), und die seit 2008 in Belgien durchgeführte *Leuven Adoption Study* (Casalin et al., 2011; Luyten et al., 2020; Nijssens, et al., 2020; Malcorps, Vliegen et al., 2021).

Vorwort von Dr. med. Peter Adriaenssens

In den vergangenen Jahren wurden erhebliche Fortschritte im Bereich der Forschung und Behandlung komplexer Traumata erzielt. In diesem Buch wurden viele dieser neuen Erkenntnisse in einer sich integrierenden Perspektive zusammengeführt, wobei der Schwerpunkt auf Adoptiv- und Pflegekindern liegt, die oftmals vielfältige traumatische Erfahrungen in Form von bedrohten oder abgebrochenen Bindungsbeziehungen erlitten haben. Komplexe traumatische Belastungsstörungen stellen insofern eine große Herausforderung dar, als mit ihnen einhergehende klinische Symptome zu einer Vielzahl von Schwierigkeiten führen können, wie z. B. Traumatrigger, Bindungsdefizite, das Vermeiden von Augenkontakt, Hyperaktivität, pathologische und perverse Verhaltensweisen bis hin zu Suchtproblemen und Selbstverletzungen. Um betroffenen Kindern eine trauma-spezifische Betreuung oder Behandlung zur Verfügung stellen zu können, ist es wichtig, neuste Erkenntnisse zu bündeln und verständlich zu machen.

Die Autor*innen des Buches veranschaulichen, dass es sich beim Verstehen komplex traumatisierter Kinder nicht einfach um das Lösen eines intellektuellen oder kognitiven Puzzles handelt. Dass wir heute von einem komplexen Trauma als Dysfunktion sprechen, bei dem bestimmte biologische und psychologische Mechanismen versagen, ist ein erster und wichtiger Schritt im Verstehen der Entstehungsgeschichte traumatischer und stressbezogener Störungen. ›Shell shock‹, ›Combat Shock‹, ›Kriegsneurose‹: im zwanzigsten Jahrhundert wechselten die Begriffe, die die schwerwiegenden Auswirkungen von Gewalt, Missbrauch und Krieg darstellen sollten, einander ab. Nach dem Vietnamkrieg stellten Psychotherapeut*innen bei Soldaten nach ihrer Entlassung aus dem Militärdienst traumabezogene Symptome fest. Sie nannten dies das Post Vietnam Syndrom und verbanden es mit traumatischen Kriegserlebnissen. Weder die Militärverwaltung, noch die Krankenkassen teilten jedoch diese Einsicht. Für sie handelte es sich dabei um Störungen, die schon zuvor vorhanden gewesen wären und sich jetzt erst bemerkbar machen würden. Die Forschenden blieben jedoch bei ihren Erkenntnissen und verglichen die Erfahrungen der Soldaten mit traumatisierenden Erfahrungen von Überlebenden des Holocausts oder Opfern von Vergewaltigung. Dieselbe Debatte ist nun im Zusammenhang mit Traumatisierungen bei Geflüchteten erneut entfacht: Auch ihre Symptome sind oftmals nicht nur auf die Erfahrungen vor der Flucht zurückzuführen. Nachdem man die verschiedenen Biografien auf Gemeinsamkeiten hin analysierte, erkannte man, dass das posttraumatische Belastungs-Syndrom (PTBS) eine universelle Antwort auf bedrohliche und überwältigende Ereignisse ist, die außerhalb normaler Lebenserfahrungen auftreten und innerpsychisch nicht zu bewältigen sind. Während man zuerst annahm, dass das PTBS nur bei einer geringen Anzahl von Personen auftritt, beschrieben Forscher*innen und Therapeut*innen ein klinisches Bild, das die herkömmlichen konkreten Beispiele und Situationen überstieg, sodass das PTBS von da dann als objektive Tatsache anerkannt wurde. Ein komplexes Trauma schreibt sich tief in den Entwicklungsverlauf ein. Es handelt sich dabei sowohl um einen beschreibenden als auch um einen erklärenden Begriff, der sich darauf bezieht, wie chronische traumatische Erfahrungen und/oder Verluste und Abbrüche in Bindungsbeziehungen, die oftmals bereits in jungen Jahren eintreffen und nicht bewältigt werden können, zu einem Spektrum an Symptomen führen können.

Personen mit einem Trauma konfrontieren uns mit schwierigen Begriffsbestimmungen: Was ist eine Tatsache, die man als Trauma ansehen kann? Welche Bedeutung trägt die Zeit im Lebenslauf? Liegt das Trauma nur in der Vergangenheit und wie kann man erklären, dass die Spuren des Traumas in neuen Bindungsbeziehungen von Pflege- und Adoptivkindern aktiviert oder reinszeniert werden können? Und was bedeutet die An- oder Abwesenheit eines Symptoms? In unserer Arbeit mit Adoptiv- und Pflegekindern stießen die Autor*innen dieses Buches auf verschiedene Schwierigkeiten: So haben die meisten traumatisierten Kinder in ihrer individuellen Lebensgeschichte einen Bindungsabbruch oder eine deutliche Bruchlinie in wichtigen Bindungsbeziehungen erlebt, ein schreckliches Erlebnis, das eingemauert oder abgespalten worden ist, jedoch in dem Gesamtbild einen Platz finden muss. Die Autor*innen erkannten dies und wollen versuchen, das komplexe Thema so weit wie möglich zu ordnen und eine Übersicht zu geben. Ihre Offenheit gegenüber diesem komplizierten klinischen Bild entwickelte in ihnen eine Sensibilität für das Spezifische des komplexen Traumas des Kindes sowie für das Risiko, dass das ursprüngliche Trauma auch spätere bessere Beziehungen überschatten kann bzw. wiederholt wird und bei Pflegepersonen zu sekundären oder indirekten Traumatisierungen führen kann. Die Autor*innen gehen dabei auf schwierige und komplexe Fälle ein und zeigen damit auf, dass die spezifische Diagnose ›komplex Trauma‹ nicht länger als Fiktion der Psychotherapeut*innen abgetan und geringgeschätzt werden darf.

Das vorliegende Buch soll Bezugspersonen als Unterstützung dienen, verletzten Kindern und Jugendlichen zu begegnen, die oftmals unsichtbar bleiben oder missverstanden werden und demzufolge keine ausreichende Hilfe erhalten. Es ist nicht einfach, mit jemandem zusammenzuarbeiten, der misstrauisch ist, Widerstand gegenüber jedem Erwachsenen zeigt und nur unregelmäßig zu Terminen erscheint. Dieses Buch soll nicht nur Kliniker*innen/Therapeut*innen, sondern auch Pflegeeltern, Adoptiveltern und anderen Begleitpersonen in Pflegeheimen oder anderen familienvertretenden Organisationen eine solide Grundlage für die Arbeit mit komplex traumatisierten Kindern und Jugendlichen bieten, indem es Zusammenhänge zwischen Klinik und Forschung herstellt und einen aktuellen Überblick über die Neurobiologie des Traumas, die Bindungs- und Entwicklungspsychologie, die psychosozialen Mechanismen liefert und das, was heute im Kontext von Behandlungsmethoden gilt als evidenzbasiert, zur Diskussion stellt. Auf diese Weise beleuchtet das vorliegende Buch jenen Weg, der sich zwischen den als Hindernis darbietenden Bäumen hindurchschlängelt und zeigt, wie wichtig es ist, die Bäume vielmehr als Wegweiser für eine diagnostische Sichtweise anzuerkennen, die als Ankerpunkte für den Therapieprozess zu verstehen sind. Je mehr sich Berater*innen oder Therapeut*innen auf ein solides Fachwissen verlassen können, desto deutlicher können sie das Kind/den Jugendlichen einschätzen und folglich eine entsprechende Behandlung anbieten.

Es ist unsere Aufgabe, durch Fortschritte in der Beschreibung, Diagnose, Erklärung und Behandlung von Komplextraumatisierungen das Leiden, den Verlust an Fähigkeiten und den Verlust der Selbstregulierung zu begrenzen. Das ist es, was dieses Buch relevant macht. Zudem ist es wichtig, dass die Forschung deutlich zeigt, dass die Nutzung dieser Erkenntnisse das Potenzial hat, das Wiederauftreten eines Traumas zu vermeiden oder die Auswirkungen der traumabezogenen Schwierigkeiten im Leben zu mindern. Deshalb sollten Pflege- und Adoptiveltern, Erzieher*innen, Begleiter*innen und Psychotherapeut*innen den Inhalt dieses Buch kennen.

Letztendlich ist das Buch eine Hommage an viele Klient*innen, Pflege- und Adoptivkinder sowie deren Familien. Die Autor*innen wurden davon inspiriert, was sie von den Kindern gelernt haben und zwar insbesondere von der Erfahrung, dass sich Betroffene und ihre Pflege- und Adoptivfamilien von chronischen und den mehrfach traumatischen Erfahrungen der Vergangenheit erholen können und dass ihnen im Hier und Jetzt spezifische Hilfen bereitstehen.

Prof. Dr. Peter Adriaenssens
Psychiater für Kinder und Jugendliche;
Vertrauensarzt für Betroffene von Missbrauch, Misshandlung und Traumatisierung
Universitätsklinik Gasthuisberg, Katholische Universität Leuven/Vertrauenszentrum Kindermisshandlung

Danksagung der Autor*innen und Anerkennung

Unser größter Dank gilt allen Kindern, die es sich getraut haben, ihre verletzliche und verletzte Innenwelt zu zeigen und uns als Therapeut*innen daran teilhaben ließen, um uns mit ihnen innerhalb des Praxiszentrums PraxisP der Fakultät für Psychologie und Erziehungswissenschaften an der Universität Leuven (Belgien) auf einen gemeinsamen Weg zu begeben.

In diesem Buch werden die betroffenen Kinder Petra, Luke, Maya oder Veronika, usw. genannt. Diese Namen sind selbstverständlich nicht die wirklichen Namen der Kinder. Umso wirklicher sind jedoch die beschriebenen Schwierigkeiten und Entwicklungsprobleme, denen diese Kinder in ihrem Leben ausgesetzt waren. Wir haben von ihnen – durch Versuch und Irrtum – gelernt, unsere klinischen und theoretischen Fähigkeiten weiter zu verfeinern, bis sie zu dem wurden, was wir in diesem Buch zu ›komplexen Traumata und Bindungsabbrüchen‹ zusammenführen.

Unser Dank gilt gleichermaßen allen (Pflege- oder Adoptiv-)Eltern, die an diesem Projekt mitgewirkt haben: den Eltern, die uns konsultierten und uns die Möglichkeit gaben, sich an der Suche nach den oft sehr verletzlichen und schmerzhaften Themen zu beteiligen, mit denen sie in ihrer Elternschaft konfrontiert werden. Darüber hinaus sind es die Eltern, die Teile dieses Buches lasen, mit darüber nachdachten, auf Lücken oder Nuancen hinwiesen und Beispiele gaben. Für diese Kinder und ihre Eltern, aber auch für andere, die eine ähnliche Phase des Übergangs in ihrem Leben bewältigen, wurde dieses Buch geschrieben.

Vielen Dank auch an ›Christiana‹, die nach einem Artikel in der belgischen Zeitung »De Standaard« uns ein Stück Lebensgeschichte erzählt hat (▶ Kap. 1) und somit auf die Langzeitfolgen von frühen Bindungsabbrüchen hinwies.

Ein großer Dank gilt auch unseren Kolleg*innen Kris Breesch, Anny Cooreman, Jos Corveleyn und Catherine Maes, die als enge und befreundete Kolleg*innen sowie Adoptiv- oder Pflegeeltern dem Projekt wertvolle Gedanken hinzugefügt haben. Wir danken auch Erik De Belie für seine konstruktiven Kommentare aus einer pädagogisch-psychotherapeutischen Perspektive.

Unser Dank gilt auch Stefanie Hesemans, die sich engagiert, den mit diesem Buch eingeschlagenen Weg fortzusetzen. Stefanie befragte Eltern und coachte Studierende beim Schreiben und Analysieren von Interviewdaten, sie las und kommentierte und hielt – sehr sorgfältig und gewissenhaft – viele wichtige Fäden zusammen. Lieve Van Lier hielt an unzähligen Ideen fest, um sicherzustellen, dass diese Arbeit die Form erhält, die sie jetzt hat.

Unser Dank gilt auch allen Kolleg*innen aus dem Bereich der Psychologie und Psychotherapie des psychodynamischen PraxisP-Teams und der Leuvener

Adoption Study (LAS). Denn diese Arbeit ist das Ergebnis jahrelanger Zusammenarbeit und eines gemeinsamen Nachdenkens über die immer bessere Abstimmung unserer Pflegeangebote auf die Bedürfnisse gefährdeter Kinder und ihrer Eltern: Eva Bervoets, Dries Bleys, Sara Casalin, Ilse Declippeleer, Saskia Malcorps, Let Moustie, Liesbet Nijssens, Femke Permentier, Hilde Seys, Ann Van de Vel, Camille Van Havere, Yannic Verhaest, Ann-Sofie Viaene und Sus Weytens. Ein besonderer Dank geht an unseren Kollegen Prof. Dr. Patrick Luyten, der uns immer wieder ermutigte und mit großer Anteilnahme unser Interesse daran teilt, was die Kinderentwicklung und Erziehung so besonders und bisweilen auch kompliziert macht.

Wir danken unseren Kolleg*innen von RINO Flandern für ihre unentwegte Unterstützung bei einem erneuten Projekt, sowie dem ›Dr. Pierre Vereecken Fund‹, der uns die Möglichkeiten bot, diese wichtige klinische Thematik auch von der Forschungsseite aus weiterzuentwickeln.

Ein großes Dankeschön gilt auch unseren Kolleg*innen des Leuven Centers for Irish Studies, unter Leitung von Hedwig Schwall, ganz besonders für den herzlichen Empfang und den fortwährenden freundlichen Schreibplatz.

Und – last but not least – danken wir Nancy Derboven vom Pelckmans Pro Verlag, die mit vollem Enthusiasmus hinter unserem Vorhaben stand, selbst in Momenten, als dies noch nicht viel mehr als ein Traum war sowie Hanna Maes und Mark Borgions, die dem Traum seine Form und seinen Realitätsbezug verliehen.

Ein besonderer Dank gilt dem Kohlhammer Verlag (Stuttgart), der uns immer ermutigt hat, an einer deutschen Version des flämischen Buches weiterzuarbeiten. Wir danken auch an unseren Kolleg*innen des Sigmund-Freud-Instituts für ihre Hilfe bei der deutschen Übersetzung und/oder ihre präventive und therapeutische Arbeit mit oder ihre Forschung zu komplex traumatisierten Kindern oder zu Trauma im Allgemeinen: Corinna Poholski (Koordinatorin der Übersetzungsarbeit), Dr. Constanze Rickmeyer, Dr. Nora Hettich, Dr. Judith Lebiger-Vogel, Patrick Stier, Sima Saligheh, Tom Degen, Felicitas Hug, Prof. Dr. Tamara Fischmann, Dr. Kurt Grünberg, Prof. em. Dr. Marianne Leuzinger-Bohleber, Hauke Witzel, Raem Abd-al-Majeed, Magdalena Kuhn, Simon Arnold, Andreas Jensen, Rana Zokaï. Vielen Dank auch an Johannes Vogel. Wir bedanken uns auch herzlich bei den Leitungskollegen von Patrick Meurs am Sigmund Freud Institut Frankfurt, Prof. Dr. Vera King und Prof. Dr. Heinz Weiß sowie bei den Kollegen des Scientific Board des IDeA-Zentrums in Frankfurt.

Das Aufschreiben all dieser erworbenen Einsichten und Erkenntnisse hat uns reicher gemacht. Wenn das Wissen zunimmt, vertieft sich das Staunen, sagt Charles Morgan.

Nicole Vliegen, Eileen Tang und Patrick Meurs
Herbst 2020

Einleitung

Celine ist jetzt 13 Jahre alt. Sie ist seit mehr als 10 Jahren bei uns. Allmählich bekomme ich eine Vorstellung davon, was mit ihr los ist, obwohl ich weiterhin das Gefühl habe, dass ich meine anderen (also meine biologisch eigenen) Kinder besser ›lesen‹ und verstehen kann. (...) Meine anderen Kinder sagten bei einem Streit nie: »Ich gehe weg, du bist nicht meine Mutter! Du hast mir nichts zu sagen. Warum wolltest du mich überhaupt? Du siehst mich so oder so nicht gern.«
Mama von Celine[1]

Dieses Buch richtet sich an die Eltern, Pflegepersonen, Erzieher*innen, Betreuer*innen und Therapeut*innen von Adoptiv- und Pflegekindern mit einem komplexen Trauma[2] (Herman, 1992), die wir in der psychotherapeutischen Praxis kennenlernen. Diese Kinder sind oft bei Sozial- und Therapiediensten angemeldet, weil der Umgang mit ihnen so kompliziert und schwierig ist. Das Handbuch soll ihre Pflege- oder Adoptiveltern, Erzieher*innen und Betreuer*innen dabei unterstützten, diesen Kindern dabei zu helfen, ohne sich wiederholende Probleme und ohne gravierende Beeinträchtigungen aufgrund ihrer traumatischen Erfahrungen aufzuwachsen. Entwicklungsaufgaben, die bei anderen Kindern »natürlicher« verlaufen oder nur als »kleinere Hindernisse« im Wege stehen, können von diesen Bindungs- oder komplex traumatisierten Kinder manchmal als unüberwindbare Hürde erlebt werden oder sogar zum Stillstand in ihrer Entwicklung führen. Im Zusammenhang mit diesen Kindern werden häufig Begriffe wie »Entwicklungsstörungen«, »Verhaltensstörungen« oder »Bindungsstörungen« verwendet. Diese Diagnosen kommen nicht von ungefähr und sind auch nicht immer ungerechtfertigt. Wichtig ist jedoch, dass sie nicht als das Ergebnis und Ende eines Beratungsprozesses verstanden werden, sondern als Beginn eines Beratungsangebots, das die festgefahrenen Entwicklungen wieder in Gang bringt.

---

1 Alle Fallvignetten in diesem Buch sind authentisch und basieren auf wahren Berichten von Kindern und Eltern. Wir haben sie aus Gründen der Anonymität und Privatsphäre unkenntlich gemacht, indem wir Details in den Lebensläufen verändert haben, die jedoch für das Verständnis dessen, worum es geht, nicht ausschlaggebend sind. Auch alle Namen sind fiktiv.
2 Wir sprechen in diesem Buch durchweg von einem »komplexen Trauma« oder einer »Bindungstraumatisierung«, was in der empirischen und klinischen Literatur auch als »Bindungstrauma« »frühes Beziehungstrauma« und »frühes Entwicklungstrauma« bezeichnet wird.

Schließlich sind die Schwierigkeiten dieser Kinder oft das Ergebnis von meist frühen traumatischen Erfahrungen und Bindungsabbrüchen.

Unter sich ändernden Umständen oder in einem neuen familiären Kontext mit neuen Bindungsmöglichkeiten werden diese bisherigen Erfahrungen nicht immer als (noch) relevant erkannt, jedoch wirken sie sich immer wieder auf die Entwicklung des Kindes im Hier und Jetzt aus. Betroffene Kinder und ihre Eltern benötigen daher eine ›traumasensitive‹ (trauma-informed context, Osofsky, 2011) Umgebung mit viel Verständnis und professionellem Wissen.

Mit diesem Buch wollen wir das bestehende Wissen zu diesem Thema, welches aus einer Vielzahl von wissenschaftlichen Quellen und klinischen Erfahrungen gewonnen wurde, mit Pflege- oder Adoptiveltern, Begleiter*innen und Therapeut*innen teilen. *Als Erstes* möchten wir aktuelle Erkenntnisse aus internationalen Fachzeitschriften und Handbüchern beschreiben, welche uns dazu inspiriert haben, nach Wegen zu suchen, um mit diesen Kindern in Kontakt zu kommen. Literaturangaben und Inspirationsquellen, die unser Denken und unsere Arbeit mit diesen Kindern und ihrer Umwelt beeinflusst haben, sind in der Literaturliste[3] zu finden. Wir beschreiben, wie wir diese empirisch und theoretisch fundierten Erkenntnisse in unsere Praxis integrieren und stellen Gedanken und Werkzeuge, Handlungsempfehlungen und Behandlungsprinzipien für den Umgang mit diesen Kindern bereit, um ihre Entwicklungschancen zu verbessern. *Zudem* gründet unser Wissen auf empirischen Untersuchungen, die wir seit mehreren Jahren mit adoptierten Kindern und ihren Familien durchführen und zwar sowohl im Rahmen der Leuven Adoption Study (LAS; www.leuvenseadoptiestudie.be), als auch in weiteren Untersuchungen, in denen wir Eltern und ihre Kinder zu verschiedenen Aspekten ihrer sozialen und emotionalen Erfahrungen befragt haben. *Drittens* wurden wir durch die klinische Praxis im Therapiezentrum PraxisP – dem Praxiszentrum der Fakultät für Psychologie und Erziehungswissenschaften an der KU Leuven (Belgien) – inspiriert welches für uns ein kontinuierlicher Experimentierraum und eine herausfordernde Lernumgebung darstellt und uns davor schützt, ›Wissenschaftler*innen in einem Elfenbeinturm‹ zu werden.

Mit diesem Buch wollen wir in erster Linie dazu beitragen, eine Unterstützungsbasis für ein verständnisvolles und traumasensitives Vorgehen mit diesen Kindern und ihren Eltern zu schaffen. Wir hoffen mit diesem Buch, die Hemmschwelle für Beratung und Unterstützung dieser Familien verringern zu können.

Der Druck, der derzeit auf »guter und kompetenter Elternschaft« lastet, erhöht manchmal die Angst, eine Beratung aufzusuchen oder sich spezifische Hilfe zu suchen. Michelle, die Mutter einer Adoptivtochter mit ernsthaften Schwierigkeiten, wagt es erst nach mehreren Gesprächen der Beraterin zu sagen, wie sehr ihre

---

3 Die oben beschriebenen Einsichten und Erkenntnisse haben wir von den vielen Autor*innen erhalten, die sich weltweit mit diesem Thema beschäftigen; wir haben ihre Erkenntnisse aufgearbeitet, integriert und in unserem eigenen Arbeitskontext angewendet. Aus Gründen der Lesbarkeit haben wir nur eine Auswahl an Literaturverweisen in den Text aufgenommen. Die Literaturliste enthält daher auch Quellen, die im Text nicht zitiert werden.

Tochter sie manchmal »provoziert« und wie sie sie schon mal »hart angepackt« hat.

Sie scheint davon auszugehen, für ihre Schwierigkeiten in der Erziehung verurteilt zu werden, während gerade diese Mutter für ihre unendliche Geduld, die sie im Umgang mit ihrem bedürftigen Kind zeigt, Verständnis und Unterstützung verdient. Wir möchten das Wissen, das wir sowohl im Rahmen der Begleitung von komplex traumatisierten Kindern als auch in der Vielzahl an Gesprächen mit deren Betreuern*innen, Erziehern*innen und Beratern*innen erhalten haben, an diejenigen zurückgeben, die es so dringend benötigen: Die Kinder, die sich aufgrund schwerwiegender beziehungstraumatischer Verletzungen durch das Leben kämpfen und die Umgebung der Kinder, die Möglichkeiten für eine gute Entwicklung versucht zu bieten.

Das Schreiben eines Buches über solch ein komplexes Thema ähnelt einem Seiltanz: Auf der einen Seite möchten wir das, was wir von und über diese Kinder und ihre Familien gelernt haben, weitergeben, auf der anderen Seite möchten wir, dass jedes Elternteil sein Kind weiterhin in seiner Einzigartigkeit sehen kann und nicht als ein Kind, das in eine bestimmte Schublade passt oder einfach ein Diagnose-Etikett aufgedrückt bekommt. Wir wollen nicht, dass Adoptivkinder oder Pflegekinder durch dieses Buch einfach das neue Label »traumatisiert« bekommen. Wenn wir von Bindungstraumatisierungen oder komplexen Traumatisierungen sprechen, dann nur, weil dieses Konzept auf spezifische, bislang noch nicht richtig verstandene Phänomene hinweist.

> Das Etikett, damit habe ich auch Schwierigkeiten. Das löst gemischte Gefühle aus. In gewisser Hinsicht tut es gut, zu begreifen, dass das Verhalten von Lucas häufiger und auch bei anderen vorkommt, das gibt einem Halt. Aber man möchte auch die Einzigartigkeit seines Kindes sehen und kein aufgeklebtes Etikett.
> *Mama von Lucas*

Darüber hinaus sind nicht alle Adoptiv- und Pflegekinder traumatisierte Kinder. Für die sich gut entwickelnden Kinder, denen es in ihrem Leben gut geht, ist dieses Buch möglicherweise nicht unbedingt ein Mehrwert. Adoptiv- und Pflegekinder sind aufgrund ihrer Vorgeschichte von mindestens einer Trennung und manchmal sogar mehreren Trennungen in ihren ersten Bindungsbeziehungen einem höheren Risiko für traumatische Verletzungen ausgeliefert als andere Kinder. Auch hierauf werden wir in diesem Buch eingehen. Es ist die Gruppe der traumatisierten Adoptiv- und Pflegekinder, die uns als Begleitpersonen mit einem herausfordernden und besonderen (und manchmal komplizierten) Suchprozess konfrontiert: einer Suche nach der geeigneten Hilfe, die ihnen maximale Entwicklungsmöglichkeiten bietet und Wachstum ermöglicht.

Es ist uns aber auch wichtig, zu betonen, dass nicht nur eine Adoptions- oder Pflegegeschichte mit einem erhöhten Risiko einer komplexen Traumatisierung einhergeht. Dieses Buch ist auch für Kinder relevant, die mit einem oder beiden leiblichen Elternteil(en) aufwachsen und mehrfach traumatisch verletzt worden sind. Die Berichte und Beispiele in diesem Buch handeln jedoch hauptsächlich von Adoptiv- und Pflegekindern, da sie öfter in unser Therapiezentrum kommen.

Mit diesem Buch wollen wir Raum für Einzigartigkeit schaffen, denn jedes Kind – egal wie verletzt – ist allem voran »ein Kind, das einzigartig in seinem Wesen ist«, wie es die Mutter von Lucas so schön formuliert hat. Gleichzeitig möchten wir aber auch Anerkennung für Erfahrungen bieten, mit denen viele Kinder und Eltern konfrontiert werden.

> Dass die Lebensgeschichten von anderen Familien so ähnlich sind, hilft einem. Es hilft einem dabei für sich selbst und für sein Kind wieder Verständnis zu finden. Wenn andere Kinder in anderen Familien in ihrem Verhalten sehr ähnlich sind, kann das nichts anderes bedeuten, als dass etwas los ist, ein Problem wofür es einen Namen oder eine Diagnose gibt, ein Problem also, mit dem man nicht allein bleiben muss.
> *Mama von Marianne*

Dieses Buch besteht aus zwei Teilen. Im ersten Teil betrachten wir, wie schwierige Erfahrungen in der ersten Lebensphase die Entwicklung eines Kindes nachhaltig beeinflussen können und welchen Verlauf die Entwicklung dieser Kinder nehmen kann. Wir möchten zeigen, was das für diese Kinder, ihren Eltern und das soziale Umfeld bedeuten kann. Im zweiten Teil nehmen wir die Lesenden mit in den Therapieraum, um über mögliche Veränderungsprozesse und Wachstumsmöglichkeiten zu informieren, die eine konstruktivere Entwicklung von komplex traumatisierten Kindern ermöglichen können.

Entwicklung im Schatten eines komplexen Traumas

Wie frühe negative Lebenserfahrungen und Bindungstraumatisierungen ein junges Kind und sein Umfeld beeinflussen

Einleitung

Im ersten Teil betrachten wir, wie schwierige Erfahrungen im Kontext der Bindungsbeziehungen der ersten Lebensphase die Entwicklung eines Kindes beeinflussen können. Zudem gehen wir darauf ein, was dies für Pflegepersonen und neue Bindungspersonen sowie für ihr Umfeld bedeutet.

Im ersten Kapitel beschreiben wir zunächst, um welche Kinder es sich dabei konkret handelt und was Psychotherapie und Elternbetreuung für die Verletzungen, die diese Kinder früh in ihrem Leben erlitten haben, bedeuten kann und könnte.

Im zweiten Kapitel liefern wir Anknüpfungspunkte, um zu verstehen, was »Stress« im Leben eines sehr kleinen Kindes bedeuten kann und inwiefern permanente und verstärkte Stresserfahrungen die frühe Entwicklung beeinträchtigen und dadurch den biologischen Organismus eines jungen Kindes traumatisieren können. Zu diesem Zweck beginnen wir mit Hintergrundinformation über entwicklungspsychologische Aspekte. Diese kurze entwicklungspsychologische Einführung erleichtert es zu verstehen, was junge Eltern unter normalen Umständen alles unternehmen, um ihrem Kind einen guten Start ins Leben zu ermöglichen, ohne sich dessen permanent bewusst zu sein. Anschließend wird erläutert, was es für ein Baby bedeutet, wenn eine »genügend gute« Versorgung – auch wenn es nur für eine kurze Zeit ist – fehlt.

Im dritten Kapitel wird beschrieben, wie Kinder mit einem komplexen Trauma mit Entwicklungsaufgaben ringen und mit verschiedenen Hindernissen während ihrer Kindheit und im Erwachsenenalter konfrontiert werden, die die Entwicklung langfristig prägen können. Dabei kann es zu »eigenartigen« oder »andersartigen« Bindungs- und Persönlichkeitsentwicklungen kommen.

Im vierten Kapitel beschäftigen wir uns schließlich mit der Frage, wie (Pflege- oder Adoptiv-)Eltern und ein breites Betreuungsnetzwerk einen entscheidenden Einfluss auf die Entwicklung von Kindern mit einem komplexen Trauma haben können. Die Erziehung von oder professionelle Hilfe für diese Kinder erfordert jedoch zuweilen viel von Eltern, Großeltern, Lehrer*innen, Erzieher*innen und anderen Begleiter*innen. Wir beschreiben, wie ein solches – »komplex traumasensibles« – Betreuungsnetzwerk den Wachstums- und Entwicklungsprozess eines Kindes mit einem komplexen Trauma, ausgehend von einem angemessenen Verständnis der Besonderheiten dieser Kinder, grundlegend unterstützen kann.

1 Außergewöhnliche Kinder, außergewöhnlicher Versorgungsbedarf

1.1 Jedes Kind ist anders

Louise ist 3 Jahre alt, als ihre Eltern für eine diagnostische Abklärung in unser Zentrum kommen. Sie selbst vermuten, dass Louise eine Bindungsstörung hat. Sie finden ihr Kind in der Beschreibung des »unersättlichen Kindes« (van Egmond, 1987; im Sinne von Kindern als ›ein Fass ohne Boden‹) wieder, die sie im Internet lesen: Egal was man für Louise auch macht, sie scheint unersättlich und niemals zufrieden zu sein.

Leonardo ist 8 Jahre alt. Zu Hause ist er aufsässig, unbeherrschbar und hat seinen Vater schon einmal so weit gekriegt, dass er die Zimmertür entfernt hat, weil Leonardo sie zeitweise laut zu geschlagen oder diese demoliert hat. Leonardo ist auch schon mal mit einem Messer auf seinen Bruder losgegangen, nachdem dieser ihn an seinen Schultern gepackt hatte. »Wir befürchten, dass er sich zu einem Problemfall entwickelt, der die Metros in Brüssel unsicher macht«, ist die ängstliche – aber vielleicht nicht einmal ungerechtfertigte – Vorstellung seiner Eltern. Sie sind ratlos.

Maya, 8 Jahre alt, hat immer wieder Wutausbrüche, die ihre Eltern überfordern. Es gibt Zeiten, in denen sie scheinbar ohne Grund in blinder Wut um sich schlägt und beißt. Die Eltern sind in großer Sorge.

Celine, 12 Jahre alt, fängt, sobald sie aus dem Auto aussteigen muss, an zu brüllen, sie schreit ihre Pflegeeltern an und beschimpft sie. Mit solchen Szenen bringt sie ihre äußerst fürsorglichen Pflegeeltern immer wieder in große Verlegenheit.

Die Eltern von Vreni, 14 Jahre alt, kommen zu uns und fragen um Rat, weil ihre Tochter zu Hause tagelang nicht gesprochen hat. Sie sitzt einfach wütend da und starrt vor sich hin und belastet so das familiäre Zusammensein. Sie schweigt dann stunden- sogar tagelang und sobald jemand versucht, mit ihr zu sprechen, schnauzt sie denjenigen an.

Wenn man den Eltern dieser Kinder zuhört, zeigt sich eine Vielzahl an Symptomen und Beschwerden, die die betroffenen Kinder aufweisen. Diese Kinder zeigen oftmals immense Verhaltensauffälligkeiten, die für ihre Umwelt sehr belastend sein können, und werden daher anfangs häufig wegen einer »Verhaltensstörung« behandelt. Sie haben Schwierigkeiten, ihr Verhalten zu kontrollieren und Emotionen zu regulieren – Fähigkeiten, die viele gleichaltrige Kinder bereits entwickelt haben. In bestimmten Situationen scheint es, als würde ihnen jegliche Kontrolle oder Regulierung fehlen. Zudem können kleine, unscheinbare Ereignisse in diesen Kindern schon viel auslösen.

Es gibt jedoch auch viele Situationen, in denen sich diese Kinder scheinbar gut im Griff haben und sich vorbildlich verhalten. Dadurch wird es für die Eltern dieser Kinder jedoch nicht gerade einfacher.

Wenn der Therapeut mit den Eltern und Lehrer*innen von Leonardo am Tisch sitzt, entsteht oft der Eindruck, als ob beide Parteien über ein gänzlich anderes Kind sprächen. Im Klassenzimmer sehen die Lehrer*innen ein Kind, das sein Bestes gibt, auch wenn dies oft nicht zum gewünschten Ergebnis führt. Sie sind verwundert, wenn die Eltern über das äußerst schwierige Verhalten von Leonardo zu Hause reden, und haben Zweifel an den erzieherischen Kompetenzen der Eltern. Die Eltern fühlen sich aus diesem Grund oft von ihrem Kind manipuliert: »Wenn er will, kann er es. Wenn die Lehrerin neben ihm steht, dann begreift er, was ihm gesagt wird, aber wenn ich zu Hause dann mit ihm die Hausaufgaben mache, dann geht plötzlich gar nichts.«

»Wenn jemand von der Verwandtschaft da ist, weiß sie genau, wie sie sich zu benehmen hat. Aber sobald wir wieder mit ihr allein sind, bricht die Hölle aus und sie wird unendlich wütend. (...) Vreni, die tagelang zu Hause schweigt, kann bei anderen hingegen einen sehr umgänglichen Eindruck hinterlassen.«

Es wird dabei oft nicht erkennbar, dass diese Kinder ihr Möglichstes tun, um sich in der Schule oder bei Familienbesuchen zu behaupten, sich sehr anstrengen und ihr Bestes geben. Zurück in der gewohnten häuslichen Umgebung fallen dann jedoch alle Hemmungen weg und die Angst der Eltern bestätigt sich: »Na, da sieht man es: Nur bei uns verhält sie sich so schwierig.«

Er hatte eine sehr gute Taktik. In der Schule bemerkte man nichts, er gab sein Bestes. Als er nach Hause kam, war er dann aber komplett erschöpft. Er konnte keine Reize mehr ertragen, selbst das Telefon musste ausgeschaltet werden. Wenn jemand unerwartet ins Zimmer kam, wurde er hysterisch.
Mama von Lucas

Die Lehrerin der sechsten Klasse meinte am Elternabend, dass Maité das Gymnasium in der Oberstufe »gut schaffen würde«. »Sie ist sehr fleißig, außerordentlich höflich und sehr nett. Ich nehme an, daheim ist sie genauso.« Ich dachte, ich höre nicht richtig. Aber ich war froh, dass sie zumindest in der Schule keine Probleme machte und da einen guten Eindruck hinterlässt. Zu Hause bricht sie dann jedoch völlig zusammen, weil die Schule zu anstrengend ist und so viel Energie kostet.
Mama von Maité

Das soziale Umfeld dieser Kinder ist von diesen Schwankungen oft irritiert, kann das widersprüchliche Verhalten dieser Kinder nicht verstehen. Solch ein Kind wirkt daher oft »manipulativ«. Es besteht die Gefahr, dass es als »ein Kind, das nur manipuliert« behandelt wird, wodurch das Selbstbild des Kindes wiederum weiter geschwächt werden kann. Und dafür gibt es einige Gründe.

Die Eltern von Leonardo zum Beispiel beschreiben ihn als manipulativ, weil er lügt. Manchmal benimmt er sich, als ob er von nichts eine Ahnung habe, obwohl er genau weiß, um was es geht. Er kann sehr nett sein. Seine Tanten und Onkel kennen ihn beispielsweise ausschließlich als sehr nettes Kind, während er in anderen Momenten – besonders zu Hause – seine Eltern zur Weißglut treiben kann. Zudem fühlt er sich ständig benachteiligt: So ist Leonardo davon überzeugt, dass seine Brüder zu Hause viel weniger mithelfen müssen, viel mehr Geschenke als er bekommen und auch noch viel mehr zum Anziehen haben als er. Wenn er dann etwas bekommt, wirkt er zwar für einen Moment beruhigt, aber seine Sehnsucht nach materiellen Dingen ist so groß, dass er schnell wieder unzufrieden ist und noch mehr will.

Aufgrund dieser »manipulierenden« Aspekte im Verhalten dieser Kinder zögern die betroffenen Eltern oft lange, bis sie eine Beratung in Anspruch nehmen. Dass die Probleme sich vor allem zu Hause zeigen, vermittelt den Eltern den Eindruck als seien sie keine guten Eltern, und diese Widersprüchlichkeit in der Wahrnehmung des kindlichen Verhaltens hindert die Eltern oft daran, sich auf die Suche nach einer »komplex traumasensiblen Beratung« zu machen.

Vreni's Eltern berichten, dass ihre Tochter manchmal vollkommen überzeugend die »Opferrolle« spielt, weshalb sie Angst haben, dass ein Therapeut oder eine Therapeutin tatsächlich denken könnte, sie würden sich nicht gut um ihre Tochter kümmern. Zum Beispiel gab sie in der Schule einmal vor, zu Hause nie einen Duden zu bekommen, weshalb sie einfach nicht in der Lage gewesen sei, ihre Hausaufgaben ordentlich zu machen.
   In ähnlicher Weise teilte Leonardo, als sie an einem Spielplatz vorbeiliefen, seinem Lehrer mit, dass er noch nie so etwas Schönes gesehen habe. Als die Eltern dann vorsichtig von den Lehrer*innen darauf angesprochen wurden, fühlten sie sich verurteilt und so, als ob sie Eltern wären, die ihr Kind vernachlässigten und noch nie mit ihm zum Spielplatz gegangen wären. Sie fühlten sich auch von Leonardo verraten, denn sie waren ja schon so oft mit ihm auf einem Spielplatz, und fragten sich, warum er so etwas nur sage.

Obwohl dies oft nur schwer zu erkennen ist, steckt hinter solch schwierigen Verhaltensweisen meist eine sehr große Angst.

Louise und Maya leiden unter Alpträumen. Louise wacht nachts oft schreiend und ängstlich auf, Maya träumt davon, dass ihre Eltern sie weggeben.

Viele dieser Kinder können, ihren Eltern zufolge, Verluste und Trennungen überhaupt nicht ertragen. Beispielsweise mögen diese Kinder zwar Gesellschaftsspiele, sobald sie jedoch verlieren, kommt es häufig zu fürchterlichen Szenen. Möglicherweise assoziieren diese Kinder bereits einen minimalen oder unvermeidbaren Verlust – wie bei dem Gesellschaftsspiel ›Mensch ärger' dich nicht‹ – mit einem tieferen, existenziellen Gefühl von Verlust und Mangel.
   Hinzu kommt, dass diese Kinder häufig auch disharmonische Entwicklungsprofile oder inkonsistente Leistungen im schulischen Kontext aufzeigen.

Maya scheint in einigen Momenten problemlos zu lernen, zeigt dann aber eine unerwartet schlechte Leistung. Leonardo kann sich selbst basale Rechenkenntnisse nicht aneignen und sein Intelligenztest deutet auf eine geistige Einschränkung hin. In anderen Bereichen ist von so einer Einschränkung jedoch nichts zu sehen. Bei Vreni kommen eine ausgeprägte Legasthenie und Dyskalkulie vor. Celine durchläuft problemlos die Grundschule, bleibt allerdings in der Sekundarstufe hängen.

1.2 Kinder mit Gebrauchsanweisung

Was all diese Kinder gemeinsam haben, ist die Vielfalt an Symptomen, die sie aufweisen sowie große Schwankungen in ihren Leistungen und ihrem Verhalten. Dadurch passen sie nur selten in ein einziges Profil, was die Diagnosestellung erschwert. Oft erhalten diese Kinder daher von verschiedenen Therapeut*innen unterschiedliche Diagnosen. Das widersprüchliche, unvorhersehbare und manchmal explosive Verhalten ist typisch für diese Kinder und führt oft dazu, dass ein Therapeut oder eine Therapeutin ein Kind ganz anders einschätzt als ein anderer Therapeut oder eine andere Therapeutin oder ein Lehrer bzw. eine Lehrerin ein vollkommen anderen Eindruck von einem Kind bekommt als die Eltern des Kindes. Es wird jedoch nur selten angenommen, dass dieses widersprüchliche Verhalten das Ergebnis einer traumatischen Erfahrung sein könnte. Und selbst wenn das Trauma erkannt wird, ist es oft schwer vorstellbar, dass das Trauma einen Einfluss auf all diese Verhaltens-, Gefühls- oder Entwicklungsprobleme hat und dabei die zentrale Rolle spielt. So wird manchmal behauptet: »Okay, da ist das Trauma von früher, aber das kann doch nicht die Erklärung für all diese aktuellen Verhaltensauffälligkeiten sein?«

Gerade wegen der großen Schwankungen im Verhalten und im Funktionieren ist das Leben mit diesen Kindern für die Pflege- oder Adoptiveltern häufig besonders herausfordernd. Die Eltern berichten oft, dass sie »keine normale Familie« sein können. Was vielen Kindern Spaß macht, wie zum Beispiel gemeinsam zum Jahrmarkt oder zu einer Geburtstagsfeier zu gehen, ist für diese Kinder oft so überwältigend und aufregend, dass der Spaß durch die damit einhergehende Anspannung und Stressbelastung verschwindet. Einige Kinder benötigen strenge Rituale, um ein Gleichgewicht aufrechtzuerhalten.

Zum Beispiel kann Maya nicht zur Schule gehen, solange sich ihre Buntstifte nicht in geordneter Reihenfolge in ihrem Mäppchen befinden. Hierdurch kommt ihre Mutter jedes Mal zu spät zur Arbeit. Jeder Versuch, Maya von diesem Ritual abzubringen, führt zu Auseinandersetzungen, wodurch der Morgen nur noch schwieriger wird.

Tina fängt grundsätzlich an zu streiten, wenn ihr gesagt wird, dass es Schlafenszeit ist. Ihre Mutter beschreibt, wie das Adrenalin nach dem Streit noch stundenlang durch Tinas Körper rast, während sie doch dringend Ruhe bräuchte und Energie für den nächsten Tag tanken müsse.

Darüber hinaus haben viele der betroffenen Eltern auf der Suche nach einem angemessenen Gleichgewicht gelernt, Eskalationen zu vermeiden. Sie haben gelernt, sich weniger aufzuregen und nicht alles so ernst zu nehmen und nicht jeden Streit auszutragen (»choose your battles!«).

Das bedeutet zum Beispiel, dass Mayas Vater nicht gleich sauer wird, wenn Maya auf dem Spielplatz herumschreit: »Loser, nennst du das pünktlich sein?« Er teilt ihr dann in Ruhe mit, dass er der Meinung ist, dass man so nicht mit dem Papa redet, ohne auf eine weitere Diskussion einzusteigen. Dass dies für sie die beste Lösung ist, zeigt sich darin, dass sie sich anschließend erstmals für ihren Wutausbruch entschuldigen kann.

Diese elterliche Haltung löst im sozialen Umfeld jedoch oft nur wenige unterstützende Reaktionen aus. Meist hören sie dann Folgendes: »Bei mir wäre das anders.« oder »Wenn Sie das alles zulassen, ist es kein Wunder, dass sich Ihr Kind schlecht benimmt.« Dass Verhaltensprobleme und Erziehungsschwierigkeiten mit einem Trauma verbunden sein können und dass Eltern manchmal auf »ungewöhnliches« Verhalten mit »positiven Reaktionen« reagieren, ist für Außenstehende dabei meist unbegreiflich.

1.3 Über das frühe Trauma nachdenken können und dürfen

Lange Zeit und auch heute noch wird oft behauptet, dass Babys und Kleinkinder gar nicht in der Lage seien, durch schreckliche Ereignissen, die sie erlebt haben, »ein Trauma zu bekommen«, wie beispielsweise durch ein Blutbad in ihrer vertrauten Kindertagesstätte mit körperlichen Verletzungen, das dazu führte, dass Kinder ins Krankenhaus gebracht werden mussten. Man behauptet dann, »dass das Kind zu jung ist, um sich zu erinnern«. Ähnliches konnte man 2013 im Zusammenhang mit einem solchen Vorfall in einer Kindertagesstätte in verschiedenen belgischen Zeitungen lesen. Wir würden gerne glauben, dass diese Kinder nicht traumatisiert wurden. Vielleicht ist das auch möglich, aber nur wenn die betroffenen Kinder und ihre Eltern nach einem solchen Ereignis eine ausreichend gute Betreuung erhalten und genug Raum vorhanden ist, um einem solchen Trauma einen Platz in der Lebensgeschichte des Kindes und seinem Umfeld zu geben. Wenn sichere, kompetente und vertrauenswürdige Betreuungspersonen und/oder Therapeut*innen vorhanden sind, kann ein Kind sich von einem solchen Ereignis schneller erholen. Nur so ist es möglich, dass die Folgen eines solchen Traumas begrenzt bleiben.

Es gibt zwei Gründe, warum es oft schwer ist, sich vorzustellen, dass Kleinkinder traumatisiert werden können: Der eine Grund hängt damit zusammen, wie wir Kinder sehen, der andere damit, wie wir über Trauma denken. Der erste und vielleicht wichtigste Grund ist vermutlich der, dass wir uns Kinder am liebsten als gesund, makellos, unschuldig und unversehrt vorstellen. Gerade weil eine gute Versorgung für die Entwicklung eines kleinen Kindes so wichtig ist, ist es fast unerträglich, dass in einem solch jungen Alter traumatische Erfahrungen vorkommen können. Es fällt einem gesunden, liebevollen Erwachsenen schwer, sich vorzustellen, dass Kleinkinder viel zu früh übermäßigem Stress ausgeliefert sind, was allerdings lebenslange Konsequenzen nach sich ziehen kann. Daher ist es für Kinder mit traumatischen Erfahrungen in ihrer Vorgeschichte entscheidend, dass erwachsene Betreuungspersonen ihr Bild vom unschuldigen und unversehrten Kind anpassen und bereit sind, Zeichen psychischer Verletzungen zu sehen und bereit sind, ein ›wissender Zeuge‹ zu sein, um in den Worten von A. Miller (1979 und 1980) zu sprechen. Schließlich brauchen diese Kinder Betreuer*innen, Lehrer*innen, Ärzt*innen und vor allem Eltern (einschließlich Pflege- und Adoptiveltern), die ihre Signale, in denen sie ihr Trauma ausdrücken, wahrnehmen und bereit sind, mit ihnen den schwierigen Weg zu einem möglichst ausgeglichenen Leben zu gehen.

Dieses Bedürfnis der Kinder wird jedoch oft nicht erkannt. Kinder, die in ihrer Kindheit traumatische Erfahrungen machen mussten, mit diesen aber allein blieben, erkennen oft erst später in ihrem Leben, dass sie einen großen Bedarf an entsprechender Unterstützung hatten, diese aber nicht bekommen haben. Christiana, die jetzt 82 Jahre alt ist, sagt Folgendes zu ihrer traumatischen Verlusterfahrungen im Alter von zwei Jahren:

> Ich war zweieinhalb Jahre alt, als meine Mutter nicht mehr zurückkam. Sie war auf dem Weg nach Hause und wurde von einer Bombe getroffen. Neun Tage später starb sie. Es war 1940. Mein Vater gab vor, stark zu sein (»weinen macht einen schwach«), um ein Vorbild für sein Kind zu sein. Frauen in meiner nahen Umgebung weinten zwar, aber als ich es sah, drehten sie sich entweder um oder gaben vor, erkältet zu sein. Frauen auf der Straße schwiegen plötzlich als ich vorbeikam oder ich hörte wie sie mitleidig sagten: »Zum Glück ist sie noch zu klein, um sich daran zu erinnern.«
>
> Mein Vater hat nie über meine Mutter gesprochen, weil sein Kummer zu groß war. Er begriff nie, dass gerade dieses Schweigen mich so wütend machte, vor allem in dem Augenblick als unerwartet eine »neue Mutter« den Platz meiner Mutter einnahm. Als Kind konnte und wagte ich es nicht, diese Frustration auszudrücken. Dadurch wurde ich zu einer harten Frau.
>
> Erst als ich ungefähr fünfunddreißig Jahre alt war, begann ich mich mit dem, was damals passiert ist, auseinanderzusetzen. Es war ein langer Weg, der mich mit dem Schmerz, der Trauer und der Wut über so viele verpasste Gelegenheiten konfrontierte. Dies gab mir jedoch die Gelegenheit, meinen Vater

um Vergebung zu bitten und auch ich war in der Lage, ihm zu vergeben. (...) Inzwischen war er dement geworden und weinte nur noch. Nur ich wusste warum. Ich bin jetzt mehr als 80 Jahre alt und konnte erst vor kurzem allen Teilen meines Lebens einen Platz geben, um den Kreis meiner Lebensgeschichte zu schließen. Der letzte Teil war das Lesen eines niederländischen Buches mit dem Titel »Kind ohne Mutter« von Vroegop-Zandbergen (zum ersten Mal erschienen in 1994). Das Buch hat mir geholfen, zu begreifen, dass mein Gefühl des Verlustes richtig und weder Einbildung noch Selbstmitleid war. Ich fasste daraufhin den Entschluss, meinen Lebenslauf für mich aufzuschreiben.

Mein Leben nahm letztendlich einen guten Lauf. Der Verlust, den es immer gab und über den ich mit niemandem sprechen konnte, wurde kompensiert. Ich bin eine glückliche Frau, Ehefrau, Mutter von zwei Töchtern und liebevolle Großmutter einer Enkelin und zweier Enkel. Ich bin froh, dass Kinder heute nicht mehr so lange auf Hilfe warten müssen.

Christiana

1.4 Definition der Traumatisierung

Es gibt einen zweiten Grund, warum wir bei Kindern, die Verhaltensauffälligkeiten zeigen, nicht immer sofort an die Verarbeitung von Traumatisierungen denken. Bei dem Wort »Trauma« denken wir vielleicht an einen Tsunami, ein Erdbeben oder einen Brand, bei dem das Kind sein Zu Hause und seine Umgebung verloren hat, oder an einen fürchterlichen Autounfall, der beispielsweise zu dem Verlust von engen Bezugspersonen führte, oder an einen gewalttätigen Überfall auf der Straße. Bei einem Trauma geht es um Ereignisse, die einen großen und unerwarteten Einfluss auf den Alltag haben, also um Erfahrungen, auf die man sich unmöglich vorbereiten kann. Dabei handelt es sich um Ereignisse, die so einschneidend sind, dass der innere psychologische Apparat sie nicht bewältigen und verarbeiten kann, wie es bei anderen Erfahrungen der Fall ist. Ein Trauma bringt das Leben und das psychische Funktionieren einer Person vollkommen durcheinander.

Es gibt verschiedene Arten von Traumatisierung, die sich voneinander unterscheiden. Wir sprechen von einer sogenannten Typ-I-Traumatisierung, wenn es sich um ein einmalig auftretendes überwältigendes Ereignis kurzer Dauer, wie z. B. bei einem Erdbeben, handelt. Bei einer Typ-II-Traumatisierung liegen hingegen einmalige (z. B. eine Vergewaltigung durch eine für das Kind (un)bekannte Person) oder sich über einen längeren Zeitraum erstreckende und wiederholende traumatische Ereignisse vor (z. B. sexueller Missbrauch, Missachtung, Misshandlung oder Gewalt durch die Bindungspersonen). Das Typ I-Trauma galt als »nature-made«, die Typ-II-Traumatisierung als »man-made« (Terr, 1991). Jedoch bemerkte man schon bald, dass Typ-II-Traumatisierungen, die im Kontext von

Bindungsbeziehungen auftreten (also nicht durch Unbekannten), viel häufiger vorkommen (mehr als 95 % der *man-made* Traumata von Kindern), oftmals jahrelang andauern und gerade dadurch zu einer besonders schweren Symptomatik führen, die mehrere oder alle Entwicklungsbereiche betrifft. Folglich handelt es sich um eine Symptomatik, die über die Symptome der PTSB hinausgeht. Um diese Traumata von anderen *man-made*-Traumata des Typ-II – wie z. B. eine einmalige Vergewaltigung durch einen Unbekannten – zu unterscheiden, wird in der Literatur von einer weiteren, dritten Art der Traumatisierung gesprochen und zwar von der »komplexen Traumatisierung« (Solomon & Heide, 1999). Wenn es dabei zusätzlich zu (wiederholten) Abbrüchen in den Beziehungen zu den primären Bezugspersonen gekommen ist, spricht man von Typ-III-Traumatisierungen. Bestimmte Autor*innen sprechen jedoch auch dann von Typ-III-Traumata, wenn es nicht zum Abbruch der Bindung gekommen ist, jedoch lang andauernde *man-made*-Traumata im Kontext von Bindungsbeziehungen – also komplexe Traumatisierungen – vorliegen. Die Fachliteratur ist dabei nicht ganz eindeutig. In diesem Buch wird von einem Typ-III-Trauma die Rede sein, wenn die Traumatisierung im Rahmen der Bindungsbeziehungen stattfand, über längere Zeit andauert und es zu einem zeitweiligen oder endgültigen Abbruch der Bindungsbeziehungen gekommen ist, z. B. weil die Bezugsperson das Kind zurückgelassen hat und das Kind nachher (in einem Pflegeheim, einer Pflegefamilie) fremduntergebracht (oder adoptiert) wurde. Im Zusammenhang mit dem Typ-III-Trauma wird manchmal von mehrfach oder multipel-komplex-Traumatisierungen (›*multiple complex Trauma*‹) gesprochen, weil das Trauma nicht nur Bedrohung, Gewalt oder Missbrauch beinhaltet, sondern auch mit Verlust(en) oder abgebrochenen Beziehungen und möglichen Wiederholungen und Re-inszenierungen der Problematik in einer neuen Pflegesituation einher gegangen ist. Nicht selten geraten die betroffenen Kinder beim Eingehen neuer Bindungsbeziehungen unter enormen Druck und die Kinder haben enorme Angst, wieder weggegeben zu werden und einen erneuten Abbruch der Beziehung ausgesetzt zu sein (▶ Tab. 1.1). Die Langzeiteffekte dieser frühen komplexen Traumatisierungen sind im ICD-10 (*International Classification of Diseases*, WHO, 1992) unterdessen für Erwachsenen anerkant worden als CPTSD (*complex post-traumatic stress disorder*); in den ICD-Klassifikation psychischer Störungen im Kindes- und Jugendalter fehlt uns bislang noch die diagnostische Kategorie des multiplen komplexen Traumas der Kindheit. Die ICD-11, die 2022 in Kraft tritt, wird – laut den Mitteilungen der WHO seit 2019 – die diagnostische Kategorie komplexe Traumatisierung bei den psychischen Störungen im Kindes- und Jugendalter aufnehmen (Maercken, 2021; Ford & Courtois, 2021).

Als Erwachsene können wir uns mehr oder weniger vorstellen, wie ein traumatisches Ereignis von Typ I oder II das innere psychische Gleichgewicht erschüttern kann. Was von solch einer einschneidenden und überwältigenden traumatischen Erfahrung übrigbleibt, ist meist eine »Erinnerung« an das, was passiert ist. Die traumatische Erfahrung brennt sich in das Gedächtnis ein, wie ein Film, der mit allen Details gespeichert wird und der, um verarbeitet werden zu können, sich immer wieder in Träumen und Geschichten wiederholt. Das Trauma muss neu durchlebt und erzählt werden, um ihm einen Platz in der eigenen Lebensgeschichte geben zu können. Dabei ist es wichtig, das traumatische Ereignis jemandem erzählen zu können, der zuhört.

Wir können uns als Erwachsene auch vorstellen, dass man nach einem Typ-I-Trauma oder einer relativ kurze Typ-II-Traumatisierung nach einer bestimmten Zeit (wieder) an die ursprünglichen individuellen Stärken und widerstandsfähigen (resilienten) Elemente im psychologischen Funktionieren anknüpfen kann. Manchen Menschen hilft es, in schwierigen Zeiten allein zu sein oder mit anderen über ihre Erlebnisse zu reden, andere kümmern sich lieber um andere, während wieder andere sich voll in ihre Arbeit stürzen oder sportliche Aktivitäten nutzen, um diese Situation bewältigen zu können. Während der Eine das traumatische loswerden will, kapselt der Andere es in sich ein.

Tab. 1.1: Verschiedene Formen der Traumatisierung

	Typ I Traumatisierung: Einmaliges traumatisches Erlebnis (»nature-made«)	Typ II Traumatisierung: »Man-made« traumatische Ereignisse oder Erfahrungen, die zu einer komplexen Traumatisierung führen, wenn sie über längere Zeit andauern und in den primären Bindungsbeziehungen stattfinden	Typ III Traumatisierung: Wenn zusätzlich zum wiederholten Typ-II-Bindungstrauma es auch zu Abbrüchen der primären Bindungsbeziehungen kommt, mit dem Risiko, dass diese Abbrüche in neuen Bindungsbeziehungen wiederholt werden; diese komplexen Traumatisierungen werden dann meistens auch zu multiple komplexen Traumata.
Beispiele	Tsunami, Autounfall, Verlust eines Angehörigen durch Unfall	Misshandlung, Gewalt, sexueller Missbrauch, die zum komplexen Trauma werden, wenn sie in der eigenen Familie stattfinden und lange Zeit andauern	Emotionale Vernachlässigung, unberechenbare elterliche Versorgung aufgrund von (psychischer) Krankheit, Aggressionen usw., woraufhin die Beziehung zu den primären Bindungsfiguren vorübergehend oder endgültig abbricht und dieses unverarbeitete Bindungstrauma in neue Pflegesituationen für neue Bruchlinien sorgt, in denen es die neuen Bindungsmöglichkeiten überschattet bzw. abzubrechen droht
Mögliche Folgen	Überwältigende Gedanken und Gefühle, Ängste, Alp-	Überwältigende Gedanken und Gefühle, Ängste, Alpträume, Trauma-Auslöser, ... bei komplexen	Beeinträchtigung verschiedener Entwicklungsbereiche und drohende Wiederholung der Ge-

Tab. 1.1: Verschiedene Formen der Traumatisierung – Fortsetzung

	Typ I Traumatisierung: Einmaliges traumatisches Erlebnis (»nature-made«)	**Typ II Traumatisierung:** »Man-made« traumatische Ereignisse oder Erfahrungen, die zu einer komplexen Traumatisierung führen, wenn sie über längere Zeit andauern und in den primären Bindungsbeziehungen stattfinden	**Typ III Traumatisierung:** Wenn zusätzlich zum wiederholten Typ-II-Bindungstrauma es auch zu Abbrüchen der primären Bindungsbeziehungen kommt, mit dem Risiko, dass diese Abbrüche in neuen Bindungsbeziehungen wiederholt werden; diese komplexen Traumatisierungen werden dann meistens auch zu multiple komplexen Traumata.
	träume, Trauma-Auslöser, …	Traumata werden auch verschiedene Entwicklungsbereichen beeinträchtigt werden	walt und des Beziehungsabbruchs in neue Bindungssituationen
Betreuendes Umfeld	• Wenn man als Eltern ebenfalls von dem nature-made Trauma betroffen ist, kann es zu einem (kurzzeitigen) Verlust von emotionaler »Verfügbarkeit« für das Kind kommen. • Vorige positive Beziehungserfahrungen können als Quelle der Widerstandsfähigkeit oder Resilienz der Familie und des Kindes gegenüber der Bedrohung oder der Gefahr dienen	• Hier ist die Bindungsfigur an dem traumatischen Ereignis meistens aktiv beteiligt, was zum Verlust von »Verfügbarkeit« führt oder zur perversen Mischung von »Liebe« und »Misshandlung« • Positive Beziehungserfahrungen, die eventuell vorher vorhanden waren, können zur Quelle der Widerstandsfähigkeit werden • Bindungsbeziehung kann jedoch auch vorher oder immer schon problematisch gewesen sein; keine gute Basis, auf die das Kind zurückgreifen kann; beeinträchtigte Widerstandsfähigkeit • Fürsorgefigur ist gleichzeitig auch Quelle der Angst/Bedrohung/Gefahr...	• Fehlender »sicherer Hafen«, bedrohende oder verwirrende Vorstellungen von Bindungsbeziehungen, die auch die zukünftige Bindungsbeziehungen überschatten oder sich zu wiederholen drohen.

Bei Kindern, deren erste Entwicklungsphase relativ gut verlaufen ist, kann eine traumatische Erfahrung die gesamte kindliche Entwicklung bedrohen. Die bis dahin gut verlaufene Entwicklung kann so sehr ins Wanken kommen, dass die Gefahr einer Stagnation der Entwicklung besteht und verschiedene Beschwerden und Symptome, sogenannte posttraumatische Belastungssymptome, auftreten können. Diese können sowohl das Lernen und die sozio-emotionale Entwicklung als auch das Verhalten der Kinder beeinträchtigen und sich in vielfältiger Weise zeigen. Während das eine Kind beispielsweise sehr verhaltensauffällig ist, passt ein anderes Kind sich auf den ersten Blick gut an, zieht sich aber allmählich immer mehr in sich selbst zurück und wird unerreichbar. Das Trauma beeinträchtigt die Entwicklung des Kindes und führt zu einer Bruchlinie oder einem ›Knick‹ im Entwicklungsprozess, auch wenn die Entwicklung des Kindes vorher relativ gut verlaufen ist. Niemand ist gegenüber Traumata unverletzbar!

Eine wichtige Frage ist aber auch, was passiert, wenn ein Kind von vornherein benachteiligt aufwächst sowie zu jung war, um sich an traumatische Erfahrungen erinnern zu können und Missbrauch, Gewalt, Misshandlungen, Bedrohungen und Beziehungsabbrüche in den ersten Lebensjahren stattgefunden haben, z. B. wenn das Kind noch keine Sprache zur Verfügung hatte (< 2 oder 3 Jahre) und an die meisten Erfahrungen noch keine bewusste Erinnerungen hat (< 5 oder 6 Jahren). Auch an die späteren Kindheitserfahrungen können sich komplex traumatisierte Kinder oft nicht erinnern, haben daran nur schreckliche Erinnerungen oder konnten dafür keine Sprache entwickeln (<10 bis 12 Jahren). Wenn es an die traumatischen Erfahrungen keine Erinnerungen gibt oder die Erfahrungen sprachlich nicht repräsentiert werden können, wird das Trauma im Form eines *körperlichen Schreckens* (van der Kolk, 2016) festgehalten.

1.5 Die komplexe Traumatisierung

Bei einem »komplexen Trauma«, auch »frühes Beziehungstrauma/Bindungstrauma« (*attachment trauma*) oder »Entwicklungstrauma« (*early developmental trauma – developmental trauma disorder*) genannt, handelt es sich um traumatische Erfahrungen, die sich in sehr jungen Jahren innerhalb der Beziehungen zu den engsten Fürsorgepersonen ereignen, die eigentlich eine Quelle der Versorgung, Sicherheit und Stabilität sein sollten. Diese Personen stellen für die Kinder stattdessen Angst, Bedrohung, Gefahr sowie einen Mangel an Fürsorge, Wärme und Liebe dar. Dabei kommt es oft zu einer unvorhersehbaren Versorgung, beispielsweise in dem Sinne, als dass ein liebes, fürsorgliches Elternteil unter dem Einfluss von Alkohol oder Drogen plötzlich aggressiv und gewalttätig wird oder ein psychisch krankes Elternteil zeitweise unberechenbare Reaktionen zeigt.

Das komplexe Trauma bezieht sich auf Erfahrungen, wie die Vernachlässigung der grundlegenden körperlichen Bedürfnisse nach Ernährung, Wärme und Versorgung, sowie der psychologischen Bedürfnisse wie Liebe und Zuneigung, Freude, Entwicklungsstimulierung und Struktur. Es verweist auf die Einflüsse direkter oder indirekter Gewalt, unangemessener oder sadistischer Strafen, großer

Unberechenbarkeit und/oder auf Erfahrungen von Verlust. Ein Trauma aufgrund von emotionaler Vernachlässigung (»deprivation«) wird oft weniger eindeutig als traumatisch wahrgenommen, hat aber genau wie die deutlich sichtbarere Gewalt schwerwiegende Auswirkungen auf das Leben und die Entwicklung eines Kindes sowie auf das Leben der Adoptiv- und Pflegeeltern und anderer Bezugspersonen, die sich um betroffene Kinder kümmern.

Solche Erfahrungen werden nicht nur in Form von Ängsten und »eigenartigen« unverständlichen Gefühlen, Gedanken oder Verhaltensweisen verankert, sondern führen auch zu der Erfahrung, dass das Leben unberechenbar und instabil ist und dass man sich nicht auf Erwachsene verlassen kann. Pflege- und Adoptiveltern bemerken dies häufig, sobald das Kind mit einem komplexen Trauma nach einer Weile beginnt, sich an sie zu binden. Durch den Beziehungsaufbau und eine damit einhergehende Annäherung wird die Angst vor einer erneuten Verletzung oder Ablehnung aktiviert. Genau in dem Moment, in dem Eltern damit rechnen, dass sich die Beziehung weiter vertieft, kommt es oftmals zu turbulenten Krisen in den Pflege- oder Adoptivfamilien. Kinder mit einem komplexen Trauma werden manchmal auch als »bindungsverunsichert« beschrieben, weil es ihnen schwerfällt, Bindungsbeziehungen aufzubauen und sie diese Beziehungen oft auf ganz andere Art und Weise nutzen als sicher gebundene Kinder (▶ Kap. 3). Oft haben diese Kinder erst vor kurzem traumatische Erfahrungen in ihren Beziehungen zu ihren ursprünglichen Fürsorgepersonen erlitten (Bindungsbeziehungen) und in ihren ersten Lebenswochen, -monaten und manchmal -jahren, wenig Aufmerksamkeit und einen Mangel an Bedürfnisbefriedigung sowie eine unberechenbare Versorgung erfahren. Es gibt Autor*innen, zum Beispiel Jon Allen (2013) oder Allan Schore (2009), die es vorziehen, von einem »Bindungstrauma« zu sprechen. Die Auswirkungen solcher Traumata (durch Deprivation, Verluste, Vernachlässigung und/oder Gewalt, Missbrauch, Misshandlung) werden in verschiedenen Entwicklungsbereichen deutlich, weshalb andere Autor*innen, wie Bessel van der Kolk (2003, 2005, 2009) den Begriff des »Entwicklungstrauma« bevorzugen.

1.6 Von der Verletzung zur Narbe

Ein sehr junges Kind ist nur auf eine altersspezifische Art und Weise in der Lage, zu fühlen und zu denken. Es erlebt zunächst physisch empfundene Zustände und Prozesse, deren Intensität (Arousal) durch seine primären Bezugspersonen gehalten und so erträglich gemacht werden. Dabei achten Eltern und Betreuungspersonen von kleinen Kindern einerseits darauf, dass die Frustration, das Stressniveau oder die Aufregung des Kindes nicht zu groß wird, andererseits stimulieren und aktivieren sie das Kind, wenn es sich zu wenig in Kontakt begibt; sie ›bewegen‹ das Kind auf diese Art und Weise zum Kontaktaufbau. In traumatischen Situationen innerhalb der frühen Betreuungsumgebung, die geprägt sind von Missachtung, Vernachlässigung oder Gewalt wird das Kind hingegen chronisch über ein unerträgliches Maß hinaus so stark gestresst, dass es sehr früh lernt, auf sich selbst angewiesen zu sein, wodurch es schwer wird, es zu erreichen.

Dieser Prozess führt bei jungen Kindern zu eingeschränkten, unklaren Erinnerungen an das, was sie erlebt haben. Die Ereignisreihenfolge hinterlässt eher vage, körperlich fühlbare Ängste zurück, ein *körperlicher Schrecken* (van der Kolk) das sich auch in Träumen und Alpträumen äußern kann. Es gibt keine konkreten Erinnerungsspuren an das, was die Ursache oder der Anlass dieser »seltsamen« Ängste sein könnte, die das Kind durchlebt; es gibt auch keine Worte dafür. Anders ausgedrückt, sollte das komplexe Trauma eher von der Brücke oder Verflochtenheit aus betrachtet werden, die sich normalerweise in der Entwicklung zwischen Körper und Psyche, zwischen »body« und »mind« entwickelt (Schore, 2009): *the psychosomatic unity*. Es scheint, als wäre es nach komplexen Traumatisierungen weniger der Kopf, sondern vielmehr der Körper eines Kindes, der die Erinnerungen trägt (»The body keeps the score«, van der Kolk, 2014).

Zusätzlich sind diese körperlichen Signale und Spuren des komplexen Traumas für die verbale, kognitive Bearbeitung zum größten Teil nicht zugänglich. Sie existieren sozusagen auf einer anderen Ebene weiter. Die Abbrüche der Bindung, die die Kinder erlebten, gehören chronologisch zwar zur Vergangenheit, bleiben jedoch psychodynamisch und unbewusst aktiv, und zwar in der Form von tief verinnerlichten Vorstellungen von unsicheren Bindungen und fixierten Reaktionen im Gehirn sowie im zentralen Nervensystem, also als neuropsychologische Muster, die unter besser organisierten Bindungsmustern meistens gut verborgen bleiben. In dem Moment, in dem die tieferliegende Problematik, durch die Spannung, die mit neuen Bindungsmöglichkeiten in der Adoptionsfamilie oder einer Pflegefamilie einhergeht, wieder inszeniert wird, zeichnen sich die Wunden der Vergangenheit umso deutlicher ab. Weder das Kind noch die Eltern können im Moment der Re-inszenierung realisieren, was passiert, wenn die Vergangenheit des Kindes dafür sorgt, dass neue Entwicklungschancen nicht ergriffen werden können. Die Re-inszenierung tritt meist dann auf, wenn das Kind merkt, dass es sich erneut binden könnte und seine Verletzung spürt, und/oder während bedeutsamer phasenspezifischer Entwicklungsaufgaben, wie z. B. während einer Identitätskrise und -suche in der Adoleszenz.

Wir dürfen dabei nicht vergessen, dass dieses für ein multiples komplexes Trauma typische Aneinanderreihen belastender und traumatischer Erfahrungen in einer Lebensphase stattfindet, in der ein Kind zahlreiche neue und lebenswichtige Entwicklungsschritte durchläuft. Zuerst ist das Kind voll und ganz damit beschäftigt ein Urvertrauen zu erwerben (erstes Lebensjahr), dann experimentiert es mit ersten Schritten Richtung Autonomie (zweites und drittes Lebensjahr), gefolgt von einer Phase der gesunden (sexuellen) Neugierde (viertes bis sechstes Lebensjahr) und einer Phase des Erwerbs von Lernfähigkeit und sozialer Kompetenz (sechstes bis zwölftes Lebensjahr). All dies erlebt das Kind in den ersten Phasen seines Lebens, in denen es auch die Fähigkeit entwickelt, sich durch Spiele, Worte und Geschichten auszudrücken (durch die Entwicklung eines verbalen oder narrativen Selbstgefühls). Die Besonderheit eines komplexen

Traumas besteht gerade darin, dass all diese Bereiche und Entwicklungsaufgaben unweigerlich durch den traumatischen Charakter des Ereignisses beeinträchtigt werden. Wenn eine betreuende Person, die dem Kind eigentlich Sicherheit und Versorgung vermitteln soll, das Kind körperlich oder psychisch verletzt, ignoriert oder vernachlässigt, führt dies zu »Störungen« basaler Fähigkeiten. Im Gegensatz zu anderen Arten von Trauma haben Kinder, die ein komplexes Trauma erleben, keine primäre Betreuungsperson, die sich außerhalb des traumatischen Ereignisses befindet. Es mangelt ihnen an Betreuungspersonen, die sich liebevoll um sie kümmern und sie auffangen oder dabei helfen können, ein Trauma zu verarbeiten. Bei einem komplexen Trauma ist es die Fürsorge selbst, die sich in der Körpererfahrung und der kaum vorhandenen oder erst entstehenden psychologischen Erfahrung des Kindes, von innen mit dem Trauma verbindet. Diese Erfahrung ist für einen Außenstehenden häufig schwer zu begreifen, sie hat aber einen großen Einfluss auf die Gehirnentwicklung und das damit verbundene physiologische Stresssystems und somit auf das Verhalten sowie das emotionale Erleben, die Affektregulierung und das spätere Bindungsmuster (Perry & Szalavitz, 2006).

Zum Beispiel sehen wir bei einigen Kindern eine andauernde Hypersensibilität des Stresssystems oder eine andauernde Beeinträchtigung in der kognitiven und emotionalen Entwicklung sowie im Beziehungsverhalten. Einige der Kinder versuchen den überwältigenden Einfluss des Traumas zu verringern, indem sie unerreichbar werden und nichts mehr spüren. Vielleicht haben sie erfahren, dass es ihrer Bezugsperson egal war, wer sie sind, wodurch sie einen unüberwindlichen Abstand in Beziehungen erfahren und wodurch sie auch nie eine Verbindung zwischen ihrer eigenen Psyche und ihrem Körper herstellen konnten. Manche Kinder sind dadurch schließlich nicht in der Lage zu unterscheiden, was gut und was bedrohlich ist, ihnen fehlt sozusagen ein innerer Kompass. Dadurch besteht das Risiko, dass sich die traumatischen Beziehungserfahrungen wiederholen, denn diese Kinder erwarten bei neuen und sicheren Pflege- oder Adoptiveltern ein erneutes Trauma, und/oder suchen auch manchmal Fürsorge und Liebe bei bedrohlichen Personen.

Es lässt sich also festhalten, dass traumatische Erfahrungen in den ersten Monaten und Jahren des Lebens für die Gehirnentwicklung und die Persönlichkeitsentwicklung prägend sind. Sie haben einen gravierenden Einfluss auf alle Entwicklungsbereiche und können sich auf das Lernen, Denken, Sprechen sowie die emotionale Entwicklung und das Beziehungsverhalten auswirken. Deshalb zeigen betroffene Kinder, selbst nachdem sie bereits seit Jahren bei fürsorglichen Pflege- und Adoptiveltern gelebt haben, oft noch immer Verhaltensauffälligkeiten und Beeinträchtigungen in ihrer Entwicklung. Das erklärt auch, warum viele Eltern in Pflege- und Adoptivfamilien, die diese Kinder später in ihrer Entwicklung begleiten, so viel investieren müssen, um zumindest eine gewisse tägliche Routine mit ihrem Kind zu erreichen und warum manche Kinder scheinbar so wenig von der positiven Fürsorge annehmen, die sie umgibt und sich so sehr auf das, was sie nicht haben oder bekommen, fokussieren. Und es erklärt auch, warum diese Kinder zusätzlich andere anhaltende Schwierigkeiten, wie beispielsweise Lese- und Rechenprobleme entwickeln und es ihnen schwerfällt zu verbalisieren, was in ihrer inneren und äußeren Welt passiert oder passiert ist.

Gerade weil aber diese Form der traumatischen Erfahrung in einer Lebensphase stattfindet, in der die Entwicklung des Kindes noch besonders veränderbar ist, gibt es Möglichkeiten, die Entwicklung der Kinder zu unterstützen. Die Verarbeitung innerhalb eines therapeutischen Prozesses kann den Kindern die genügende Ruhe geben und helfen, den traumatischen Erfahrungen einen heilsamen Rahmen oder Ort zu geben, an dem Bruchstücke dieser Erfahrungen aufgehoben werden können. Auch wenn ein therapeutischer Prozess nicht zu einer »Heilung aller Wunden« führt, kann es für Kinder und Eltern dennoch hilfreich sein, die vulnerablen Punkte besser kennenzulernen und zu lernen, damit umzugehen. Zudem bietet eine Therapie auch eine Möglichkeit, um in späteren Entwicklungsphasen nicht (erneut) zu stagnieren. Bei einigen Kindern bleibt das Zusammenleben in der (Pflege- oder Adoptiv-)Familie schwierig oder verbunden mit Konflikten. Der Unterschied kann jedoch darin bestehen, dass während dieser Konflikte eine Perspektive für die Betreuer*innen und die Kinder eröffnet wird. Durch einen psychotherapeutischen Prozess kann man sich der offenen Wunde oder dem eingekapselten Trauma annähern und eine Narbe entwickeln, die die ursprüngliche rohe Wunde ablöst. Ein basales Misstrauen kann durch lebenswerte Beziehungen ersetzt werden, in denen Empfindlichkeiten berücksichtigt werden können. Auch wenn eine Narbe viel weniger flexibel ist, als die ursprüngliche Beziehungsflexibilität, die hätte entstehen können, wäre es nicht zu einer traumatischen Entwicklung gekommen, bietet solch ein Narbengewebe mehr Möglichkeiten für ein »gutes Leben« als die offene Wunde oder die eingekapselte eiternde unbehandelte Traumazyste. Ein solcher therapeutischer Prozess kann das Leid grundlegend verändern, auch wenn diese Narbe vielleicht lebenslang ein sensibler oder verletzlicher und wenig flexibler Bereich bleibt.

>»One does not have to be a combat soldier, or visit a refugee camp in Syria or in the Congo to encounter trauma. Trauma happens to us, our friends, and our neighbours.« (van der Kolk, 2014, S. 1)

2 Ein kurzer Einblick in die Entwicklungspsychologie

2.1 Ein von Fürsorge abhängiges und sozial orientiertes Kleinkind

Ein Baby wird nur mit einer begrenzten Fähigkeit, sich selbst zu regulieren, geboren. In den ersten Monaten und Jahren seines Lebens ist es abhängig von der Fürsorge Anderer, die sehen und begreifen, was es benötigt. Daher konzentriert es sich fast ausschließlich auf seine Bezugspersonen. Um eine Verbindung zu ihnen aufzubauen, bedient sich das Kleinkind dabei seiner stark ausgeprägten sozialen Fähigkeiten. So kann es in den ersten Wochen und Monaten ein faszinierendes Lächeln hervorzaubern, zutiefst zufrieden mit sich selbst sein oder weinen und schreien, sobald es jemanden benötigt. Das alles sind Möglichkeiten, die Nähe der Erwachsenen zu gewährleisten. Dabei entwickelt sich die Kommunikation bereits mit der Geburt eines Kindes von zwei Seiten. Denn ein Baby erkennt die Stimme seiner Eltern schon vor der Geburt, es erkennt ihren Geruch unmittelbar nach der Geburt und ihr Gesicht schon wenige Tage später. Es kommuniziert lange bevor es über irgendwelche Worte verfügt: So drückt es Unruhe und Angst durch Körpersignale, den Gesichtsausdruck, Bewegungen, die Stimme oder durch Weinen aus. Sowohl das Weinen als auch das Wegschauen in beunruhigenden Situationen sind sehr starke soziale Signale, die eine Veränderung des Umfelds hervorrufen sollen. Lachen und Augenkontakt sind dabei sehr erfolgreiche Mittel, den Pflegepersonen zu signalisieren, dass sie es gut machen (Schmeets, 2011). Ein weiteres Mittel, das dem Kleinkind zur Verfügung steht, um die Umgebung zu regulieren, ist seine Motorik: So wird ein Kleinkind bei ungünstigen Bedingungen schon sehr früh zu viel oder zu wenig aktiv sein (Hyper- oder Hypoaktivität) oder sein Körper spannt sich zu stark oder zu schwach an (Hyper- oder Hypotonie). Auch das Essen und das Schlafen sind schon sehr frühe Aspekte der Kommunikation, mit denen das Baby mitteilt, wie es ihm geht (Derckx, 2011).

Ein kleines Kind ist mit anderen Worten ein (etwas besonderer und anfangs nonverbaler) sozialer und aktiver Interaktionspartner, der sehr viel Aufmerksamkeit, Zeit und Energie von seinen Eltern und Betreuungspersonen in Anspruch nehmen kann. Die Tatsache, dass ein kleines Kind für alle Bedürfnisse und Erwartungen ständig von diesen Betreuungspersonen abhängig ist, sorgt dafür, dass junge Eltern oft zu guten und aufmerksamen Beobachter*innen werden. Sie beobachten und hören ständig all die kleinen Signale und Ausdrucksformen, die das Kleinkind durch seinen Körper, sein Gesicht und seine Stimme ausdrückt und die etwas darüber aussagen, wie es ihm geht und was es von ihnen benötigt. Es ist eine der wichtigsten Aufgaben junger Eltern, die Körpersprache ihres Kleinkindes »lesen« zu lernen und das, was sie sehen und die Absicht, die dahinter vermuten, in Worten auszudrücken (Derckx, 2011). Das Lesen der Körpersprache des Babys ist wie eine Art des Bedeutung-Verleihens der relational-affektiven Kommunikation, eine Art der Affektinterpretation also (Emde, Osofsky & Butterfield, 1993), die wichtig ist für die spätere Emotionsregulierung des Kindes (Meurs & Vliegen, 2020). Fürsorgliche Eltern lernen, was weinende Geräusche, die Mimik und die Art, wie sich das Baby an Mutter oder Vater anschmiegt, bedeuten. Sie lernen aus der physisch-affektiven Kommunikation des Kindes zu schließen, wann es zufrieden ist, Hunger hat oder Aufmerksamkeit braucht. Auf diese Weise zeigt ein Kleinkind seinen Eltern einen ihnen noch vollkommen unbekannten Lernprozess. Obwohl dieser Lernprozess Zeit benötigt und weitgehend nur durch »Trial-and-Error« erlernt werden kann, sind sowohl das Kleinkind sowie seine Eltern durch die Evolution dafür ausgestattet. Tägliche Aktivitäten wie Füttern und Wechseln der Windeln sind die optimalen Momente für das Kleinkind und seine versorgenden Personen sich gegenseitig kennenzulernen. Das gegenseitige Ansehen, die Berührungen und das Erzeugen von Geräuschen, sorgen dafür, dass ein zwischenmenschliches Band entsteht. Auf diese Weise lernt die versorgende Person den Rhythmus sowie die Bedürfnisse und die Stimmungen des Kleinkindes kennen. In dieser frühen Phase der völlig neuen Beziehung wird durch den oben beschriebenen, intensiven und gegenseitigen Austausch der Grundstein für ein lebenslanges Band zwischen dem Kind und seinen Eltern gelegt.

Das Weinen eines Kleinkindes ist oft ergreifend, wodurch Eltern/Fürsorgepersonen dazu veranlasst werden, schnell und adäquat zu handeln. Die Dringlichkeit des Weinens eines Kleinkindes hat natürlich einen Grund. Sie ist evolutionsbedingt, denn für das sich entwickelnde Kind ist es wichtig, dass die Fürsorgepersonen bei Bedarf schnell und adäquat reagieren. Es ist kein Zufall, dass Versorgung und Trost für Kleinkinder so wichtig sind. Sie können primitive Gefühle erleben, die noch ungeformte und undefinierte negative Emotionen auslösen. Diese ersten Formen der Affekte – meistens Affektzustände oder Affektintensitäten – werden in der Fachliteratur auch *Affekt-Arousal* genannt: Das Ausmaß an Affektzuständen, die durch äußere und/oder inneren Reize des Kindes aktiviert werden, kann für Kleinkinder schwer auszuhalten sein, da es für sie noch schwierig ist, damit umzugehen. Daher brauchen Babys eine nahezu permanente Anwesenheit und Beruhigung: eine Ko-Regulierung.

Natürlich gibt es jedoch große Unterschiede zwischen verschiedenen Kleinkindern. Frühgeborene oder sehr temperamentvolle Babys verlangen in dieser Hinsicht mehr von ihren jungen Eltern, als ruhige oder kräftige und reif geborene Kinder. Während das eine Kind mehr Aufmerksamkeit fordern kann, ist ein anderes Kind viel schwieriger entgegenzukommen. Im Verlauf dieses Kapitels werden wir darauf eingehen, was unter Umständen passieren kann, wenn ein Baby nicht die adäquate Versorgung erhält, die es benötigt, da es beispielsweise früh eine Fürsorgeperson verloren hat oder die Fürsorgeperson durch eigene Sorgen abgelenkt war und/oder kein Interesse an dem Kind hatte.

2.2 Von der gemeinsamen Regulierung am Anfang des Lebens zur späteren Selbstregulierung

Die Entwicklung der emotionalen Regulierungsprozesse, die hauptsächlich durch die Fürsorge von Betreuungspersonen (*Co-Regulation*) im Kleinkind angestoßen werden, ist ein wichtiger erster Schritt für die weitere sozio-emotionale Entwicklung des Kindes. Solange das Kleinkind nicht die physische und kognitive Reife besitzt, um z. B. auf das Fläschchen oder das Windelwechseln warten zu können, ist es davon abhängig, dass seine Fürsorgeperson schnell, präzise und adäquat reagiert. Anfänglich wird jeder Moment der Unruhe durch die Fürsorgeperson reguliert: »Erst wenn man seine Decke um ihn wickelt, schläft er ruhig ein«, oder »Man muss das Fläschchen so festhalten, dann trinkt sie ruhig und hat später weniger Bauchkrämpfe.« Ein Gefühl der Sicherheit entsteht, wenn das Baby erlebt, dass es sich darauf verlassen kann, dass für es gesorgt wird und Mama und Papa immer da sind, wenn sie gebraucht werden. Auch die Erfahrung, dass der Hunger gestillt wird und immer wieder eine Bezugsperson auftaucht, wenn man sich im Bett allein fühlt, trägt zu diesem Gefühl der Sicherheit bei. Das Kleinkind lernt, das Kuscheln, Spielen, Teilen und Zusammensein zu genießen. Es lernt all das in dieser ersten Zeit des Zusammenseins. In den ersten Wochen verlässt sich das Kleinkind darauf, dass seine Eltern und andere versorgende Personen seine großen und kleinen Momente der Unruhe und des Unbehagens bemerken, verstehen und sie lösen. Dabei helfen sie ihm, Momente des positiven Gefühls zu entwickeln und zu teilen.

Wenn die gemeinsame Regulierung zufriedenstellend und auf die Fähigkeiten des Babys abgestimmt ist, weicht sie allmählich einer immer stärkeren Selbstregulierung. Der Körper scheint Erfahrungen des »Ruhefindens« zu speichern. Dem Kind gelingt es dann allmählich selbst, die gespeicherten Erfahrungen abzurufen. Zum Beispiel dann, wenn das Baby seine Decke selbst zu seiner Wange heranziehen kann, was sich dann genauso anfühlt, als würden Papa oder Mama es zudecken. In solchen Momenten erfährt das Kind – manchmal zum ersten Mal – dass es selbst Ruhe und Trost finden kann. Das Kind kann allmählich mehr Aufschub aushalten und mit wachsenden kognitiven Fähigkeiten lernt es, dass es sich auf seine fürsorgenden Personen verlassen kann. Das kleine Kind muss nun nicht länger unmittelbar anfangen zu weinen und nach seinen Eltern zu schreien, sondern ist in der Lage sich selbst zu beruhigen. So lernt es auch, die eigenen affektiven Körpersignale zu beobachten und ihnen Bedeutung zu verleihen, sie sinnvoll zu »interpretieren« und dadurch den ersten Baustein der weiteren Emotionsregulierung selbst zu entwickeln.

2.3 Der Aufbau von Erinnerungen und dem Gefühl einer eigenen Lebensgeschichte

Schon ab der Geburt ist das Gehirn eines Babys aktiv und verarbeitet den ständigen Informationsfluss, der über die Sinne (Sehen, Hören, Riechen, Schmecken und Fühlen) hereinströmt. Sich wiederholende, sichere und vertrauensvolle Informationen bilden wichtige erste Erinnerungsspuren. Genau deshalb gestalten wir die Welt für Kleinkinder so vorhersehbar wie möglich. Wenn zum Beispiel das Kleinkind »Ping« hört, weiß es, dass es seinen Brei bekommt. Das Gedächtnis ermöglicht es, Erfahrungen aus der Vergangenheit zu nutzen, um die Zukunft vorhersehbar zu machen. Schließlich lernt das Kind allmählich, dass Mama oder Papa immer wieder ans Bett kommen, sobald es zu viel Unruhe oder Spannung signalisiert. Dadurch ist es nicht länger notwendig, jedes Mal, wenn das Kind nachts Angst hat oder Hunger verspürt, panisch zu reagieren. Das Gehirn speichert unsere Erfahrungen, unseren persönlichen Lebenslauf, auch in der Zeit, in der wir noch nicht einmal über eine Sprache verfügen, ab.

Das bedeutet, dass alle Erfahrungen, die wir machen, Spuren hinterlassen, auch diejenigen, die schmerzhaft oder beängstigend sind. So kann beispielsweise das Kind während eines Tsunamis folgende komplexe sensorische Erfahrungen machen, die abgespeichert werden:

> Es hat erst die panischen Schreie der Erwachsenen gehört, dann das Wasser gesehen und erlebt, wie es in den Raum hineindrang. Es hat laute, schwappende und fließende Geräusche wahrgenommen, dann unbekannte Arme um seinen Körper gefühlt und seltsame, laute Stimmen gehört... Die Kombination all dieser sensorischen Erfahrungen lässt neue Verbindungen im Gehirn entstehen. Später kann es ausreichen, nur einen sensorischen Reiz zu erfahren (das Geräusch von schwappendem Wasser), wodurch automatisch andere Aspekte des damaligen Erlebnisses hervorgerufen werden (das Bild des einströmenden Wassers und die damit verbundene Angst).

Die Tatsache, dass das Gehirn all diese Erfahrungen erfasst und speichert, ermöglicht es uns, aus Erfahrung zu lernen. Mit Hilfe von Assoziationen verweben wir alle eindringenden sensorischen Reize zu einem Ganzen. Dass Erwachsene manchmal glauben, Kleinkinder würden sich an frühe und sehr schmerzhafte Ereignisse »nicht erinnern« und daher auch nicht unter ihnen leiden, hat damit zu tun, welche Bedeutung der Begriff »Erinnern« für Erwachsene hat. Das Wort »Erinnerung« bezieht sich in diesem Kontext darauf, wie Erwachsene sich an bestimmte Ereignisse erinnern und sie in Worten ausdrücken. Einige Beispiele: Vielleicht denken Sie an den warmen Sommerabend in Südfrankreich, wie Sie dort in Ruhe gesessen haben, als es plötzlich anfing stark zu regnen oder Sie denken zurück an den Abend, als Sie einfach zu Hause auf der Couch saßen und das Handy plötzlich klingelte und Ihr Vater Ihnen mitteilte, dass Ihre Mutter gestorben ist.

Was wir im Gedächtnis speichern, ist jedoch viel weitreichender als das, an was wir uns bewusst erinnern können. Daneben gibt es noch weitere Formen von Gedächtnisspuren, die sich schwierig in Worte fassen lassen. Diese spielen im Zusammenhang mit frühen Erfahrungen und deren Auswirkungen auf unsere Psyche, jedoch eine entscheidende Rolle. Vielleicht haben Sie es als Erwachsene(r) selbst erlebt, wie Sie – beispielsweise nach diesem Telefongespräch, bei dem Sie vom Tod ihrer Mutter erfahren haben – plötzlich bei jedem Telefongeräusch heftig zu zittern angefangen haben. Solche Erinnerungsspuren entstammen in gewisser Weise dem »denkbaren« und »bewussten« Funktionieren. Es sind Erinnerungsspuren einer anderen Art, die sich in der Psyche eines Kleinkindes festsetzen und so seine weitere Entwicklung und sein Verhalten beeinflussen können, ohne dass es dies überhaupt bemerkt.

2.4 Was passiert, wenn Kinder nicht beruhigt und getröstet werden?

Ein Experiment von Edward Tronick im Jahr 1975 lieferte entscheidende Erkenntnisse darüber, wie ein Mangel an emotionaler Zuwendung durch die Fürsorgeperson bei jungen Kindern zu massivem Stress führt. Im Labor simulierte er eine Situation, in der eine Fürsorgeperson für einen Moment (drei Minuten) zwar physisch anwesend, jedoch emotional für das Kind unerreichbar ist. Das Experiment wird als »still face«-Experiment bezeichnet und besteht aus dem folgenden Ablauf:

1. Ein Kleinkind sitzt auf einem Stuhl seiner Mutter gegenüber, sodass sich beide gut sehen können. Die Mutter wird gebeten, so mit ihrem Kind zu kommunizieren, wie sie es normalerweise auch tut.
2. Dann folgt eine Phase, die drei Minuten dauert und in der die Mutter ihr Gesicht nicht bewegt. Was während dieser drei Minuten geschieht, zeigt das starke Bedürfnis eines Kleinkindes nach sozialer Interaktion. Das Kind versucht zunächst, die vertraute Interaktion wiederherzustellen, indem es seine Mutter anlächelt, hofft, dass sie zurücklächelt, da es daran gewöhnt ist, dass die Mutter auf sein Lächeln reagiert. Es streckt seine Arme zu ihr aus mit der Erwartung, dass die Mutter es hochhebt. Es zeigt mit seinem Fingerchen auf eine Stelle hinter ihrem Kopf, in der Hoffnung, dass sie sich umdreht.
3. Wie schrecklich es für das Kind ist, dass die Mutter nicht reagiert, zeigt sich in dem, was als nächstes geschieht: Allmählich erkennt das Kind, dass die Mutter wirklich nicht reagiert. Das Kind beginnt nun seine zunehmend negativen Gefühle durch sein Verhalten auszudrücken. Es gerät zunehmend in Panik und verliert vollkommen seine Fassung. Die Unruhe und Stressbelastung des Kindes zeigen sich auch auf der körperlichen Ebene. So erhöht sich die

Herzfrequenz. Manche Kleinkinder sind sogar so gestresst, dass sie sich übergeben müssen.
4. Als die Mutter nach drei endlos erscheinenden Minuten ein Signal bekommt, wieder Kontakt mit dem Kleinkind aufnehmen zu dürfen, normalisiert sich der Herzschlag des Kindes und andere, positivere Gefühle treten wieder ein, wie z. B. die Freude darüber, die Mutter wieder erreichen zu können.

2.5 Die Bedeutsamkeit davon, den Kontakt wieder herzustellen

Was oben beschrieben wurde, ist das, was mit Kindern geschieht, die sich an einen »responsiven sozialen Kontakt« gewöhnt haben. Diese Kinder haben gelernt, dass versorgende Personen sie anlächeln, mit ihnen plaudern, gemeinsam schauen, was sie interessiert. Ein solches Kind erlebt auch intensive Freude an diesem Austausch. Neuere Untersuchungen von Haley und Stansbury (2003) zeigen jedoch, was mit kleinen Kindern geschieht, die in einer Umgebung aufwachsen, die durch einen ständigen Mangel an Aufmerksamkeit gekennzeichnet ist. Solche Kleinkinder haben gelernt, wie unberechenbar die Reaktionen ihrer Fürsorgepersonen sind. Auch diese Kinder reagieren auf den Verlust der Interaktion mit negativen Gefühlen und körperlichen Stressbeschwerden, wie z. B. einer erhöhten Herzfrequenz. Dabei unterscheiden sie sich nicht von den Kindern, die mit aufmerksamen und versorgenden Personen aufwachsen. Auffallend ist jedoch, was nach der »still face«-Episode geschieht. Die negativen Gefühle, aber auch die erhöhte Herzfrequenz halten trotz der erneuten Aufmerksamkeit der Mutter sehr viel länger an. Dies bedeutet, dass je häufiger Kinder Situationen ausgesetzt sind, in denen ihre Fürsorgeperson nicht erreichbar ist, und je mehr Stress sie in diesen Interaktionen erfahren, desto länger dauert die anschließende Erholungsphase an oder desto langsamer tritt die Milderung der kindlichen Reaktion ein.

Positive interaktive Momente werden als Momente beschrieben, in denen es ein »matching« – ein Gefühl des Übereinstimmens – zwischen dem Kind und seiner Bezugsperson gibt. Es ist charakteristisch für Menschen, einen starken Wunsch nach solchen Momenten des »positiven Matching« zu haben. Aber auch die negativen Momente, in denen Frustration, Trauer, Alleinsein oder Unverständnis vorherrschen, sind Teil des Lebens eines jeden Menschen und auch eines jeden Kindes. Dies ist z. B. der Fall, wenn eine versorgende Person morgens nicht viel Zeit hat oder wenn sie durch andere Sachen abgelenkt wird. Solche Momente des »*mismatch*« gefährden in keiner Weise die Entwicklung eines Kindes. Im Gegenteil, sie sind ein wesentlicher Bestandteil der kindlichen Entwicklung. Gerade in diesen Momenten des »mismatch« lernt das Kind viel über sich selbst und über das Leben. So lernt es zum Beispiel, dass man auch einmal warten kann oder es lernt zu fühlen, dass es nicht schlimm ist, wenn Mama nicht sofort Zeit hat, aber später wieder für einen da ist. Es schärft die Wahrnehmung und die Beobachtungsgabe, wenn es dem Kleinkind auffällt, dass Papa das Schlafritual anders gestaltet als Mama. Entscheidend ist jedoch die Idee der »Wiederherstellung des Kontakts«: Ein Moment des »einander für kurze Zeit Verlierens oder Nicht-Verstehens« bzw. des »mismatch« führt letztendlich zu einem »Wiederfinden des Anderen«; auf ein »mismatch« folgt ein Moment des »matching«.

> Edward Tronick beobachtete die Eltern-Kind-Interaktionen bei »normalen« Eltern, die »genügend gut« mit ihrem Kind umgingen. Er stellte fest, dass während ruhiger Spielmomente nur 30 % der Zeit ein Zustand des guten Begreifens oder des »match« zu beobachten ist. Durch diese und andere Studien kam er zu dem Schluss, dass die Fähigkeit von versorgenden Personen, Momente des »match« wiederherzustellen, von grundlegender Bedeutung für eine gute (Bindungs-)Entwicklung ist.

Was jedoch traumatisch für Kinder ist, sind überwältigende Momente der Negativität, auf die keine Erholung folgen kann, wie z. B. andauerndes Weinen, das Gefühl, nie sicher zu sein, ob jemand kommen wird, Hunger, der jedes Mal zu einer überwältigenden Panik wird oder das Fehlen einer Bezugsperson, die notwendige motorische oder kognitive Hilfestellungen gibt. Hierzu zählen beispielsweise auch das Vorhandensein von Fürsorgepersonen, die sich aufgrund einer schweren Krankheit oder Trauer nur auf sich selbst und ihr eigenes Sein konzentrieren oder psychisch krank sind und dadurch selten bemerken, dass das Kleinkind versucht, ihnen etwas mitzuteilen. Wenn der erste Lebensabschnitt durch Versorgungsmangel oder durch eine sehr unberechenbare Versorgung – aus welchen Gründen auch immer – gekennzeichnet ist, bleiben die normalen Entwicklungsaufgaben und Entwicklungsschritte, die Kinder unter »good-enough« (genügend guten) Umständen zu lernen scheinen, sehr lange oder sogar lebenslang besonders vulnerable. Das Erlernen des Umgangs mit dem Warten und dem Mangel, mit dem, was sein kann und was nicht sein kann, was man bekommt und was man nicht bekommt, löst oft noch sehr lange Zeit – bis hin in die Pubertät oder sogar bis ins Erwachsenenalter hinein – das überwältigende alte Gefühl aus, zu früh, zu viel und zu lange auf Nahrung, Stimulation oder Versorgung gewartet haben zu müssen. Immer wieder werden die alten Gefühle des grundlegenden Mangels, als bestimmende Bedeutung auf neue Erfahrungen angewendet.

> Eine Reihenfolge von Match, Mismatch und Wiederherstellung bildet die Grundlage jeder Beziehung, die »genügend gut« ist. »Mangelnde Erholung« ist dabei die Grenze zwischen einem »genügend guten« Kontext und einer Umgebung, die eine Quelle traumatischer Erfahrungen ist. (Tronick & Gianino, 1986)

Bei Kindern, die unter solchen Umständen aufgewachsen sind, kann eine »normale« pädagogische Grenzziehung in der Erziehung oder eine Beschränkung durch neue und/oder versorgende Personen (Pflege-, Adoptiveltern oder Lehrer*innen) für lange Zeit intensive Gefühle des »nicht gern gesehen Werdens«, des »weniger Dürfens und weniger Bekommens als die übrigen Geschwister« oder Ähnliches hervorrufen. Bei einem Gesellschaftsspiel zu verlieren, kann dann jedes Mal wieder das Gefühl eines tiefen und grundlegenden Verlusts auslösen, wodurch auch zukünftiges Akzeptieren von Grenzen und Separationserfahrungen immer schwieriger wird. Jeder noch so kleine Hungerreiz kann dann zu einem Gefühl der vollkommenen Benachteiligung oder zu den damit verbundenen, überwältigenden, negativen Affekten, Störungen oder auch dem massiven Rückzug aus der Beziehung gegenüber der Betreuungsperson oder neuen Bindungsperson führen. Dies bedeutet, dass Eltern mit dem konfrontiert werden, was sie als »übertriebene« Reaktion auf ein kleines bedeutungsloses Ereignis empfinden: Sie sehen, wie das Kind herumwütet oder sich einfach außer Reichweite begibt, während es in den Augen der Eltern nichts gibt, was eine solch heftige Reaktion rechtfertigt.

2.6 Komplexes Trauma: Ein Rucksack voll überwältigender Erlebnisse

»Caregivers and close relatives in a child's life are both potentially the strongest sources of stress and the most powerful defense against harmful stressors.« (Gunnar & Quevedo, 2007, S. 163)

Eine optimale Entwicklung verlangt von den Eltern, ein angemessenes Angebot an frühen regulierenden Möglichkeiten für das Baby oder das Kleinkind bereitzustellen. Dies setzt einen fürsorglichen Kontext und soziale Unterstützung für das Kind und seine versorgenden Personen voraus (Osofsky, 2011). Wie oben erwähnt, wird – unter »genügend guten« Umständen – die affektive und regulierende Kommunikation zwischen einem Kind und seinen versorgenden Personen durch ein Muster von »Match, Mismatch und Wiederherstellung«, das ein psychobiologisches Gleichgewicht begünstigt, charakterisiert.

Ein gravierender Mangel an guter, aufmerksamer und konsistenter Versorgung ist für die Entwicklung eines Kindes sehr prägend. Früher wurde davon ausgegangen, dass ein Mangel und eine Vernachlässigung weniger drastisch sind und fast automatisch durch spätere korrigierende Erfahrungen (*corrective emotional experiences*) behoben werden können als ob eine spätere, jedoch umso bessere Versorgung den vorherigen Mangel ausgleichen könnte. Dabei wurde angenommen, dass durch eine Therapie oder eine anschließende korrigierende Beziehungserfahrung die Schwachstellen von Kindern, die zu viel Unvorhersehbarkeit und Negativität erfahren haben, leicht zu beseitigen wären. Die Wissenschaft hat inzwischen jedoch gezeigt, dass jeder grundlegende Mangel an Versorgung unweigerlich ein Übermaß an überwältigender Angst und Erschrecken mit sich bringt und sich nachteilig auf die Entwicklung eines Kindes auswirkt. Kinder, die mit »zu viel Mangel« aufwachsen, werden sich nie ganz sicher sein, dass sie wieder Aufmerksamkeit erhalten; sie können sich nicht darauf verlassen, dass ihr Hunger rechtzeitig gestillt wird, dass sie Trost erfahren, wenn sie ihn dringend brauchen und so weiter. Dies verursacht Angst und Stress. Manche Kleinkinder werden zusätzlich zu diesem Mangel an guter Versorgung auch noch mit einem Übermaß an unangenehmen, aufdringlichen oder unberechenbaren Erfahrungen konfrontiert. Dies geschieht zum Beispiel, wenn sie in einer aggressiven Umgebung aufwachsen, in der sich die manchmal fürsorgliche Person wenig später als unerreichbar oder misshandelnd entpuppt.

Bei den oben geschilderten Erfahrungen sprechen wir von einem »Rucksack«, den ein Kind trägt. Aus den frühesten Erfahrungen gewinnt das Kind erste Erwartungsmuster, die zu einer Art »Vorbild« für spätere neue Beziehungen werden, zu einer Brille, durch die man neue Erfahrungen betrachtet oder zu einem Muster, das neue Erfahrungen in ihrer Bedeutung überformt. Ohne deterministisch oder pessimistisch über die weitere Entwicklung zu denken, kann festgehalten werden, dass ein Rucksack mit vorwiegend guten Erfahrungen einen besseren Start ermöglicht und dazu führen kann, auch in neuen Beziehungen (im Kindergarten oder in der Vorschule) eine gute Versorgung, Geduld, Hilfe und Ähnliches zu erwarten. Ein guter Start bietet sehr lange ein gutes Fundament. Eine gute frühe Entwicklung stärkt auch die Belastbarkeit eines Kindes. Zwar garantiert ein guter Start nicht immer eine optimale Entwicklung, aber er erhöht die Chance, in weniger optimalen Lebensphasen wieder auf einen besseren Entwicklungspfad zu gelangen. Ein Rucksack, der hauptsächlich mit negativen und belastenden Erfahrungen gefüllt ist, erhöht hingegen die Vulnerabilität. Gute Entwicklungen werden dadurch keineswegs unmöglich, aber das Entwicklungsrisiko wird erhöht.

2.7 Wie frühe Stresserfahrungen die Gehirnentwicklung beeinflussen

Die oben beschriebenen relationalen und Beziehungserfahrungen spiegeln sich im Körper auf verschiedene Weise wider. Der grundlegendste und daher wesentlichste Bereich, in dem Spuren negativer Lebenserfahrungen zurückbleiben, ist die Funktionsweise des Gehirns und somit auch eine Vielzahl an Prozessen, die das Gehirn steuert. Immerhin wird ein Menschenkind mit einem noch sehr unreifen Gehirn geboren, das noch Jahre der Entwicklung benötigt, bis von einem erwachsenen, ausgereiften Gehirn gesprochen werden kann. Allgemein lässt sich das Gehirn in vier Bereiche aufteilen: Hirnstamm, Zwischenhirn, limbisches System und Kortex. Das Gehirn ist von innen nach außen organisiert, so wie ein Gebäude, das auf einem Fundament immer größer und komplexer werden kann.

Vor und während der ersten Monate nach der Geburt finden wichtige Entwicklungen im Hirnstamm und im Zwischenhirn statt, die es dem Kleinkind ermöglichen, grundlegende Körperfunktionen zu erfüllen und das Gleichgewicht zu halten. In einer stabilen versorgenden Umgebung kann das Kleinkind seine Körpertemperatur, seine Herzfrequenz, seine Atmung und seinen Blutdruck optimal regulieren. In Stress- und Erregungssituationen, die bei Hunger, Kälte, intensiver Langeweile oder lautem Lärm auftreten, gerät dieses System aus dem Gleichgewicht. Fürsorgliche Eltern helfen dann, die Angst und den Stress wieder abzubauen (*downregulation*). Das System kommt so wieder ins Gleichgewicht.

Bei Vernachlässigung, Misshandlung, Missbrauch oder nach Gewalterfahrungen wird das Stressreaktionssystem des Kindes zu früh und zu oft überlastet; das Kind kommt kaum noch zur Ruhe. Ruhe ist jedoch die Voraussetzung für eine optimale Entwicklung der Regulationssysteme, die durch das Gehirn gesteuert werden.

Zu viel Stress in den ersten Lebensmonaten verursacht eine Vielzahl an Veränderungen, sowohl an den Rezeptoren (Architektur) als auch hinsichtlich der Empfindlichkeit (Sensibilität) und der steuernden Funktion des Gehirns (Funktionalität). Je eher das Kind übermäßigem Stress ausgesetzt war, desto grundlegender sind die Funktionen, die dabei beeinträchtigt werden. Bei schwerem und frühem traumatischem Stress können Schäden auf jeder Ebene der Gehirnfunktion auftreten. Dies führt zu Symptomen, wie erhöhten Stressreaktionen, Schlaf- und Konzentrationsstörungen (Hirnstamm), zu Schwierigkeiten bei der Feinmotorik und Koordination (Zwischenhirn und Kortex), zu sozio-emotionalen Schwierigkeiten (limbisches System und Kortex) sowie zu Sprech-, Sprach- und Lernschwierigkeiten (Kortex).

Dies erklärt, warum ein komplexes Trauma (Vernachlässigung und/oder Gewalt und Abbrüche der Bindungsbeziehungen) zu Problemen in verschiedenen Entwicklungs- und Lebensbereichen führen kann. Es lässt sich über Kinder dann nicht einfach sagen: »Was sie nicht umbringt, macht sie stärker.« Und auch die Vorstellung, dass ein Kind »die nötige Widerstandsfähigkeit hat und das Erlebte schon verarbeiten können wird«, ist nicht ganz korrekt. Natürlich ist ein Kind flexibel und belastbar, auch auf dem Niveau des Gehirns verfügt das Kleinkind über eine bemerkenswerte Neuroplastizität. Dies darf uns jedoch nicht für das größere Risiko späterer Schwierigkeiten aufgrund eines frühen Traumas blind machen. Denn diese Traumata übersteigen die erstaunliche Fähigkeit der Belastbarkeit und Neuroplastizität eines Kleinkindes.

Der Hirnstamm ist für die Kernregulierungsfunktionen wie Körpertemperatur, Herzfrequenz, Atmung und Blutdruck zuständig und beeinflusst damit den Schlaf-Wach-Rhythmus. Der Hirnstamm ist mitverantwortlich dafür, wie schnell man körperlichen Stress erlebt und wie schnell Appetit und Essgewohnheiten bei erhöhtem Stress verändert werden. Das Zwischenhirn und das limbische System sind u. a. für die emotionalen Reaktionen verantwortlich und bestimmen somit unser Verhalten bei Angst, Hass, Liebe und Freude. Der Kortex reguliert die komplexeren und höheren menschlichen Funktionen wie Sprechen, Sprache, abstraktes Denken, Planen und Entscheidungsfindung. Die Zusammenarbeit dieser Bereiche ist mit dem Zusammenspiel eines Symphonieorchesters zu vergleichen. Da jeder Bereich seine eigenen Funktionen hat, ist nicht nur ein einzelner Bereich verantwortlich für die »Musik«, die entsteht. Jeder Bereich des Gehirns trägt in Verbindung (»Brain Connectivity«) mit anderen Hirnregionen dazu bei. Darüber hinaus hat jede Gehirnregion ihr eigenes spezifisches Gedächtnis.

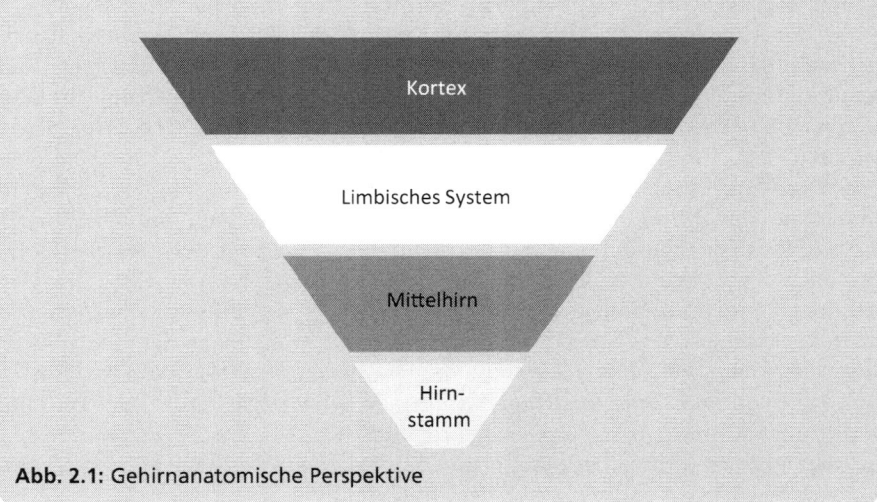

Abb. 2.1: Gehirnanatomische Perspektive

2.8 Jedes Kind ist einzigartig: Die Symphonie der Entwicklung eines Kindes

Widerstandsfähigkeit oder Resilienz müssen anders verstanden werden, als die Vorstellung, dass »frühe Erfahrungen noch keinen (dauerhaften) Einfluss auf das Kleinkind haben«. Widerstandskraft bedeutet, dass das Kind – auf seine eigene und einzigartige Weise – versucht, sich unter den gegebenen Umständen und mit den kinderspezifischen Talenten und Fähigkeiten so gut und konstruktiv wie möglich weiterzuentwickeln. So werden einige Kinder mit einem komplexen Trauma in der Schule außerordentlich gut oder besitzen hervorragende Talente auf einem bestimmten Gebiet, das sie fasziniert, während sie auf anderen Gebieten verwundbar bleiben und es beispielsweise schwierig finden, enge und dauerhafte Beziehungen einzugehen. Es ist nicht vorhersehbar, in welchem Entwicklungsbereich die Beeinträchtigung eines Kindes am stärksten zum Ausdruck kommt. Das Schwierige bei der Einschätzung der Entwicklung von Kindern ist schließlich, dass man zwar zurückblicken kann, um zu verstehen, welche Bereiche oder Aspekte der Entwicklung gefährdet sind und welche Aspekte eine hohe Belastbarkeit aufweisen, dass es aber viel schwieriger ist, aus diesen Erkenntnissen etwas für die Zukunft vorherzusagen. Begriffe wie *Äquifinalität* und *Multifinalität* helfen uns, das zu begreifen. Multifinalität bedeutet, dass Kinder mit einem ähnlichen frühen Trauma unterschiedliche Entwicklungsprozesse durchlaufen können und dass es innerhalb der beeinträchtigten problematischen Prozesse viele Variationen geben kann. Äquifinalität bedeutet, dass Kinder trotz unterschiedlicher Erfahrungen in bestimmten Entwicklungsbereichen (z. B. Schulleistungen) dasselbe erreichen können.

Die Zusammenarbeit der verschiedenen Entwicklungsbereiche – vergleichbar mit einem Orchester – führt zu einem eigenen, persönlichen »Musikstück«, zu dem das Kind während seiner Entwicklung reifen wird. Jedes Kind kann somit als einzigartige Symphonie verstanden werden, in der verschiedene Aspekte von Talent und Übung zusammenkommen. Jedes Kind findet seinen individuellen Weg mit dem, was es an vererbtem Gepäck mitbekam und an Erfahrungen erlebt hat; jedes Kind pflastert aufgrund seiner eigenen Verwundbarkeiten und Talente mit diesen Bausteinen seinen eigenen Weg.

Einige der oben beschriebene Aspekte und Beispiele erfordern von Eltern, Erzieher*innen und Sozialarbeiter*innen eine enorme Flexibilität und Belastbarkeit in Bezug auf die Einzigartigkeit dieser Kinder. Die Art und Weise wie Beziehungspersonen, Eltern, Erzieher*innen, Pädagog*innen oder Therapeut*innen mit diesen Kindern umgehen, hat einen großen Einfluss auf die weitere Entwicklung der Kinder. Ein wichtiger Faktor im versorgenden und erziehenden Handeln ist das, was wir »reflektierende Fähigkeiten« nennen. Dies ist die Fähigkeit – angesichts der oft schwierigen Umstände, unter denen diese Kinder ihren Lebenslauf gestalten – weiterhin über das Kind und über sich selbst nachzudenken (▶ Kap. 4). Aus Sicht des Kindes und der Fürsorgefiguren ist es wichtig, sich ein klares Bild davon zu verschaffen, in welchen Entwicklungsbereichen die Stärken eines Kindes liegen, da diese oft die Widerstandsfähigkeit oder Resilienz eines Kindes ein Leben lang bestimmen. Darüber hinaus ist es ebenso wichtig, sich ein klares Bild von den am stärksten beeinträchtigten Entwicklungsgebieten zu machen, die durch die traumatischen Erfahrungen und Verletzungen am meisten betroffen sind: eine dynamische Fallbeschreibung (»psychodynamic case formulation«) mit Entwicklungs*assessment* (statt mit einer statischen diagnostischen Klassifizierung). Der nächste Schritt besteht darin, nach einem Wachstumspotenzial in diesen Entwicklungsbereichen zu suchen oder – im Falle begrenzter Wachstumsfähigkeit zu schauen, wie einem Kind geholfen werden kann, seine Beeinträchtigung auszugleichen, in dem es sich auf seine starken Fähigkeiten konzentriert.

Bereits hier möchten wir darauf verweisen, dass sich ein komplexes Trauma auf vier wichtige Entwicklungsbereiche auswirken kann, auf die wir im Verlauf dieses Buches (Teil 2) eingehen werden. Wir erläutern die möglichen Konsequenzen, die ein Trauma für ein Kind im jeweiligen Entwicklungsbereich haben kann und widmen uns der Frage nach einem entsprechenden Umgang damit, um Wachstum und Entwicklung weiter zu unterstützen. Die großen Themen, die in der breit gefächerten Forschungs- und Therapieliteratur zum Vorschein kommen, sind alle vier gleichermaßen entscheidend, um sich zu einem gesund funktionierenden Menschen zu entwickeln. Es geht darum: (1) Aspekte einer inneren Welt erfahren und ausdrücken zu können; (2) die Fähigkeit, Stress, Aufregung und Gefühle regulieren zu können; (3) in der Lage zu sein, Vertrauen und Gegenseitigkeit in Beziehungen entwickeln zu können; und (4) in der Lage zu sein, ein kohärentes und wesentlich positives Identitätsgefühl erreichen zu können. Wir behandeln diese Themen in vier separaten Kapiteln und verhalten uns aus pädagogischen Gründen dabei so, als ob diese Entwicklungsbereiche voneinander getrennt werden können. Das ist natürlich nur theoretisch der Fall, in der Praxis sind sie untrennbar miteinander verbunden und beeinflussen sich permanent gegenseitig.

Bevor wir diese vier Bereiche im Detail ausarbeiten (in Teil 2), werden wir erst die Bedeutung der Bindungsentwicklung beschreiben (Teil 1, ▶ Kap. 3), sowie die Bedeutung des reflektierenden Kontextes in Bezug auf Kinder mit einem komplexen Trauma hervorheben (Teil 1, ▶ Kap. 4).

3 Die Relevanz der Bindungsentwicklung für den Aufbau der Persönlichkeit

3.1 Von der Regulierung bis zur Bindung

Kinder entwickeln im Laufe ihres ersten Lebensjahres ein Bild davon, wie versorgende Personen sich verhalten und wie sie sind. Dies geschieht auf der Grundlage unzähliger, kleiner Erfahrungen, wie sie oben bereits erwähnt wurden, zum Beispiel: »Wenn ich weine, kommt Papa, um zu sehen, was ich brauche. Er gibt mir ein Fläschchen und streichelt meine Wange«; oder: »Wenn ich meine Arme zu meiner Oma emporhebe, versteht sie meistens gleich, was ich meine. Dann hebt sie mich hoch und wirft mich in die Luft, bis ich vor Freude quietsche und jauchze.« Die Reihenfolge dieser kleinen und alltäglichen Erfahrungen bietet einem Kind die Möglichkeit, sich Bilder von den erwachsenen, versorgenden Personen zu machen, nämlich als zur Verfügung stehend und fürsorglich: »Sie sind für mich da, sobald ich sie brauche. Sie sind zuverlässig und machen das, was für mich gut ist.«

Die Bindungsentwicklung verläuft gänzlich anders, sobald das Kind für einen längeren Zeitraum in einer Umgebung aufwächst, die solche Verfügbarkeit und Zuverlässigkeit nicht bieten kann. Es kann schon früh im Leben eines Kindes Umstände geben, die die oben beschriebenen »normalen«, aber sehr wichtigen Erfahrungen beeinträchtigen oder verhindern: »Ich weine, weil ich meine vertraute Mama so vermisse, aber es kommt nur ein unbekanntes Gesicht über meiner Wiege.«; oder: »Ich langweile mich jetzt schon lange. Wann kommt endlich jemand, der mit mir spielt? Aber niemand nimmt sich Zeit für mich.« Oder: »Niemand merkt, dass ich schrecklich Angst vor der Dunkelheit habe, dann probiere ich halt selbst, mich in den Schlaf zu wiegen.« Das Kind entwickelt dann andere Bilder von Erwachsenen, in dem es sie zum Beispiel vermeidet, denn durch unberechenbare Erwachsene entsteht nur zusätzlicher Stress oder aber das Kind gerät in Panik, wenn ein Erwachsener fürsorglich handelt, weil dies – in der Vorstellung des Kindes – bedeuten könnte, dass es zu Gewalt kommt, sobald etwas schief geht.

Es ist kein Zufall, dass das Thema Bindung bei einem komplexen Trauma häufig von zentraler Bedeutung ist. Ein komplexes Trauma hat durchaus einen ungeheuren Einfluss auf die Bindungsentwicklung und die spätere Persönlichkeitsentwicklung, so viel, dass – wie bereits beschrieben – Autor*innen manchmal von einem »Bindungstrauma« (Allen, 2013) sprechen. Bindung ist ein wichtiges und weit verbreitetes theoretisches Konzept, das uns hilft, zu begreifen, was wir oben schon beschrieben haben. Bindung wird jedoch manchmal – insbesondere, wenn es um früh traumatisierte Kinder geht – als »Oberbegriff« verwendet, wobei dies suggeriert, dass alles erklärt sei, wenn wir sagen, dass sich ein Kind in einer »verletzlichen Bindungsentwicklung« befindet oder eine »Bindungsstörung« hat und es scheint, als wenn sich alle Probleme im Nichts auflösen, solange wir nur genug »korrigierende« Bindungserfahrungen anbieten.

3.2 Bindungsentwicklung als ein lebenslanger Prozess von Wachstum und Reifung

> We can understand best the profound significance of attachment relationships by viewing them as embedded in our lifelong quest for psychological maturity. (Allen, 2013, S. 3)

Die Entwicklung der Bindungsfähigkeit ist Teil eines lebenslangen Prozesses von Wachstum und Reifung hin zu einem erwachsenen Leben. Dieser Wachstumsprozess findet innerhalb unserer engsten Beziehungen statt. Jeder Mensch hat lebenslang mit zwei Entwicklungsaufgaben zu tun, die miteinander verflochten sind und ständig ein neues Gleichgewicht erfordern (Blatt, 2008, S. 3). Es geht um die Entwicklung von:

1. Verbundenheit, also wie wir uns mit anderen verbinden und wie wir durch Beziehungen lernen, wechselseitige bedeutungsvolle, persönliche und befriedigende Beziehungen aufzubauen und in Verbindung zu bleiben. Bei Kindern geht es darum, dauerhafte Beziehungen zu Eltern, Großeltern, Geschwistern, Freund*innen usw. aufzubauen; sich zu streiten und wieder zueinander zu finden, sich mit seinen Verwundbarkeiten und kleinen Unvollkommenheiten geliebt zu fühlen, usw.
2. Autonomie als Art und Weise, wie wir ein kohärentes, realistisches, differenziertes und integriertes Selbstbild aufbauen, in dem das positive Gefühl für uns selbst vorherrscht und auch bei negativen Erfahrungen erhalten bleibt oder wiedergefunden werden kann. Dieses Selbstbild spielt eine wichtige Rolle für die Art, wie wir unser Leben gestalten. Bei Kindern geht es darum, wie man entdeckt, welche die eigenen Talente sind, wie man an ihnen festhält und diese gestaltet. Konkreter geht es darum, Hobbys auszuprobieren und zu entdecken, dass einige davon einen »faszinieren«, während andere Aktivitäten einen zutiefst langweilen.

Jeder Mensch neigt – aus dem sehr persönlichen Zusammenspiel von Begabung und Erfahrung – in jedem Moment seiner Entwicklung dazu, in diesem Gleichgewicht zwischen relationaler Verbundenheit und autonomer Individualität eine der beiden Seiten zu betonen, wodurch der anderen Seite weniger Aufmerksamkeit zugestanden wird. Der eine findet Energie im Organisieren einer Familienfeier, der andere will lieber allein sein, um zu malen. Eine Lebensphase kann sich sehr stark auf eine wichtige Leistung, wie z. B. einen Marathon zu laufen oder zu promovieren, konzentrieren. In einer anderen Lebensphase investiert man in die Versorgung von Kindern, Eltern oder anderen Angehörigen und gewinnt dadurch Energie.

Dieses Gleichgewicht zwischen Verbundenheit und Autonomie ist also keineswegs statisch. Jeder Seiltänzer weiß, dass das Gleichgewicht durch Reihenfolgen minimaler Bewegungen erhalten bleibt. Eine Gegenbewegung dient dazu, das Gleichgewicht aufgrund der vorherigen Bewegung wiederherzustellen (siehe auch Phillips, 2010). So kann man nach einer Periode schwerer Arbeit das Bedürfnis haben, für eine Weile in die Familie zurückzukehren oder umgekehrt nach den Ferien, in denen man die Kinder versorgt hat, die Rückkehr zur Arbeit ersehnen und sich darauf freuen, wieder einem eigenen Projekt Gestalt zu geben.

Diese lebenslange, doppelte Entwicklungsaufgabe beginnt bereits in den allerersten Beziehungen, die das Kind gleich nach der Geburt eingeht. Kinder erproben von Anfang an, Beziehungen einzugehen. Eltern und der weitere (Familien-) Kontext spielen eine entscheidende Rolle bei dieser Beziehungsentwicklung. In diesem Kapitel benötigen wir das bereits zuvor ausgeführte Verständnis von Entwicklung, um zu erklären, welche ausschlaggebende Rolle neue versorgende Personen im Leben eines Kindes mit gefährdeter Entwicklung spielen können – gemeint sind z. B. Pflege- und Adoptiveltern oder Gruppenleiter*innen in Pflegeheimen – die diesen Kindern helfen können, bessere, gesündere, flexiblere und reifere Entwicklungswege zu finden. Wir beschreiben, wie Kinder auch in diesem Beziehungszusammenhang Raum finden müssen, um »ihrem eigenen Ausprobieren« Form zu geben, dies also zu »erforschen« und die Welt sowie sich selbst, unabhängig von ihren Eltern, zu entdecken. Wir erarbeiten dann, was es bedeutet, wenn diese Entwicklungsaufgaben aus einem Bildungsumfeld oder familiären Kontext stammen, das oder der – aus welchen Gründen auch immer – in dieser Hinsicht unzureichend für ein Kind gewesen ist. Abschließend werden wir erklären, wie sogenannte schwerwiegende Fehlanpassungen in dieser Entwicklung – manchmal auch als »Bindungsstörung« bezeichnet – als »die bestmögliche Anpassung an die gegebenen Umstände« verstanden werden können. Oft sind es gerade die neuen Umstände, die sichtbar und greifbar machen, welche relationalen und autonomen Fähigkeiten ein Kind ausgebildet hat, da so erst deutlich wird, dass diese in der neuen, fürsorglicheren Umgebung zu wenig entwickelt sind.

Was das Kind früh im Leben an Fähigkeiten erlernte, um mit affektiven Anforderungen (im Sinne von Copingmechanismen oder Bewältigungsmechanismen) umgehen zu können und um Beziehungen zu entwickeln (Beziehungsmodi), erweist sich im aktuellen neuen Kontext als beschränkt oder unzureichend, auch wenn das so erworbene Muster während des schwierigen Lebensstarts dazu diente, auszuhalten und zu überleben. Aufgrund der ursprünglich bedrohlichen Umstände, in denen das Kind aufwuchs und dem Nutzen des Musters für den Selbsterhalt, lässt sich das Beziehungsmuster, das das Kind damals entwickelte, nicht einfach beiseiteschieben, sobald das Kind sich in einer günstigeren Umgebung befindet.

3.3 Die versorgende Person: Von einer sicheren Basis zum Hafen, der Erholung bietet

Ab der Geburt verfügt ein Baby bereits über Fähigkeiten, die es ihm ermöglichen, die Nähe fürsorglicher Erwachsener zu bekommen und zu behalten, wie z. B. durch Weinen und Lachen, Augenkontakt oder Wegschauen, usw. (▶ Kap. 2). Darüber hinaus hat es von der Natur eine Reihe von physiognomischen Eigenschaften mitbekommen, wie z. B. seine großen Augen, seine zarte Babyhaut und seinen typischen Babygeruch, die ihm die Nähe der Erwachsenen garantieren. Die Natur hat dies gut geregelt, da Eltern, Großeltern und andere Betreuende geneigt sind, sich um das Kind zu kümmern, die nötige Nähe geben, Schutz bieten und schauen, wie es dem Kind geht. Schließlich ist ein Kind allen möglichen Gefahren dann weniger ausgeliefert, wenn es sich in der Nähe von Erwachsenen befindet, die größer, stärker und weiser sind. Bowlby, der Begründer der Bindungstheorie, nannte diesen Aspekt der Entwicklung aus gutem Grund »a secure base«, auf Deutsch »eine sichere Basis«. »S(in)e-curus« ist lateinisch und bedeutet »ohne Sorgen«. Bei ausreichend guten Bedingungen beginnt das Leben als eine Phase, in der man also relativ »ohne Sorgen« sein kann, ohne übermäßigen und überwältigenden Hunger, Schmerz, Angst oder Kälte ist, usw., vorausgesetzt, dass versorgende Personen zur Verfügung stehen, die in diesen ersten Tagen und Wochen des Lebens die Sorgen auffangen und Bedürfnisse adäquat erfüllen. Verfügbare menschliche Anwesenheit und Nähe sind darum genauso essenziell wie Essen und Trinken. Es sind die zahlreichen kleinen Erfahrungen mit guter Betreuung, die, wie oben schon erwähnt, dem Kind die Möglichkeit geben, ein Erwartungsmuster aufzubauen.

Je älter das kleine Kind wird, desto mehr schafft es das Kind, kurz ohne Sorgefiguren auskommen zu können. Versorgende Personen sind nicht mehr nur die »sichere und gemütliche Basis«, sie stimulieren auch den Impuls nach Distanz und Erkundung als natürlichen Teil des »Größerwerdens«. Versorgende Personen entwickeln sich von der »sicheren Basis« oder »secure base« zum »sicheren Hafen« oder »safe haven«, in dem man sich erholen kann. »Salvus« bedeutet auf Lateinisch »unversehrt« oder »erhalten«. Der sichere Hafen ist der Ort, an dem man unversehrt und immer wieder sicher nach Hause kommen kann. Er ist ein Ort, an dem man sich für eine Weile vollkommen sicher fühlen kann, um danach den Anforderungen des Lebens wieder gewachsen zu sein, um dann auf Erforschungsreise inmitten neuer Situationen und neuer Beziehungen zu gehen.

Obwohl ein Kind schon ab der Geburt ein Band mit den versorgenden Personen um sich herum anknüpft, sprechen wir jedoch erst ab dem 6. bzw. 7. Monat von einer Bindungsbeziehung. Ab dann konzentriert sich das Kind aktiv und explizit darauf, einen privilegierten Kontakt zu dieser spezifischen Bindungsperson zu haben oder zu halten. Davor ist Verbundenheit so selbstverständlich (Margareth Mahler spricht von einer körperlichen ›Zwei-Einheit‹ oder *Symbiose*), dass dies nicht wirklich ein Element in der Erlebniswelt des Kindes ist. Das Kind war ja schließlich noch Teil der sehr engen, nahen körperlichen Verbindung mit der versorgenden Person. Irgendwann in der Mitte des ersten Lebensjahres benötigt das Kind autonome Aktivität – egal wie wenig oder wie viel – und dann wird die bleibende Verbundenheit mit der Person (die *Bindung* oder *Attachment*), von der man sich zu unterscheiden beginnt, wichtig. Deshalb wird Bindung von da an erst sichtbar; die Bindung (John Bowlby, 1979) könnte man ab dann auch als das psychologische Erbe der vorangehenden körperlichen Symbiose (Mahler, Bergman & Pine, 1975) verstehen. Sobald der Erwerb der Autonomie beginnt, wird deutlich, wie wichtig es für das Kind ist, zu wissen, dass es in der Bindungsbeziehung sicher ist: Mit Gelassenheit oder Sicherheit kann es sich auf die versorgende Person zurückfallen lassen, wenn es während seiner Erforschungsreise schwierig werden sollte (unter den Tisch kriechen, zwischen den Stuhlbeinen hängen bleiben) oder wenn eine unerwartete Frustration entsteht (die Box, die sich einfach nicht öffnet, während diese tollen Förmchen darin stecken). Nachdem das kleine Kind Ruhe und Zuversicht bei der versorgenden Person getankt hat, kann es wieder seinen eigenen Weg gehen und nach Autonomie streben.

Ab dem 7. oder 8. Monat entstehen Spiele der Gegenseitigkeit (*mutuality, moments of shared attention*), in denen das Kind zum Beispiel Papa anlächelt und ihn so in ein Spiel des Schauens und Wegschauens, des Lachens und Fratzenmachens hineinzieht. ›Kuckuck spielen‹ ist nicht nur zufällig das Lieblingsspiel in dieser Lebensphase. Das Kind wendet sich hingegen ab, wenn eine fremde Person zu nahekommt. Mit anderen Worten: In dieser Zeit wird das kleine Kind »zurückhaltend«, was bedeutet, dass es sich nur von den ihm vertrauten (Bindungs-)Personen trösten lässt, also nicht von jedem. Das Kind zeigt dadurch diese gewisse »Angst vor Fremden«, die man auch »8-Monatsangst« (Spitz, 1965) nennt. Das Kind erträgt kaum, von einer fremden Person hochgehoben zu werden und manchmal erträgt das Kind es nicht einmal, wenn eine fremde Person es ansieht. Die Bindung ist entstanden, und das zeigt sich bald an der – manchmal sehr exklusiven – Bevorzugung der Bindungsperson. Das Kind weint, wenn die Mutter geht, es sehnt sich nach dem Vater, wenn es ihm nicht gut geht oder wenn es gefallen ist und es weh tut. Die Bindungsbeziehung ist mit anderen Worten die Beziehung zu den bevorzugten, exklusiven versorgenden Personen, die sich oft in der Nähe aufhalten. Es entsteht ein Unterschied zwischen Vertrautem und Sicherem einerseits und Unbekanntem und Beunruhigendem andererseits.

Es ist kein Zufall, dass das Kind in diesem Stadium entdeckt, dass es sich auch an ein Kuscheltier, eine Puppe oder ein Tuch als ein vorhersehbares Objekt binden kann und dessen Duft oder Weichheit etwas Vertrautes und Tröstliches hervorrufen kann, um zu überbrücken, dass ja die wirkliche versorgende Person gerade nicht da ist. Allmählich entsteht so ein Gefühl der Verbundenheit mit den versorgenden Personen. Das beruhigende Gefühl, dass die versorgenden Personen wieder zurückkommen, dass man über Momente der Trennung hinwegkommt und sich in Momenten von Stress, Schmerz und des Traurigseins auf sie zurückfallen lassen kann, lässt eine erste »innere Sicherheit« entstehen. Diese Sicherheit trägt das Kind in sich, auch wenn die versorgende Person real gerade nicht da ist. Deshalb sprach Bowlby (1973) von einem »inneren Arbeitsmodell«, einem Bild, das ein Kind in sich festhält und das bei realer, physischer Abwesenheit der versorgenden Person abgerufen werden kann. Das Kind lernt zu unterscheiden, welche Erwachsenen ihm unter allen Umständen zur Verfügung stehen und gleichzeitig auch, dass diese Erwachsenen den spannenden Forschungsdrang und den Erwerb von Autonomie des Kindes voll unterstützen.

Die Tatsache, dass Erfahrungen mit versorgenden Personen ständig wiederholt werden, führt zur Entwicklung einer Art »Skript«, eines Erwartungsmusters oder einer Blaupause wie Beziehungen verlaufen. Unter »normal guten« Umständen lernt ein Kind, wo es Trost und Hilfe finden kann, denn es hat unzählige Male erlebt, dass Mama und Papa, Oma und Opa und später auch, dass Betreuende im Kindergarten für das Kind da sind. Ein Kuss von Mama auf das aufgeschürfte Knie oder Papa, der seinen Daumen hochhält, als Ermutigung inmitten der Schmerzen des aufgeschürften Knies, das sind die Allheilmittel bei Schmerz oder Angst, vorausgesetzt jedoch, dass das Kind sich in seinen Beziehungen sicher fühlt. Ein Kind, das wir »sicher gebunden« nennen, ist ein Kind, das Möglichkeiten bekommen hat, zu erfahren, dass es in der Nähe von fürsorglichen Erwachsenen Ruhe und Trost finden kann, wenn es sich ängstlich, unruhig oder allein fühlt. Es kann sich dort erholen, um sich dann wieder auf das zu konzentrieren, womit es beschäftigt war.

3.4 Eine sichere Bindungsbeziehung als Grundlage für eine gesunde emotionale Entwicklung

Dass ein Kind »sicher gebunden« ist, bedeutet, dass sich die Balance zwischen dem Fokus auf die versorgende Person (relationale Verbundenheit) und dem Fokus auf die Erkundigung der Umwelt (autonome Individualität) in einem relativen Gleichgewicht befindet. Dass man sich mit ruhigem Gewissen bei der versorgenden Person »erholen« kann, wenn man sich zu weit weg gewagt hat oder einfach nur, um mitzuteilen und zu zeigen, was man auf der spannenden Entdeckungsreise in die Welt gefunden hat, bedeutet auch, dass man danach mit einem sicheren Gefühl wieder Abstand nehmen und eigenständige Aktivitäten weiterentwickeln kann. Dabei geht es einerseits um die relativ reibungslose Balance zwischen dem Genießen der Nähe von Mama oder Papa und andererseits darum, sich im Spiel verlieren zu können und Mama und Papa kurz loslassen oder »vergessen« zu können. Je stärker die Beziehung ist, desto einfacher kann das Kind mit der Entfernung und der Erkundung umgehen oder – mit anderen Worten – je elastischer das Gummiband, desto weiter kann das Kind gehen, ohne dass die Verbindung abbricht.

Konnte das Kind innerhalb sicherer Bedingungen »Abstand nehmen, verlassen werden und wieder zurückfinden« üben, macht es die Erfahrung, dass Distanz überlebt werden kann, dass Autonomie auch gut ist und dass die andere Person im Hintergrund verfügbar sowie interessiert bleibt. Egal wie verängstigt ein Kind auch sein mag, wenn Papa und Mama ihn in der Kindertagesstätte zurücklassen, es hilft, dass sie immer wieder zurückkommen: Es wird die innere Überzeugung aufgebaut, dass sie immer für einen da sind. Das Üben dessen, was man in Beziehungen mit emotional verfügbaren und zuverlässig versorgenden Personen erwarten kann, führt zu einer Reihe von Erfolgen, die das zukünftige Leben des Kindes erleichtern und die sich wie folgt zusammenfassen lassen:

1. Sichere Bilder (Vorstellungen) von und Erwartungsmuster gegenüber anderen: Ein sicher gebundenes Kind sucht die Nähe der versorgenden Person, wenn es eine wichtige Erfahrung mitteilen möchte oder sich unwohl fühlt. Es erwartet, dass es bei den Erwachsenen Interesse und Trost findet. Die so entwickelten Bilder von verfügbaren und zuverlässigen Eltern werden dann auf andere Beziehungen übertragen. Die frühesten Beziehungen bieten die Grundlage dafür, wie spätere Beziehungen (z. B. zu Betreuer*innen oder Erzieher*innen im Kindergarten) Form und Gestalt annehmen.
2. Ein starkes Selbstbild: Ein sicher gebundenes Kind geht mit einem relativ starken Selbstbewusstsein durchs Leben, einer Überzeugung, dass es für andere da sein kann oder darf, dass es erwünscht ist und viel bedeutet, dass es ein Existenzrecht hat und dass andere es interessant finden: »Ich werde mit Sorgfalt behandelt, weil ich es wert bin.«
3. Fähigkeiten, sich in leichten Stresssituationen oder bei Angstzuständen selbst zu regulieren: Ein sicher gebundenes Kind hat oft erlebt, dass versorgende Personen in turbulenten Zeiten helfen, Ruhe zu finden. Es eignet sich diese regulierenden Maßnahmen und Fähigkeiten an. Es wird sich selbst »in den Schlaf wiegen« können, indem es mit der Decke seine Wange streichelt oder eine kleine Schürfwunde auf dem Spielplatz überwinden kann, indem es selbst kurz über das Knie reibt. Es lernt zunächst, sich bei kleinen Vorfällen selbst zu regulieren, während es sich bei größeren Ängsten und Entwicklungsaufgaben weiterhin an die regulierenden Fähigkeiten der versorgenden Person wendet. Zum Beispiel kann der heranwachsende Student wochenlang kaum ein Lebenszeichen von sich geben, um jedoch nach der schwierigen Prüfung seine Mutter oder seinen Vater anzurufen.
4. Interesse an seiner eigenen inneren Welt und derjenigen der Personen um sich herum: Indem andere sich dem Kind zuwenden und es als Person mit einer inneren Welt voller Wünsche, Erwartungen, Ängste, Sorgen, Gefühle usw. ansprechen, lernt das Kind, dass Verhaltensweisen mit dem verbunden sind, was in seiner inneren Welt vor sich geht. Es wird allmählich neugieriger auf diese innere Welt und entdeckt, dass andere auch so eine innere Welt haben, die sich zudem von seiner eigenen unterscheidet. Dies ist der Nährboden für Einfühlungsvermögen, Empathie und pro-soziales Verhalten. Mit anderen Worten: Das Kind baut die sehr wichtige Fähigkeit auf, über sich selbst und – im weitesten Sinne – über andere »nachzudenken« oder zu »mentalisieren« (▶ Kap. 4).

Die Gesamtheit der Erwartungsmuster, die ein Kind in den allerersten sozialen Beziehungen aufbaut, ist mit einer inneren Landkarte vergleichbar, die das Gebiet in dem man wohnt und das Gebiet des sozialen »Verkehrs«, in dem man sich befindet und bewegt, wiederspiegeln. Eine solche Landkarte hilft dem Kind, sichere und ruhige Orte von hektischen oder gefährlichen zu unterscheiden. Die Landkarte zeigt auch die sozialen Verkehrsregeln, die das Kind leiten können; sie enthält die Wegweiser, die angeben, wo es sicher ist und wo man mit Gefahren zu rechnen hat: »Wenn meine Mama arg müde ist, lasse ich sie besser eine Weile in Ruhe. Wenn sie später wieder fröhlich redet und lacht, weiß ich, dass es für mich einfacher ist, sie in ein Spiel einzubeziehen.« Oder: »Wenn ich Opa frage, ob Oma damals wie Mami war, fängt er an, ins Leere zu starren. Aber wenn ich etwas ganz Lustiges mache, ist es schnell wieder vorbei und ist er nicht mehr traurig.«

3.5 Bindung im Kontext eines komplexen Traumas: Entwurf einer inneren Welt voller Angst und Misstrauen

> A sure way of getting lost, is to rely on a familiar map in unfamiliar territory (Casement, 2002, S. 110)

Wenn das Kind früh im Leben die Erfahrung macht, dass die Bindungen, die es eingeht, schnell wieder abgebrochen werden oder wenn es bei Erwachsenen aufwächst, die von ihren eigenen Sorgen, Trauer oder Depressionen absorbiert und daher emotional wenig verfügbar sind, baut es ganz andere Erwartungen und Vorstellungen oder Bilder auf. Wenn sich versorgende Personen oft und schnell ändern, gibt es kein vorhersehbares Muster dafür, wie andere mit einem umgehen. An einem Morgen wird man mit einem sanften Lied und einem Küsschen geweckt und am nächsten mit einem starren, kalten Blick ohne Worte aus dem Bett geholt. Als Kind baut man dann »innere Arbeitsmodelle« oder Erwartungsmuster auf, wie z. B. abgelehnt oder allein gelassen zu werden, bestraft oder herabgesetzt zu werden oder die Erkenntnis, dass, sobald man damit beginnt, eine bestimmte Art der Versorgung zu erwarten, diese unerwartet wieder vollkommen (und unberechenbar) anders ist. Diese Arbeitsmodelle von nicht verfügbaren, anteillosen oder unvorhersehbaren Interaktionen werden zur Leitvorlage oder zum Skript, das weitere Beziehungen gestaltet. Die emotionale Abwesenheit sowie die Unberechenbarkeit der versorgenden Personen sind für ein Kind belastend. Unter solchen Umständen ist die Vermeidung von übermäßigem und anhaltendem Stress oft das Beste für die eigenen Entwicklungsmöglichkeiten. Schon in jungen Jahren stehen Kindern verschiedene Mechanismen zur Verfügung, um mit einem Übermaß an Beziehungsstress umzugehen.

Immer in meiner Nähe bleiben

Wenn das Kind hauptsächlich erlebt hat, dass es das Beste ist, die versorgende Person nicht aus den Augen zu verlieren, entsteht ein Skript mit dem Inhalt: »Solange ich den Kontakt nicht abbreche, geht alles gut! Ich darf sie nicht verlieren.« Ein Kind will dann ständig in Kontakt mit der versorgenden Person bleiben, jedoch ohne jemals wirklich zufrieden, sondern vielmehr ruhelos zu sein und sich nicht erholen zu können.

Es behält zum Beispiel die Mutter ständig im Auge und gerät in Panik, sobald sie außer Sichtweite ist. Es klammert sich an seiner Mutter fest, wenn sie wieder da ist, ohne jedoch dabei Trost oder Ruhe zu finden. Das Kind kommt kaum zum Spielen oder zur Entwicklung von Autonomie, es hat sozusagen keine Zeit oder Ruhe dafür, weil es sich ständig Sorgen macht, ob es die minimale Versorgung von seinen Eltern noch bekommt: »Ist sie noch da? (...) Und jetzt, ist sie jetzt auch noch da?«

Das Kind investiert mehr in die Aufrechterhaltung der Verbindung zur versorgenden Person als in seine eigene Autonomie; die Konzentration auf oder Suche nach Nähe geht zu Lasten der Erforschungsreise und der Entwicklung eines eigenen Interessenbereichs. Wir nennen ein Kind mit einem solchen Beziehungsstil ein Kind, das »ängstlich-ambivalent gebunden« ist oder »sich ängstlich-anklammernd verbunden« fühlt. Es hat Angst, die versorgende Person zu verlieren (ängstlich) und ist gleichzeitig schlicht verärgert oder wütend darüber, dass es keine oder zu wenig Autonomie hat bzw. sich diese nicht zutraut (ambivalent). Das Kind wünscht sich Autonomie und Selbstbestimmung, hat aber Angst, dass es damit das Elternteil ganz und gar verliert (Trennungsangst). Als Reaktion auf diese Angst nähert es sich der versorgenden Person noch mehr an, um sich seiner Anwesenheit sicher zu sein. Diese Kinder sind oft heftig und/oder wechselhaft in ihren emotionalen Reaktionen.

> Louise ist 4 Jahre alt und ist immer noch jeden Morgen auf dem Spielplatz allein, wenn ihre Mutter sie in den Kindergarten bringt. Ihr Verhalten ähnelt eher dem eines Babys oder kleinen Kindes, das in die Kindertagesstätte gebracht wird. Sie scheint keine Fähigkeiten zu entwickeln, um den Moment des Abschieds und der Trennung zu überbrücken. Erst wenn die Kindergärtnerin sie mit ins Spielzimmer nimmt, geht es ihr wieder besser. Aber auch da kommt sie nicht zum Spielen. Ständig braucht sie die Kindergärtnerin in ihrer Nähe.

Am besten auf Distanz bleiben, um sich den Kontakt zur Bindungsperson zu sichern

In dem Suchen nach einem Gleichgewicht zwischen Verbundenheit und Autonomie kann das Kind vielleicht auch gelernt haben, dass es besser ist, nicht zu viel Nähe von der versorgenden Person zu verlangen, da es dann diese versorgende Person ja ganz und gar verliert. Auf den ersten Blick scheint sich ein solches Kind nicht viel darum zu kümmern, ob die Mutter in der Nähe ist oder nicht. Es scheint sich hauptsächlich darauf zu konzentrieren, »seinen eigenen Weg zu gehen«: Es ist mit dem Spielzeug, mit Aktivitäten, der Umgebung beschäftigt; es bleibt auf Abstand zur versorgenden Person, vermeidet Körperkontakt und emotionale Nähe. Wenn die Mutter aus dem Blickfeld verschwindet und dann wieder zurückkommt, lässt sich das Kind kaum eine affektive Reaktion anmerken. Es ist wichtig zu wissen, dass es sich hierbei nur um eine konstruierte und implizite »Strategie« handelt: Das Kind hat gelernt, dass sich anzuklammern, um der Mutter zu zeigen, dass man ihre Nähe wünscht, zwecklos ist und man sie damit nur noch weiter wegtreibt. Diese Kinder erleben genauso viel Stress in Momenten der Trennung, wie die ängstlich-ambivalent gebundenen Kinder. Nur bemerkt man das bei diesen Kindern – die sich unter Kontrolle haben und emotional nur wenig äußern – äußerlich oft gar nicht; ihr Stress drückt sich vielmehr in erhöhter Herzfrequenz und anderen körperlichen Stressparametern aus. Man nennt sie »bindungsvermeidende Kinder« oder »ängstlich-vermeidend gebundene Kinder«, denn sie haben gelernt, dass die bestmögliche Strategie jene ist, den Kontakt auf Distanz zu halten. Das Kind konzentriert sich hauptsächlich auf seine eigenen Aktivitäten oder auf Autonomie, nicht weil es sich bei der anderen Person unwohl fühlt, sondern um die schmerzhaften Gefühle zu vermeiden, dass die andere Person nicht für einen da sein wird. Außerdem gelingt es dem Kind auf diese Weise, den Schmerz des »alleine gelassen Werdens« zu vermeiden. Vermeidende Bindung ist, genau wie die ängstlich ambivalent anklammernde Bindung, eine Strategie, um – unter Berücksichtigung der Umstände – auf die Bindungsbeziehung zu der versorgenden Person so wenig Druck wie möglich auszuüben.

Es sind also Kinder, die zwar Verbundenheit und Nähe durchaus ersehen, aber so viel Angst davor haben, dass sie sich einfach nicht trauen. Sie fallen eher auf sich selbst zurück, als sich an die versorgende Person zu wenden. Sie zeigen nach außen hin wenig Emotionen, denn Emotionen würden sie von der versorgenden Person abhängiger machen. Deshalb werden sie eher »Denker*innen« als »Fühler*innen«, denen es oft gelingt, sich stark in ihre eigene Welt zurückzuziehen. Die autonome Seite wirkt wie eine Stärke dieser Kinder. In anderen Zusammenhängen (z. B. als Kind in einer Pflege- oder Adoptivfamilie) entsteht jedoch dann der Eindruck als hätten sie nicht gelernt, sich an sie versorgende Personen zu wenden und als könnten sie die Zuwendung oder die Unterstützung von Erwachsenen nicht gut ertragen.

> Es dauert lange, bis Martin Radfahren lernt und ohne hinzufallen schafft er es nicht. Die Tatsache, dass er es immer wieder, ohne zu weinen versucht, führt dazu, dass die Umgebung aus ihm ein »tapferes Kerlchen« macht. Erst später erkennen seine Eltern, dass Martin keine Ahnung hatte, dass er in solchen Augenblicken auf sie für Trost, Hilfe oder Unterstützung hätte zurückgreifen können.

Ich habe keine Ahnung, wie nah oder wie fern ich dich bei mir haben will oder kann

Die ängstlich-ambivalent gebundenen Kinder und die bindungsvermeidenden Kinder haben immer noch einen konsistenten Beziehungsstil und eine konsistente Strategie: Die erste Gruppe ist stark kontaktorientiert, die zweite distanziert und auf sich selbst bezogen. Möglicherweise hat das Kind jedoch gelernt, dass es für seine Bezugsperson keine wirklich geeignete Strategie gibt. Ein Muster inkonsistenter Versorgung führt zu einem Erwartungsmuster der Unberechenbarkeit und Angst. Das eine Mal reagiert das Kind mit Annäherung, das andere Mal mit Abweisung. In manchen Momenten kümmert es sich um die Eltern, heitert sie auf oder beruhigt sie, dann wieder befiehlt und tadelt es die Eltern und weist die Erwachsenen zurecht. Weder auf Distanz zur versorgenden Person noch in ihrer Nähe findet das Kind Ruhe; es wechselt ständig die Strategie, in der Hoffnung, eine gewisse Kontrolle zu verspüren, aber es findet weder in der Nähe, noch in der Distanz inneren Frieden und Ruhe. Kinder, die keine konsistente Lösung finden, um mit dem Spannungsfeld zwischen Verbundenheit und Autonomie umzugehen, sind einem erhöhten Risiko einer problematischen Entwicklung ausgeliefert. Denn ohne Landkarte durchs Leben zu gehen, bedeutet chronischen Stress zu erleben. Weder Nähe noch Distanz bieten ein ausreichendes Maß an Sicherheit. Das Kind »switcht« hin und her zwischen der Angst, auf sich selbst zurückgeworfen zu sein und dem konstanten Stresslevel, das hervorgerufen wird, sobald es sich in eine Beziehung begibt. Der Preis, den das Kind dafür bezahlt, ist, dass ein fragiles und verwundbares Fundament angelegt wird, auf dem Gefühle der Einsamkeit, Angst vor Verlust usw. leichter gedeihen und auf dem Stress und Angst häufiger und intensiver vorkommen. Wir nennen bei einem Kind diese so unberechenbare Art Beziehungen einzugehen »desorganisierte Bindung«, manchmal auch als »desorientierte Bindung« bezeichnet.

> Wenn Stephans Adoptivmutter ihn zum Basketball bringt, kommt es jedes Mal zu einem heftigen Moment. Erst klammert er sich an seiner Mutter fest, schubst sie dann weg, beschimpft sie, spuckt sie an und wirft sich dann plötzlich wieder in ihre Arme. In ruhigen Momenten erkennt Stephan, dass er so nicht mit seiner Mutter umgehen kann, aber im Moment des Loslassens sind die Spannungen und die Wucht seiner Emotionen unerträglich. Sobald er sich danach in den Sport stürzen kann, ist der heftige Moment schon bald vergessen. Er ist ein guter Basketballspieler, der durch seinen Sport viel Freude erlebt und sogar ein guter Teamplayer ist.

Ein Kind wie Stephan kann, nachdem es sich eine Weile in der Adoptivfamilie befindet, seinem Autonomiebedürfnis gerecht werden: Er ist gut im Basketballspiel; der Sport ist für ihn ein Bereich, in dem er sich als Individuum entwickeln kann. Die andere Entwicklungslinie – die der relationalen Verbundenheit – ist viel anfälliger. Bei Stephan zeigt sich dies in der Öffentlichkeit während eines Übergangsmoments im Sportverein. Bei zahlreichen Kindern mit einem komplexen Trauma bleibt diese Dynamik – neben ihrer guten Entwicklung in Bezug auf Hobbys und Schule – verdeckt und kommt nur zu Hause zum Vorschein. In der Abgeschiedenheit und im Privaten der Bindungsbeziehung zu den neuen Pflege- oder Adoptiveltern kommen die frühen »Gespenster aus der Vergangenheit« wieder an die Oberfläche, manchmal äußern sie sich sporadisch und in milder Form, manchmal – oft je länger die Kinder in der Pflege- oder Adoptivfamilie sind – heftiger bis unbeherrschbar.

3.6 Eine neue Landkarte?

> Wir haben unsere Karten zurückgelassen, irgendwo, nicht böse, nicht melancholisch; sie teilten uns mit, was wir bereits wussten, woher wir kamen, jedoch nicht, wo wir waren.
> (Zitat aus dem Gedicht »Weiter« von Rutger Kopland, 1982, S. 12)

Natürlich gibt es viele Variationen in der Art und Weise, wie eine frühe relationale Unsicherheit von einem Kind erlebt wird und sich in relationalen Scripts, Erwartungsmustern oder Bindungsstilen widerspiegelt. Manche Kinder verfügen über eine größere Belastbarkeit und mehr Schutzfaktoren, indem sie z. B. ein sanfteres Temperament haben. Oder sie profitieren mehr von den späteren guten (Pflege- oder Adoptiv-)Familienerfahrungen oder von einem Therapieprozess, um doch noch ein gewisses Maß an Sicherheit und Vertrauen zu erlangen. Leider gibt es auch Pflege- und Adoptivkinder, bei denen diese »Gespenster der frühen Kindheit« die Möglichkeiten der Bindung an die Pflege- oder Adoptivfamilie ernsthaft untergraben oder sogar unmöglich machen. Im nächsten Kapitel werden wir erklären, wie das Umfeld dem Kind helfen kann, eine neue Landkarte zu entwickeln, die auf dem sozialen Umgang (»Verkehr«) in der neuen Familiensituation basiert. In Kapitel 7 werden wir genauer darauf eingehen, wie solche Erwartungen auch in der Psychotherapie hinterfragt werden können, damit sie nicht weiterhin die gleiche ängstliche und misstrauische Sicht auf Beziehungen als starre Vorlagen liefern, sondern – zusätzlich zu den manchmal hartnäckig negativen Erwartungsmustern – allmählich Raum für positivere relationale Erwartungsmuster schaffen.

4 Notwendigkeit reflektierender und haltender Eltern und Umgebungen

4.1 Über die eigene Innenwelt nachzudenken, wird innerhalb einer »normalen« Familienkonstellation erlernt

Ein Kind, das in einer sicheren Lebensumgebung aufwächst, fühlt sich gut behandelt und akzeptiert die mit seiner Entwicklung einhergehende Komplexität von Gefühlen und Bedürfnissen, Wünschen und Sehnsüchten, Sorgen und Ängsten, Irritationen und wütenden Gefühlen. Es wird – mit Hilfe von fürsorglichen Erwachsenen – lernen, zwischen leichter Spannung und echter Angst zu unterscheiden, zwischen spielerischem Erschrecktwerden und wirklicher Angst vor Dunkelheit, zwischen der Erfahrung von Alleinsein und dem Gefühl nicht in der Lage zu sein, bestimmte Dinge ohne Hilfe anderer in den Griff zu bekommen, usw. Es lernt zuerst verschiedene Basisgefühle wie Angst, Glück, Wut und Traurigkeit zu erkennen und lernt dann nach und nach auch die nuancierteren Gefühle wie Enttäuschung, Mitleid, Vergebung usw. kennen. Es erfährt zuerst am eigenen Körper, welche Wirkung diese Emotionen haben, um dann zu erfahren, welche Bedeutung ihnen beizumessen ist, welche Reaktionen auf Gefühle sozial akzeptiert werden, usw. Die Aufmerksamkeit, die Eltern und andere versorgende Personen der Innenwelt ihrer Kinder schenken, hilft Kindern, sich für ihre eigene Innenwelt sowie für die der anderen zu interessieren. Dies hilft, die eigene Innenwelt innerhalb einer komplexeren, nuancierten Welt mit einem breiten Spektrum an differenzierten Emotionen weiterzuentwickeln. Eltern und andere versorgende Personen brauchen dafür nicht zur Schule zu gehen, sie tun dies auf der Grundlage spontaner und intuitiver Prozesse im Rahmen der Selbstverständlichkeit des alltäglichen Lebens. Die gewöhnlichen Familiengespräche am Küchentisch oder im Auto sind der beste Nährboden für das Entwickeln »mentaler« Fähigkeiten. Es geht dabei oft darum, welche Absichten wir haben (»Ich möchte nachher ein Spiel spielen«), welche Absichten andere haben (»Zuerst muss ich einkaufen, aber danach habe ich Zeit, um mit dir zu spielen«) und wie man Absichten und Erwartungen anderer berücksichtigt (»Gut, spielen wir dann nach dem Abendessen zusammen?«).

Darüber hinaus ist der spielerische Austausch, der alltägliche familiäre Interaktionen charakterisiert, ein weiterer wichtiger Nährboden für die Entwicklung von mentalen Fähigkeiten: »Du hast ja noch gar nicht genug gegessen? Jetzt kommt ein Löffelchen für Oma…!« oder »Schau, meine Gabel ist jetzt ein Flugzeug! Brrroem. Hap hap hap, papperlap!« Spielend als Reiter auf dem Rücken von Papa als Pferd nach oben getragen zu werden, obwohl man noch lange keine Lust hat, ins Bett zu gehen, weil man noch so gerne im gemütlichen Wohnzimmer bleiben wollte, hilft dem Kind, die Tatsache zu akzeptieren, dass es – in jedem Fall – die Anforderungen und Erwartungen der Realität zu berücksichtigen hat (»Es ist jetzt Schlafenszeit, denn morgen geht es wieder in die Schule!«).

4.2 Mentalisierung: ein Psy-Wort für den sorgsamen Umgang mit Kindern

So alltäglich und selbstverständlich solche Interaktionen auch erscheinen mögen, so unerlässlich sind sie in der Kindheit, um »reflektierende« oder »mentalisierende« Fähigkeiten zu entwickeln. Ein Kind, das lernt, Abstufungen und Nuancen in Gefühlen zu unterscheiden und zu kommunizieren, kann diese Gefühle allmählich auch besser tolerieren, ohne zu ihrem Spielball zu werden. Es lernt zum Beispiel zu tolerieren, dass Dinge manchmal nicht erlaubt sind, oder dass man manchmal aufhören muss zu spielen, nur weil es Schlafenszeit ist. Es braucht nicht mehr mit den Füßen zu trampeln, wenn es wütend ist oder etwas haben will, sobald es in der Lage ist, erlebten Unmut auf eine andere Art auszudrücken. Das Kind braucht nicht mehr zu schreien und zu schimpfen, sobald es sich mit Begriffen ausdrücken kann, wie: »Ich will nicht, dass du mein Butterbrot schmierst, ich kann das selbst.« Wir sagen dann, dass ein Kind frühe »reflektierende« oder »mentalisierende« Fähigkeiten entwickelt – Fähigkeiten, das Verhalten aus zugrunde liegenden Gedanken, Gefühlen, Absichten und Bedeutungen zu verstehen.

Das Kind lernt all dies in der Interaktion mit Erwachsenen, die emotional reifer, sensibler und weiser sind als das Kind selbst. Für die meisten Kinder sind dies die Interaktionen mit aufmerksamen und einfühlsamen Eltern, Großeltern, Onkeln und Tanten, den Betreuer*innen in Kindertagesstätten oder Lehrer*innen. Innerhalb dieser Beziehungen lernt das Kind – fast unbemerkt – viel über die emotionale und beziehungsmäßige Entwicklung:

1. Es sammelt Erfahrungen der Kontinuität in Bezug auf sich selbst als Person: »Ich bin Tanja, manchmal bin ich wütend, aber genauso gut kann ich auch glücklich oder einfach zufrieden sein, weil es gemütlich und ruhig um mich herum ist. Aber ich werde immer dieselbe Tanja bleiben.« Vorhersehbare Reaktionen von anderen sind ein notwendiger Vorläufer dieser Erfahrung der Kontinuität in der Selbsterfahrung. Man nennt es auch »Selbstkonstanz«.
2. Es lernt, dem Verhalten einen Sinn zu geben: Im Erleben, wie Gedanken und Gefühle das eigene Verhalten beeinflussen, wird das Kind für sich selbst vorhersehbar und begreifbar und somit werden auch andere vorhersehbar und begreifbar: »Ich trete gegen den Tisch… weil ich einfach sauer auf die Katze bin, die mich stolpern ließ.«
3. Es wird feststellen, dass die innere Erfahrung und Überzeugung nicht immer mit derjenigen anderer übereinstimmen, mit anderen Worten, dass es so etwas wie *die* eine Wahrheit und *die* eine Realität nicht gibt.
4. Diese Fähigkeit zur Mentalisierung trägt zu einer Kommunikationsebene bei, in der die Fähigkeit zur Rollenübernahme wichtig ist. Das Kind lernt in sehr kleinen Schritten, die Perspektive des anderen einzunehmen und zu berücksichtigen: »Ooh, ich hab' so Lust jetzt die Schokolade zu essen, aber du sagst mir, dass ich das jetzt nicht darf, weil wir gleich essen werden.«

5. Schließlich trägt Mentalisierung dazu bei, einen Beziehungsaustausch zu erleben, in dem persönliche Wahrheiten nebeneinander bestehen und in dem tiefere Verbindungen zu anderen wachsen können – Verbindungen, in denen Unterschiede und individuelle Standpunkte bestehen können, in denen ›meine und deine Interpretation‹ eines Ereignisses unterschiedlich sein können. Das ist eine Basis dafür, im späteren Leben über diese Perspektiven ins Gespräch zu kommen und subjektive Sichtweisen anpassen zu können. Mit anderen Worten: Die Entwicklung der Mentalisierungsfähigkeit spielt eine wichtige Rolle im täglichen Funktionieren. Probleme mit dieser Fähigkeit haben wichtige Auswirkungen auf das normale Zusammenleben.

4.3 Eltern wird man ohne Ausbildung oder Gebrauchsanweisung: Auf der Suche nach einem Kompass

Wenn Sam und Ine, 3 bzw. 4 Jahre alt, zusammen spielen, geht das eine Zeitlang gut. Sam rennt weg und quietscht vor Vergnügen, wenn Ine hinter ihm her flitzt, um ihn zu fangen. Beim Rennen stößt Ine, die schneller, aber noch ein bisschen tollpatschig ist, gegen ihren jüngeren Bruder Sam. Dieser fällt auf den Boden und fängt an zu schreien. »Ach, jetzt bist du aber erschrocken, hm«, sagt Papa und hilft Sam wieder auf die Beine. »Es war nur ein Versehen, hey, das war nicht mit Absicht.« In diesem Moment tun Sam die Worte seines Vaters gut, er lässt sich beim Aufstehen helfen, rafft sich dann auf und kehrt schnell zum Spiel mit seiner Schwester zurück.

Eltern sind von Anfang an motiviert, ihr Kind zu verstehen. Normalerweise sind sie – weil sie ihr Kind gerne sehen – auf der Suche nach einer Art Kompass, um ihr Kind zu begreifen. Manchmal greifen sie auf einen externen Kompass zurück und lesen dann ein Buch über Erziehung, aber oft greifen sie auch auf ihren eigenen inneren Kompass zurück: Ihre Beobachtungsgabe und ihre Fähigkeiten, zu begreifen, was in der inneren Welt ihres Kindes vor sich geht. Dabei greifen sie oft auf ihre eigenen Erfahrungen von heilendem Papa und helfender Mama zurück. In keiner anderen Lebensphase ist man so damit beschäftigt, was für Eltern die eigenen Eltern waren, als während der Phase der frühen Elternschaft. So, als ob man herauszufiltern versucht, was man übernehmen will und was nicht, wie man also selbst »Eltern« sein will.

Dieser innere Kompass oder diese Mentalisierungsfähigkeit – die Fähigkeit, Verhalten als motiviert oder aus einer komplexen Innenwelt heraus, bestehend aus Wünschen, Ängsten, Absichten und Bedeutungen, zu verstehen – kann als eine der wichtigsten Fähigkeiten angesehen werden, über die »durchschnittliche Eltern« verfügen, um Ihnen eine Orientierung zu geben, wie sie mit ihrem Kind in kleinen, alltäglichen Situationen umgehen.

> Wenn Mütter mehr geneigt sind, die innere Welt ihres Kindes adäquat verbal via »appropriate mind-related comments« (angemessene und mentalisierende Kommentare) zu begleiten, haben ihre Kinder eine größere Chance, im Alter von circa 12 Monaten eine sichere Bindung zu entwickeln (Meins et al., 2001 und 2003). Die Konzentration auf diese mentalen Inhalte hat ausreichend auf den Entwicklungsstand des Kindes abgestimmt zu sein (Bernier & Dozier, 2003). Das Mentalisieren gestaltet sich also entsprechend des Alters und der Entwicklungsstufe des Kindes.

Reflektierende Fähigkeiten halten Eltern davon ab, auf der Grundlage eines Aktions-Reaktions-Musters oder auf der Grundlage ihrer eigenen *fight-, flight-* oder *freeze*-Reaktionen zu handeln, insbesondere in Momenten hoher familiärer Belastung. Eltern wachsen dabei – vorausgesetzt die Bedingungen sind ausreichend gut – mit der Entwicklung ihrer Kinder mit. Denn jede neue Entwicklungsstufe erfordert neue elterliche Fähigkeiten und Arten von Unterstützung.

4.4 Ein Kind findet sich in den Spiegeln, die versorgende Personen ihm vorhalten

> The infant's sense of self develops from the ›mirroring‹ responses of caregivers. (Allen, 2013, S. 142)

Die frühesten Vorläufer von Mentalisierungsfähigkeit entstehen, wenn der Elternteil ein Spiegel für die innere Welt des sehr kleinen Kindes ist. Schließlich sind Babys noch nicht in der Lage, verschiedene emotionale Empfindungen in sich selbst zu erkennen und zu unterscheiden. Sie haben ein begrenztes, aber entscheidendes Arsenal an affektiven Signalen. Für die Kommunikation von Unruhe, Frustration oder Trauer zum Beispiel, ist Weinen das wichtigste Signal. Der Elternteil spiegelt die Unruhe, Frustration oder Trauer durch sein Gesicht und seine Stimme. Gergely und seine Kollegen (Gergely & Watson, 1996) nennen diesen Prozess »social biofeedback«. Der Elternteil spiegelt die Emotionen des Kindes nicht nur einfach und beantwortet Angst nicht nur mit Angst oder Trauer nicht nur mit Trauer. Er wird die Emotion besonders deutlich spiegeln und gleichzeitig einen beruhigenden Unterton oder ein beruhigendes Lächeln hinzufügen: »Ohohoh, das ist ja ganz furchtbar! Und was braucht der kleine Schatz jetzt, dass es ihm wieder gut geht?« oder »Ach! Ach! War das ein fürchterlicher Schrecken!« Der Elternteil spiegelt einen fast spielerischen und einigermaßen übertrieben wirkenden Ausdruck der Emotion des Kindes wider, wodurch Distanzierung und Verarbeitung stattfinden können. Dies wird als »markierte« Spiegelung (*marked affective mirroring*) bezeichnet; Eltern heben sozusagen wie mit einem Textmarker ein Gefühl ihres Kindes hervor, wodurch es dem Kind klar wird, dass es seine eigenen Gefühle sind und nicht die Gefühle der versorgenden Person.

Auf diese Weise erfährt das Kind, dass seine Gefühle auf eine erträgliche Art und Weise dargestellt werden können. In diesem sozialen Biofeedback-Prozess lernt das Kind drei entscheidende Fähigkeiten: Es lernt, seine eigenen Empfindungen oder Gefühle zu er-/kennen, mit ihnen auf eine regulierende Weise umzugehen und darüber hinaus seine Innenwelt von der Außenwelt zu unterscheiden. Solange (kleine) Kinder noch nicht in der Lage sind, ihre eigenen Empfindungen als innere Zustände zu erkennen, müssen sie für diesen Prozess auf die Reflexion der Eltern zurückgreifen können, die dem Kind von außen ein inneres Gefühl vermitteln (spiegeln), um dieses vorstellbar und kommunizierbar zu machen. Ein Elternteil, das – als Reaktion auf das Kind – die Emotion wahrnimmt, übernimmt sie zunächst und reguliert diese sodann für sich selbst und verleiht ihr eine Bedeutung, woraufhin sie in einer erkennbaren, bedeutungsvollen und weniger überwältigenden Weise an das Kind weitergegeben wird. Bereits früh in seinem Leben ist ein Baby oder ein Kleinkind auf die versorgende Person angewiesen, um sich selbst kennenzulernen. Wenn zum Beispiel Hunger das kleine Kind frustriert, weil sein Brei noch nicht warm genug ist, wird der Elternteil diese Frustration emotional aufgreifen und regulieren (»Dein Brei ist beinah warm, nur noch ein kleines bisschen warten«) und gibt diese Information an das Kind weiter z. B. mit den Worten: »Oh oh oh, Warten ist ja so anstrengend. Aber dein Brei ist beinahe fertig, Geduld, Geduld.« Durch das Spiegeln durch den Anderen lernt das Kind, seine inneren Wahrnehmungen zu er-/kennen, sie allmählich zu benennen und schließlich selbst zu regulieren.

Dies geschieht auch später im Leben immer wieder. Wenn wir als Erwachsene durcheinander oder bestürzt sind, ist es manchmal hilfreich, wenn jemand für einen Moment bei einem in der Nähe bleibt, beim Reflektieren hilft und Fragen stellt, wie z. B.: »Was ist los? Was ist eigentlich passiert?«. Dieser Prozess der Reflexion und des Spiegelns spielt, mit anderen Worten, auch im späteren Leben bei der Regulierung starker Emotionen eine entscheidende Rolle. Eltern fragen sich während der Entwicklung ihres Kindes oft, was hinter dem Verhalten ihres Kindes eigentlich steckt und geben diesem Verhalten Bedeutung, indem sie sich auf das beziehen, was sie in der inneren Welt ihres Kindes vermuten: »Er ist so tapfer.... auch wenn er sich so unsicher fühlt.« Bei ausreichend guten Bedingungen wird diese Handlung als spontaner Suchprozess erlebt. Das Verleihen von Bedeutung führt zu einem anderen Kommunikationsmuster zwischen Eltern und Kind, als wenn die Eltern ihrem ersten Gefühl folgend handeln würden und antworteten: »Meine Güte, der kann aber schreien!«.

Autoren wie Papousek und Papousek (1987) sprechen von »intuitiver Erziehung oder Elternschaft« (*intuitive parenting*), die sich durch »trial-and-error« kennzeichnet und auf der Grundlage basiert, dass man sich einfach gerne hat. Wenn man jemanden gerne hat, will man den anderen verstehen und ihm aus einer verständnisvollen Haltung heraus beggnen. Intuitive elterliche Haltungen sind übrigens evolutionär entstanden, sie sind uns mitgegeben als ein Erbe der Evolution.

»Warum machst du das?« fragen wir, wenn jemand, den wir gerne haben, uns verletzt. Jemanden gernzuhaben und gerne zu sehen, ist ein wichtiges Motiv in dem Verlangen, den anderen zu verstehen. Verstanden zu werden ist wie ein Spiegel, der einem vorgehalten wird, damit man begreifen kann, wer man selbst ist oder ein Spiegel, der hilft, dem Raum zu geben, was man denkt und fühlt. Wie anders wäre die Botschaft gewesen, wenn Sams Vater reagiert hätte mit: »Junge, sei nicht so albern, weinen ist nur was für Mädchen, mach schon und spiel weiter!«? Wie viel mehr Energie hätte Sam benötigt, um seine Schreckreaktion und die Bemerkung von seinem Vater allein zu verarbeiten?

4.5 Kinder mit einem komplexen Trauma sind schwerer zu lesen

Wenn Kinder (auch nur teilweise) ihre ersten Lebensjahre mit Erwachsenen in einer Interaktion verbringen, die – aufgrund bestimmter Umstände oder Probleme – nicht in der Lage sind, sich erwachsener, weiser und reifer zu verhalten, dann stört dies nicht nur die Bindungsentwicklung, sondern auch die Entwicklung der Mentalisierungsfähigkeit. Seit 30 Jahren – u. a. seit Studien von Cicchetti und Beeghly (1987) – weiß man, dass misshandelte Kinder im Verstehen von Emotionen eingeschränkt sind. Dafür gibt es drei Hauptgründe:

Zunächst einmal können die versorgenden Personen in ihren mentalisierenden Kapazitäten begrenzt sein oder zu wenig Zeit haben, um mit ihren Kindern über Emotionen zu reden, wie dieses in Umständen von Vernachlässigung der Fall ist (z. B. Edwards et al., 2005). Unter solchen Umständen bekommen Kinder viel seltener die Möglichkeit, das Verstehen von sich selbst und anderen zu üben.

Zweitens hat das Zuviel an negativen Erfahrungen, mit denen diese Kinder bereits früh in ihrem Leben konfrontiert wurden, zu einer chronisch erhöhten Stressempfindlichkeit und zu einem hohen Ausmaß an negativen affektiven Erfahrungen geführt, wodurch ihre (eingeschränkteren) Reflexionsmöglichkeiten im täglichen Leben stärker belastet werden. Denn stresssensitive Kinder reagieren auf stressbedingte Situationen stärker, heftiger oder schlicht anders, als Kinder, die in einer ruhigeren und besseren Umgebung aufgewachsen sind.

Und drittens können Kinder – anstatt neugierig und in sich selbst kohärent bzw. in Gruppen integriert zu sein – aufgeben und ängstlich werden, wenn sie über Gefühle nachdenken. Die psychische Welt, in der sie sich befanden, ist so furchterregend, dass sie sich damit nicht auseinandersetzen wollen. Ihr Wunsch, andere zu begreifen wird nicht genährt, sondern blockiert. Ähnlich wie bei Kindern mit einer autistischen Störung (Baron-Cohen, 1995) kann bei Kindern mit einem Trauma die Fähigkeit verloren gehen, die eigene emotionale Innenwelt und diejenige von anderen begreifen zu wollen. In diesem Zusammenhang wird manchmal auch von »mindblindness« gesprochen (Allen, 2007): Solche Kinder wollen sich häufig nicht mit Fragen beschäftigen, wie: »Was geschieht in meiner inneren Welt und in der Welt der anderen?« Antworten auf solche Fragen würden die eigene Entwicklung eher stören als unterstützen, insbesondere bei Fragen wie: »Warum hat mich jemand so fürchterlich zusammengeschlagen, dass ich für den Rest meines Lebens mit einer gebrochenen Zehe herumlaufen muss?« Unweigerlich entstehen im Kopf eines Kindes dann Ideen, die ihm ein Gefühl der Kontrolle über und des Verständnisses für die Situation geben sollen, wie: »Das ist nur darum möglich, weil ich ein schreckliches Kind bin. Also habe ich es wohl auch verdient« oder »Warum hat Mama mich zurückgelassen? Weil ich sie fürchterlich unglücklich gemacht haben muss.« Mit anderen Worten: Manchmal ist es klug, wenn ein Kind aufhört, Fragen darüber zu stellen, was in anderen vorgeht, denn die psychische Realität, auf die es dann stoßen würde, ist zu schwer zu ertragen oder nur dann aushaltbar, wenn man sich selbst eine negative Bedeutung darin gibt. Das Denken oder Mentalisieren wird dadurch nicht ausreichend ausgeprägt, sondern wird aus Angst vor überwältigenden und beängstigenden Bildern über sich selbst und andere im Keim erstickt.

Das alles bedeutet, dass diese Kinder über weniger reflektierende Fähigkeiten verfügen, um darüber nachzudenken, wer sie sind und was sie erfahren. Sie bleiben dadurch einerseits schwieriger einzuschätzen und werden andererseits zum Opfer der unkontrollierbaren emotionalen Achterbahnfahrt, die sich in ihrer inneren Welt darbietet. Mit dem was sie zeigen, ist ihr Gemüt weniger »lesbar« und ihre Gefühle und Gedanken schwerer zu begreifen. Während die meisten Kinder, die unter »normalen« Bedingungen aufwachsen, mit zunehmendem Alter relativ kontrollierbar und kalkulierbar werden, bleiben die (Pflege oder Adoptiv-)Eltern von Kindern mit einem komplexen Trauma mit einer viel längeren und viel intensiveren Deregulierung und Unvorhersehbarkeit konfrontiert.

4.6 Die elterliche Mentalisierung unter Druck

Diese beschriebene Problematik stellt hohe Anforderungen an das Stresssystem der (Pflege- oder Adoptiv-)Eltern. Sie können sich nicht darauf verlassen, dass es eine gewisse Garantie für morgen gibt, sollte es heute gut gehen. In dieser Hinsicht ist der Zeithorizont, in dem diese Eltern leben, mit dem von Eltern mit einem kleinen Kind vergleichbar, bei dem man von Moment zu Moment überprüft, in welchem Zustand das Kind sich gegenwärtig befindet und was es benötigt. Dadurch sind die (Pflege- oder Adoptiv-)Eltern auch in guten Zeiten um den weniger vorhersehbaren Teil ihres Kindes besorgt. Sie merken immer wieder, dass ihr Kind anders und verletzlicher ist, auch wenn es im Augenblick gut geht. Oder sie erhalten (ab-)wertende Kommentare aus ihrem Umfeld, wie z. B. vom Fußballtrainer, der meint: »Schau mal, letzten Mittwoch spielte er so gut und heute ist mit ihm nichts anzufangen.« Oder wie es die Adoptiveltern von Leonardo oft erleben, gibt es Perioden von relativer Ruhe, in denen Wochenenden angenehm verlaufen und Zukunftspläne gemacht werden können. Diese Perioden können jedoch plötzlich – aus heiterem Himmel und ohne irgendeinen erkennbaren Grund – in eine Krisensituation umschlagen, in der permanent etwas schief gehen kann. Für die Pflege- oder Adoptiveltern bricht dann wieder eine Periode des Balancierens auf einem Drahtseil über einem steilen Abgrund an und vorsichtig erstellte Zukunftspläne müssen zeitlich auf die lange Bank geschoben werden. Manchmal fürchten die Adoptiveltern von Leonardo z. B., dass seine Zukunftsperspektive der eines Kindes entspricht, das nie ohne permanente psychiatrische Begleitung aufwachsen kann, während sie in anderen Momenten viel optimistischer sind.

Während diese Kinder sowohl schneller ihre Regulierungsfähigkeiten verlieren als auch über weniger Kapazitäten verfügen, effektiv mit schwierigen Erfahrungen und Ereignissen umzugehen, tragen sie, mehr noch als »Durchschnittskinder«, Erfahrungen in sich, die der Bewältigung und Mentalisierung bedürfen. Es handelt sich um Erfahrungen früherer Beziehungs- oder Bindungstraumata oder Erfahrungen anderweitig problematischer Beziehungen, die jetzt an die Oberfläche drängen und die mit diesen früheren Traumata verbunden sind bzw. durch sie geprägt wurden. So wird ein Kind oder Jugendliche/r mit einem komplexen Trauma oft z. B. durch soziale Ausgrenzung aufgrund seiner besonderen Art zusätzlich belastet. Auch kann es bei dem Kind bzw. Jugendlichen zu einer durch eine Krise bedingten Notaufnahme oder stationären Unterbringung oder zu einem polizeilichen Eingreifen kommen, weil das Kind bzw. der/die Jugendliche zeitweise vollkommen durcheinander ist. In diesem Sinne wird die reflektierende Fähigkeit der Eltern erheblich unter Druck gesetzt. Von solchen Eltern wird viel mehr verlangt, »als nur genügend gute Eltern (*good-enough parents*) zu sein«. Wenn während der Adoleszenz solches Problemverhalten des komplex traumatisierten Kindes dauernd im Vordergrund steht, können Eltern auch indirekt oder sekundär diesen Traumaeffekte ausgesetzt sein oder gar indirekt selbst traumatisiert werden (*sekundäre Traumatisierung*, Lemke, 2006).

4.7 Wie hält man als Eltern dann im Sturm noch den Kurs?

> Die spontane Art der Erziehung, die ich bei meinen beiden ältesten Kindern habe, fehlt mir bei Lucas. Bei ihm ist es viel mehr ein ständiges Abwägen. Unvermeidlich fragt man sich öfter: »Erziehen wir überhaupt noch richtig?«
> Bei den zwei anderen Kindern reicht es, sich »gerne zu sehen«. Bei Lucas ist »ihn gerne sehen« nicht ausreichend, er braucht mehr. Und das ist schwierig, denn oft überfällt einen als Eltern der Gedanke, dass man versagt. Man muss sich auch von dem distanzieren können, was man als Eltern erst dachte, dass man für ein Adoptivkind genauso wie für die eigenen Kinder sorgen könne.
> *Mama von Lucas*

Während man früher noch hoffen konnte, dass eine schwierige Bindungsentwicklung damit ausgeglichen werden kann, dass man einem Kind genügend »emotionale Korrekturerfahrungen« zur Verfügung stellt, um das, was ihm bisher fehlte, zu kompensieren, wird in der Zwischenzeit stets mehr Wert auf die reflektierenden Fähigkeiten (*reflective functioning*) gelegt, die für die Erziehung von Kindern mit einem komplexen Trauma von entscheidender Bedeutung sind. Natürlich brauchen Kinder mit einem besonders schweren Rucksack mehr als nur eine »gute Versorgung«. Es verlangt von den Eltern eine außergewöhnliche Sensibilitäts- und Verantwortungsfähigkeit in Bezug auf die Bedürfnisse, die diese Kinder haben. Was diese Kinder aber vor allem brauchen, sind Eltern mit einer großen Bereitschaft, jederzeit nach dem Hintergrund ihres Verhaltens zu fragen und nach den passenden Antworten sowie Strategien in der Erziehung zu suchen. Bei einem Kind mit einem komplexen Trauma geht es nur teilweise darum, »das Versäumte nachzubessern«. Viel wichtiger ist es, Möglichkeiten zu schaffen, die tief verwurzelten Muster, die während der Zeit der verpassten Versorgung zum Überleben dienten, zu begreifen, um dann bessere kommunikative und konstruktivere Beziehungsmuster aufbauen zu können. Es geht also darum, Raum zu schaffen, es zu wagen, neue Wege im Umgang mit Versorgung und Abhängigkeit, Distanz und Nähe usw. auszuprobieren sowie andere Wege im Umgang mit emotionalen und relationalen Herausforderungen zu finden.

Dies ist jedoch nur dann möglich, wenn sich die Eltern auf dieses affektive und beziehungsorientierte Hin und Her einstellen. Stress und heftige Emotionen sind vergleichbar mit einem Stein, den man in einen Teich wirft. Wenn das stresssensitive, traumatisierte Kind ein besonders stressauslösendes Erlebnis erfährt, schaltet sein Reaktionssystem den Modus »*Overdrive*« ein. Das Kind bringt dieses Überflutungsgefühl direkt in die Beziehung zu derjenigen versorgenden Person ein, die ihm am nächsten steht.

> Sandras Mutter ist zu Hause, als ihre Tochter von der Schule kommt und ist – durch die jahrelange Erfahrung mit ihr – darauf vorbereitet, Sandras Stresssignale zu erkennen. Sie hat Fühlsensoren entwickelt, um diese Signale

schnell lesen und begreifen zu können. So hört sie schon am Öffnen und Schließen der Tür oder dem sehr leisen, fast schleichenden Gang ihrer Tochter, dass etwas nicht stimmt und dass etwas los ist. Sofort reagiert ihr Alarmsystem (»Oh, etwas ist passiert, hoffentlich wird es nicht wieder so heftig«) und ihr fällt auf, wie sie wieder einmal besorgt und ein wenig nervös über einen eventuellen Vorfall in der Schule wird.

Turnbull (2012) spricht in diesem Zusammenhang von »sekundären Opfern oder Betroffenen«, das sind die Personen, die dem »expandierenden Stresseffekt« des Kindes mit einem komplexen Trauma »zum Opfer fallen«. Das extrem hohe Angst- oder Stressniveau, das oft vom Kind erlebt wird, dehnt sich aus und beeinflusst auch die Personen, die dem Kind nahestehen. Dieser »Expansionseffekt« entspricht dem Stein, der ins Wasser fällt und dort den größten Platsch verursacht, wo er das Wasser als erstes berührt. Obwohl die Ringe im Teich danach weniger stark werden, erreichen sie oft auch den Rand des Teiches. Hier befinden sich die Familienmitglieder und Freunde, die als indirekt Betroffenen mit der Entfremdung, Irritation, Unbeständigkeit und Gewalt eines komplexen Bindungstraumas konfrontiert werden.

Aufgrund der Unvorhersehbarkeit und Wechselhaftigkeit fühlt sich die Interaktion mit so einem Kind manchmal wie ein Minenfeld an, in dem ein scheinbar geringer Grad an Frustration einen heftigen Konflikt auslösen kann. Infolgedessen werden die Eltern hypervorsichtig, wodurch chronischer Stress entstehen kann. Manche Eltern berichten, dass sie erst dann wieder zur Ruhe kommen, wenn ihr Kind endlich schläft, als ob sie erst dann wirklich beruhigt sein können, dass sie nicht mehr auf neue Ausbrüche oder unerwartete Wendungen vorbereitet sein müssen. Dennoch führt der Weg zur Besserung des Kindes und zur Wiederherstellung eines ausgewogenen Familiengleichgewichts hauptsächlich über die Wiederentdeckung und Wiederherstellung der mentalisierenden Fähigkeiten der Eltern (*parental mentalising abilities, parental reflective functioning*). Aber, wie wir noch weiter ausführen werden, ist das nicht nur die individuelle Aufgabe dieser Eltern. Dazu brauchen sie manchmal Beratung in der Form einer Elternbetreuung.

4.8 »Außergewöhnlich gute Eltern« gesucht: Verletzte Kinder benötigen Eltern mit besonders ausgeprägten Reflexionsfähigkeiten

> Caregivers and family systems that function well are the best predictors of good adjustment over time for children traumatized in their early years. (Van Horn, 2011, S. 12)

Die reflexiven Fähigkeiten von Eltern sind ein produktiver Faktor für die Entwicklung von Kindern, sie erhöhen deren Entwicklungschancen. Wenn Eltern über die hinter dem Verhalten ihrer Kinder stehende innere Welt ihres Kindes nachdenken können, bieten sie ihm in unzählbar vielen kleinen, alltäglichen Situationen die Möglichkeit, sich selbst besser zu verstehen und seine eigenen inneren Erfahrungen, Gedanken und Gefühle zu erkunden.

Wie bereits erwähnt, sind diese reflexiven Fähigkeiten besonders wichtig für Eltern mit Kindern, die in ihrer frühen Kindheit häufig belastende und traumatische Situationen erlebt haben und bei denen es zu endgültigen Beziehungsabbrüchen gekommen ist. Sie nehmen häufiger Verhaltensweisen an, die schwerer zu verstehen und zu handhaben sind, sowohl für sie selbst als auch für ihre Umwelt. Zum Glück ist die Entwicklung dieser Kinder noch formbar und kann, auch nach schwierigen oder traumatischen Erfahrungen in der frühen Kindheit, noch beeinflusst werden. Gleichzeitig ist die Formbarkeit (bzw. die Entwicklungsmöglichkeit, die Flexibilität oder Plastizität) geringer als bei einem »durchschnittlichen« Kind, gerade weil die frühen Bindungsabbrüche und Trennungserfahrungen ihre Flexibilität und Formbarkeit (Plastizität) beeinflusst haben. Neben den »neuen, alternativen« Erfahrungen der sichereren oder stabileren Bindung« ist vor allem die Reflexionsfähigkeit der Eltern von großer Bedeutung, um ein posttraumatisches Wachstum des Kindes zu ermöglichen.

Wenn sich solche Kinder auf den ersten Blick schwer verständlich verhalten, ist es entscheidend, dass die Eltern über die Fähigkeit und Energie verfügen, reflektierend in Kontakt zu bleiben. Ein »unangepasstes« oder »unangenehmes« Verhalten drückt oft ein kompliziertes Gefühl des Kindes aus. Neben dem Gefühl, sich verlassen, sich durch den Verlust seiner früheren Umgebung beraubt und sich absolut anders zu fühlen als seine Gleichaltrigen und Familienmitglieder kann auch Wut über das, was alles mit einem geschehen musste bestehen und Angst bzw. Unsicherheit darüber entstehen, wer man eigentlich ist, usw. Wenn ein Elternteil auf reflexive Fähigkeiten zurückgreifen kann, hilft dies, das Kind zu verstehen und zwischen seinen Gefühlen und seinem Verhalten zu unterscheiden. Darüber hinaus kann Mentalisieren als Kompass dienen, der das eigene elterliche Handeln lenkt. Es gibt schließlich keine passenden Rezepte oder vorgefertigten Gebrauchsanweisungen für den Umgang mit Momenten, in denen sich die komplexen und uneindeutigen Gefühle im Zusammenhang mit Bindungsverletzungen ausdrücken. Es kann nicht einfach ein fertiges Handbuch für schwieriges, unangemessenes, unhöfliches, aggressives oder destruktives Verhalten geben. Entschlossenes Verhalten zur Schlafenszeit kann bei dem einen Kind zu Ruhe führen, bei einem anderen Kind jedoch ungewollt Unruhe und

Angst auslösen. Während das auf den Schoß nehmen dem einen Kind, das in Tränen ausgebrochen ist, Trost bietet, kann das auf den Schoß nehmen für ein anderes Kind beängstigend sein, sodass ein gewisser Abstand zunächst die bessere Lösung ist.

Adoptiv- und Pflegeeltern verfügen oft über ein gutes Reflexionsvermögen. Diesbezüglich wurden sie beurteilt bzw. darin geschult, schon bevor sie adoptieren oder ein Pflegekind bei sich aufnehmen durften. Aber dieses elterliche Reflexionsvermögen ist keine stabile und immer gleichbleibende Eigenschaft, die ständig auf demselben Niveau vorhanden ist. Schließlich wird sie von äußeren Umständen beeinflusst, beispielsweise davon, dass Eltern unter Stress stehen und plötzlich beginnen, weniger umfassend und nuanciert über ein Kind nachzudenken als in Momenten, in denen sie in aller Ruhe darüber nachdenken können, was genau vor sich geht. Bei Stress kann es sich um die eher »alltäglichen Stressmomente« des Familienlebens handeln, wie z. B. im Supermarkt nach einem anstrengenden Tag, bei dem noch viel Hausarbeit oder andere Vorbereitungen auf der Tagesordnung stehen. Stress kann aber auch die Folge von Ereignissen sein, die im Laufe eines Familienlebens auftreten, z. B. wenn jemand in der Familie bzw. im Umfeld der Familie schwer erkrankt ist oder jemand Schwierigkeiten am Arbeitsplatz ausgesetzt ist. Darüber hinaus verursachen viele Kinder mit ihrem besonders prall gefüllten Rucksack – aufgrund ihres schwer lesbaren, negativen oder unvorhersehbaren Verhaltens – überdurchschnittlichen Stress. Kinder mit heftigen Schreianfällen und Wutausbrüchen jagen jedes Mal wieder das Adrenalin ihrer Eltern und anderer Familienmitglieder nach oben. Kinder mit schweren Schlafstörungen beanspruchen Nacht für Nacht die ganze Energie, so dass ihre Eltern erst dann zur Ruhe kommen, wenn ihr Kind wirklich schläft (oft ist dies zu spät am Abend für die Eltern, um selbst für sich noch die so notwendige Ruhe zu finden). Kinder, die nach der Schule ihre Eltern vollkommen beanspruchen oder Kinder, die den ganzen Abend keinen Kontakt mit ihren Eltern aufnehmen, belasten ihre Eltern unterschiedlich, aber gleichermaßen intensiv. Jedoch ist es gerade dieses Reflexionsvermögen der Eltern, das einen tragenden, heilenden und stärkenden Einfluss auf das Kind hat. Damit Eltern dauerhaft nach der Bedeutung hinter dem Verhalten ihres Kindes suchen und sich immer wieder erstaunt und neugierig fragen können, was genau los ist und wie sie ihrem Kind helfen können, brauchen sie selbst einen Kontext, der reflektierend und traumasensitiv ist, der die Entwicklung der Kinder fördert und die Eltern unterstützt.

4.9 It takes (more than) a village to raise a child (with complex trauma): Ein traumasensitiver Kontext für Eltern

> Manchmal wünscht man sich eine Gebrauchsanweisung, in der man unter dem Begriff: »Er hat sein Handtuch oder seine Schulaufgaben schon wieder liegen lassen« lesen kann:
> »Was nun?« Es ist manchmal so anstrengend und ermüdend, sich immer auf seine eigenen Gefühle zu verlassen. Bei den anderen Kindern verlasse ich mich auf mein Gefühl, das ist weniger anstrengend, das ist nicht so ein Drahtseilakt und wenn's dann halt mal schief geht, dann ist das nicht gleich so ein Drama, weil die Basis vorhanden ist. Und wenn ich mich dann mal geirrt habe, dann habe ich mich halt einfach geirrt. Bei Lucas ist das allerdings anders. Da finde ich es schlimm oder habe Angst, dass es schlimm werden könnte.
> *Mama von Lucas*

Gerade weil es keine »Gebrauchsanweisungen« oder »Leitfaden« für Eltern gibt und diese Eltern nur auf einen sehr energieintensiven oder energieraubenden Suchprozess zurückgreifen können, der immer wieder ihre Aufmerksamkeit erfordert, benötigt ein Kind mit einem komplexen Trauma oder einer Bindungstraumatisierung so viel mehr von seinem Umfeld. Es ist wie Fahren in einem fremden Land ohne Navigationssystem, in dem man dennoch seinen Weg zu finden versucht. Das bedeutet, dass man sich ständig voll auf den Verkehr zu konzentrieren hat. Ein Moment der Unachtsamkeit wirft einen wieder einen (oder mehrere) Schritt(e) zurück. Gerade aus diesem Grund benötigen und verdienen Personen aus dem näheren Umfeld eines Kindes mit einem komplexen Trauma, die sich für dieses Kind einsetzen, in welcher Funktion auch immer – als biologische Eltern, Pflege- oder Adoptiveltern oder in einem anderen Zusammenhang – ein traumasensibles, unterstützendes Netzwerk, sowohl innerhalb ihres privaten Umfelds (Familie und Freunde/innen) als auch durch professionell Beteiligte (Schule, Familienbegleitung, therapeutische Nachsorge, usw.) und manchmal auch durch externe Betreuer*innen (Jugendamt, Polizei, usw.). Indem die Reflexionsfähigkeit der Eltern dieser gefährdeten Kinder unterstützt wird, wird auch für die Kinder besser Sorge getragen.

Mehr als unter »normalen Erziehungsbedingungen« sollten sich Eltern, die für ein Kind mit einem komplexen Trauma verantwortlich sind, auf ein hilfreiches Netzwerk von Familie und Freund*innen verlassen können (Seghers, 2013). Ein funktionierendes soziales Netzwerk kann einerseits eine Quelle des Verständnisses, der empathischen Unterstützung und Erneuerung von Energie sein und andererseits praktische Hilfe bieten. Eltern benötigen Verständnis und erwarten, dass man sie ernst nimmt. Häufig gibt es dieses Verständnis, aber manchmal fehlt es auch einfach:

4 Notwendigkeit reflektierender und haltender Eltern und Umgebungen

Ein Lehrer ist zum Beispiel der Meinung, immer wieder aufs Neue sagen zu müssen, dass Lias Eltern, was Planung und Veränderung betrifft, ziemlich streng und wenig flexibel sind, obwohl wiederholt mitgeteilt wurde, wie Lia zu Hause bei ungeplanten und unvorhersehbaren Aktivitäten vollkommen ausraste.

Eltern erleben manchmal authentisches Verständnis in kleinen Gesten, wie z. B. wenn ihr Kind zum Sport oder in eine Ausstellung mitgenommen wird, auch wenn dies mit Sicherheit Angst bei dem Kind auslöst, das so wenig Distanz und Trennung ertragen kann. Andererseits erfahren Eltern, dass praktische Hilfe viel ausmachen kann, wenn beispielsweise Tante oder Onkel oder die Großeltern das Kind regelmäßig zum Übernachten einladen, damit die Eltern einen Abend und Morgen für sich haben, um sich wieder etwas erholen zu können.

Oder wie Lauras Schule immer wieder bei jedem neu auftretenden Problem nach neuen Wegen sucht: Nachdem die Lehrerin eine Verhaltenskarte für Vorfälle bei Busfahrten bereitgestellt hat und sich mit Laura mehrmals darüber unterhielt, hat Laura ihr Verhalten jetzt viel besser unter Kontrolle. Zurzeit ist Laura gänzlich mit Verliebtsein beschäftigt, was Unruhe ins Klassenzimmer bringt. Die Lehrerin bespricht dann die Themen »Verliebtsein«, »Beziehungen und Sexualität«, was »privat ist und was man in einer Gruppe erzählen und nicht erzählen kann«.

Manchmal vergleichen Eltern ihre Situation mit einem Sandwich, eingeklemmt zwischen der Betreuung ihres verletzten Kindes einerseits und den gesellschaftlichen Erwartungen an das Kind und ihre Erziehung andererseits.

»Es gibt so viele Überlegungen, die anzustellen sind, und immer wieder frage ich mich, wie geht es weiter? Muss ich darauf eingehen? Oder bleibe ich bei meinem Standpunkt? Wenn der Lehrer zu mir sagt: Er war wieder außerordentlich unhöflich zu mir, dann sage ich oft: Ich bespreche das lieber nachher zu Hause. In so einem Augenblick kann man damit doch nichts anfangen. Aber natürlich muss man etwas unternehmen.«
Mama von Lucas

Darüber hinaus haben die Eltern auf der Suche nach einem Gleichgewicht mit dem Kind gelernt, einige Dinge so zu tun, dass Eskalationen vermieden werden können. Sie haben gelernt, ihren Weg so zu gehen und so zu erziehen, dass nicht versucht wird, zu viel auf einmal zu erreichen. Oft ist es der/die gut strukturierte und verständnisvolle Fußballtrainer*in oder der/die Tanzlehrer*in, der/die es einem traumatisierten Kind ermöglicht, ein Hobby auszuüben. Diese Betreuer*innen sorgen dafür, dass die Kinder während des (Sport-)Trainings die Kontrolle über sich selbst erlangen und ein soziales Experimentierfeld finden, in dem sie das üben können, was ihnen oft so schwerfällt: stabile und dauerhafte Beziehungen zu finden, auch wenn es Schwierigkeiten und Konflikte gibt.

4.10 Traumasensible Hilfestellung

> Aber sie (die Polizei) muss doch sehen können, dass es sich um eine Familie mit einem verletzten Kind handelt, das gerade probiert, sich zu bessern.
> *Mama von Marianne*

Neben dem erhöhten Unterstützungsbedarf aus dem »persönlichen Netzwerk« von Familie und Freund*innen haben Personen, die ein Kind mit einem Bindungstrauma pflegen und erziehen, aufgrund des besonderen Unterstützungsbedarfs ihres Kindes auch häufiger Kontakt mit Professionellen (Schule, Pflegefamiliendienst, Adoptionsorganisation, u. a.) und externen Betreuenden (Ärzt*innen, Jugendamt, Polizei, usw.). Der Bedarf an traumasensibler Unterstützung ist wegen der zahlreichen Probleme, die bereits beschrieben wurden, groß. Wichtig ist es, dass das Problem »komplexes Trauma« von den Therapeut*innen erkannt wird, damit diese Kinder nicht wiederholt entsprechend einer Vielzahl unterschiedlicher Beschwerden, Probleme und Diagnosen behandelt werden, denn wechselhaftes Verhalten und zahlreiche Probleme sowie mehrfache Diagnosen sind charakteristisch für ihren Zustand.

Eltern fühlen den Bedarf nach Unterstützung noch intensiver, wenn ihr Kind mit einem komplexen Trauma – und erst recht der/die heranwachsende Jugendliche – seine/ihre Verwirrung über Identität und dem Gefühl »(n)irgendwo zu Hause sein« auf intensive, chaotische oder dramatisierende Weise ausdrückt, z. B. durch Weglaufen oder durch ein anderes acting-out Verhalten. Sie berichten, wie sie gerade dann – in den verletzlichsten und ängstlichsten Momenten – zu wenig Verständnis für das Verhalten ihrer traumatisierten Kinder erfahren. Sie fühlen sich im Stich gelassen, verurteilt oder selbst angegriffen, so als wären sie keine guten Eltern.

So erzählt Mariannes Pflegemutter, als Marianne von zu Hause weggelaufen war, dass jemand vom Jugendamt beauftragt wurde, die gesamte Familie in den Blick zu nehmen, um festzustellen, ob Marianne in einer »problematischen Familiensituation« aufwachsen würde. Als die Pflegeeltern während der Gespräche etwas über den Hintergrund ihrer Tochter mitteilen wollten, hielt der Mitarbeiter den der Vergangenheit zugeordneten Hintergrundaspekt für »irrelevant, denn es gehe ja nicht um früher, sondern um das Jetzt«. Mariannes Eltern fanden es außerordentlich frustrierend, dass ein Außenstehender über die Unterbringung in einem Heim oder zu Hause entscheiden dürfe, ohne den Kontext zu begreifen: »Wenn man den Hintergrund unserer Tochter nicht wichtig findet, begreift man doch gar nicht, wie die jetzige Situation entstanden ist. Wenn man in einer solchen Situation mit der Polizei in Kontakt kommt, erwartet man eigentlich Hilfe. Sie helfen, das Kind wieder zu finden. Sie fahren mit ihren Autos herum, was natürlich beruhigend ist. Vielleicht kann man ja von einem Polizeipsychologen nicht erwarten, dass er sich auch noch mit Trauma auskennt und dieses selbst noch versteht. Das ist der

Grund, warum man sich auf die Suche macht, um die Antwort in Fachbüchern zu finden. Es ist einfach schade, dass man als Eltern so wenig Unterstützung bekommt.«

When faced with parents and an adopted teenager who are intensely conflicted, clinicians may have trouble maintaining a nonjudgmental stance; they may overlook the possibly transient nature of the crisis. Stressed and uncertain by the painful affects and deep ambivalence of family members, they may wish to intervene actively to ›rescue‹ someone and end the distress they are witnessing. An un-attuned psychiatrist, state social worker or judge may thus simplify the task as saving the ›good‹ parents from the ›bad‹ adolescent or vice versa. In either case, intervention may contribute to family disruption and another breakdown of attachment, since the end result is often a weakening of the adoptive placement itself, notwithstanding that the child is a legal member of the family and that this membership may be the best hope of a troubled and looked after or adopted child. (Nickman et al., 1994, S. 753)

Solche Erfahrungen erschweren es den Eltern, in ihrer Erziehungssituation um Hilfe zu bitten.

Ich war ja schon so froh, dass wir für unsere Tochter einen Psychotherapeuten gefunden haben, zu dem wir jede Woche hingehen können. Aber dass auch ich noch jede Woche mit jemandem reden soll, wird mir einfach zu viel. Es kostet so unwahrscheinlich viel Zeit. Eigentlich muss man immer da sein, immer. Und man landet ständig in so vielen anstrengenden, verletzenden und schwierigen Situationen. Dann erst fällt einem auf, wie viel anstrengender das für dein Kind sein muss; als Eltern will man immer erst seinem Kind helfen und erst später merkt man, wie erschöpft man selbst ist. Zum Glück habe ich meine Mutter und meine Schwester, mit denen ich viel reden kann, aber es ist nicht einfach, Hilfe zu finden. (...) Manche Therapeut*innen begreifen diese Problematik einfach nicht, und wir als Adoptiv- oder Pflege-eltern sind manchmal indirekt betroffen von den Langzeitfolgen des Bindungstraumas unserer Pflege- oder Adoptivkinder.
Mama von Marianne

Behandlung: Von der Verletzung zur Narbe

Wie Kinderpsychotherapie sowie Eltern- und Kontext- oder Netzwerkberatung zur Genesung von einem Bindungstrauma beitragen können

Einleitung

Im zweiten Teil dieses Buches wollen wir anhand von Beispielen aus der kinderpsychotherapeutischen Praxis einen Einblick bieten, was in der Innenwelt von Kindern mit einem komplexen Trauma geschieht und was dieses für Pflege- oder Adoptiveltern und andere versorgende Personen bedeutet. Wir beschreiben, wie wir in unserem Praxiszentrum ›Praxis P‹ (Praxiszentrum der Fakultät Psychologie und Erziehungswissenschaften der Universität Leuven, Belgien) mit einem aktuellen psychodynamischen Therapiemodell mit diesen Kindern arbeiten, um ihnen zu helfen, konstruktivere Wege zu einer gelungenen Entwicklung zu finden und die zuweilen lebenslangen Spuren, die komplexe Traumata und Bindungstraumatisierungen hinterlassen, zu verarbeiten. Dieses Buch ist weder ein Handbuch über die von uns eingesetzten spezifischen Methoden und Techniken noch beschreiben wir einen Behandlungsrahmen, in dem sich diese Arbeit abspielt.[4] Wir konzentrieren uns hier auf einen Einblick in den Behandlungsraum und in die Denkprozesse der Therapeutin/des Therapeuten. Dazu ist es wichtig Folgendes zu wissen: (1) Wir schaffen – zugeschnitten auf ein Kind und seinen Kontext – einen Behandlungs- oder Beratungsrahmen mit drei unterschiedlichen Ansatzpunkten, einem für das Kind, einem für die (Pflege- oder Adoptiv-)Eltern und einem (da, wo es sinnvoll und hilfreich ist) für den Kontext oder das größere Netzwerk, wobei das Zusammenspiel dieser drei Ebenen ausschlaggebend ist, um therapeutisch effektiv zu sein. (2) Wir verwenden kindgerechte Kommunikationsmittel wie Spielen, Zeichnen und Erzählen. (3) Wir behalten immer im Auge, dass Kinder mit einem komplexen Trauma im Laufe ihres Lebens mit Schwierigkeiten und Verwundbarkeiten in vier wesentlichen Bereichen konfrontiert sind: die Entwicklung eines persönlichen Narrativs, die Selbst- und Emotionsregulation, die Beziehungsentwicklung und die Identitätsentwicklung. Abhängig von den persönlichen Erfahrungen, die das Kind in seiner einzigartigen Lebensgeschichte gemacht hat und der Lebensphase, in der es sich jetzt gerade befindet, können unterschiedliche Motive aus einem oder mehreren Bereichen in den Vordergrund rücken.

---

4 Wenn Sie sich für die theoretischen und technischen Aspekte dieser Arbeit und ihre empirische Grundlage interessieren, verweisen wir Sie auf die Bibliografie sowie auf die therapeutische Richtlinien in ein Buch von: Vliegen, N., Tang, E., Midgley, N., Luyten, P. & Fonagy, P. (in Vorbereitung), *Children recovering from complex trauma: A three-track contemporary psychodynamic treatment approach* (*Guidelines for Dynamic Complex Trauma Therapy, DCTT*). London: Routledge.

Unsere Beratungsarbeit gründet auf der therapeutischen Erkenntnis, dass jede Veränderung – auch wenn sie noch so klein ist –, die hier und jetzt erreicht werden kann, zu einer großen Veränderung im späteren Entwicklungsverlauf eines Kindes beitragen kann und für dessen Zukunftsperspektiven entscheidend ist. Also mit anderen Worten: »Jeder Kapitän weiß: ein Schiff muss nur ein paar Grad den Kurs ändern und schon kommt man in einen anderen Hafen an«, um den niederländischen Romanautor Adriaan Van Dis (in: Knack, 18. September 2007) zu zitieren.

Ein Beratungsrahmen, ein dreiteiliges Angebot

Im Rahmen der individuellen Psychotherapie kann das Kind mit dem beginnen, was in seiner inneren Welt vor sich geht oder sich in seiner Erfahrungswelt aktuell abspielt. Dieser individuelle Rahmen gibt dem Kind den experimentellen Raum, in dem es spielen, malen und über Dinge reden kann, von denen es denkt, dass sie für andere »verrückt«, »seltsam« oder »unverständlich« sind. Die Tatsache, dass der/die Therapeut*in nicht zum Alltag des Kindes gehört, ermöglicht es dem Kind, Aspekte von sich mitzuteilen, ohne dass dies Konsequenzen für seine Alltagsrealität hat. Dies gibt dem Kind ein gewisses Maß an Sicherheit und Freiheit, Erfahrungen und Ängste mitzuteilen, die es vor der Außenwelt zu verbergen versucht, gerade weil sie sich so »seltsam« anfühlen und von der Außenwelt als bedeutungslos und irrational wahrgenommen und benannt werden.

Manchmal bevorzugen wir jedoch die Eltern-Kind-Beratung gegenüber einem individuellen Therapieprogramm: (1) bei kleinen Kindern bis zu einem Alter von etwa fünf Jahren; (2) wenn die Bindung zwischen Kind und Eltern noch wenig ausgeprägt ist, so dass diese Verbindung übermäßig belastet werden könnte, wenn das Kind eine persönliche Beziehung zu Psychotherapeut*innen eingeht; (3) wenn Sprache und Ausdrucksfähigkeit des Kindes noch so begrenzt sind, dass das Kind überwiegend nur durch Sprechen mit den Eltern in der Lage ist, sich mit seiner inneren Welt zu verbinden; (4) wenn die innere Welt des Kindes so intensiv bedrohlich oder beängstigend ist, dass eine individuelle Psychotherapie entweder das Kind zu intensiv belasten würde oder es Gefahr läuft, sich in einem defensiven und repetitiven Spiel festzusetzen. Manchmal werden Kinder während ihres Therapieprozesses vorübergehend schwieriger für ihre Umgebung, was die ohnehin schon zerbrechliche Verbindung mit den Eltern und/oder dem weiteren Umfeld zusätzlich belasten kann. Dies ist an sich keine Kontraindikation für einen individuellen kindertherapeutischen Prozess, jedoch hat der/die Therapeut*in den Zeitpunkt zu berücksichtigen, ab dem mit dem Kind individuell gearbeitet werden kann.

Auf familiärer Ebene wird in Gesprächen mit Eltern und/oder der weiteren Familie zum einen danach gesucht, wie sie ihr Kind besser verstehen und besser auf seine Bedürfnisse und seine Art der Kommunikation eingehen können, um der Weiterentwicklung des Kindes so viele Wachstumschancen wie möglich zu geben.

Andererseits wird mit den Eltern nach Wegen gesucht, wie sie die spezifischen Herausforderungen, denen sie als Eltern gegenüberstehen, annehmen und mit ihrem Kind besprechen können. Während man früher bisweilen davon ausging, mit einem individuellen therapeutischen Angebot ausreichend Bewegung in einen vulnerablen Entwicklungsverlauf eines Kindes mit einem Trauma zu bringen, belegt die Literatur der letzten Jahrzehnte, dass ein solcher Ansatz – inspiriert durch die Arbeit mit Erwachsenen – auch bei Kindern unzureichend ist und dass die Arbeit mit dem unmittelbaren und erweiterten Kontext eines Kindes für die therapeutische Wirksamkeit einer Maßnahme unerlässlich ist.

Auf der Kontextebene ist es oft wichtig, das breitere soziale und/oder das Hilfeleistungsnetzwerk einzubeziehen, da bei diesen Kindern in verschiedenen Kontexten Probleme auftreten können. Gesprächsrunden mit allen Beteiligten rund um das Kind bieten ein Forum für die reflektierende Suche, wie man eine für das Kind weniger komplizierte Umgebung schaffen kann, in der dessen verletzliche Entwicklung so konstruktiv wie möglich gestaltet und unterstützt werden kann. Es ist unerlässlich, ein gemeinsames Projekt mit der bestmöglichen Abstimmung und Koordination zwischen den verschiedenen beteiligten Stellen zu erarbeiten. Das afrikanische Sprichwort »it takes a village to raise a child« gilt für alle Kinder, aber für diese gefährdeten Kinder gilt dies in noch viel größerem Maße. Für Eltern und Familie ist es wichtig, dass ein zugewandter und hoffnungsvoller Rahmen entsteht, in dem sie sowohl von den Berater*innen als auch im unmittelbaren Umfeld Gehör finden, wenn sie Anzeichen einer problematischen Entwicklung bei ihrem Kind bemerken. »Hope is important, because it can make the present moment less difficult to bear. If we believe that tomorrow will be better, we can bear a hardship today« (Nhat Hanh, 1995, S. 41).

Kinderpsychotherapie im Therapiezimmer: spielen, malen und erzählen

Kinder drücken Aspekte ihrer inneren Welt mit Sprache aus, aber auch in Zeichnungen und beim Spielen. Um darüber zu reden, verwenden wir in diesem Buch oft das Wort »erzählen« im Sinne von »sich ausdrücken«. Kinder drücken aus, wie sie die Welt um sich herum erfahren, über sie träumen und über sie fantasieren. Sie machen dies mit den Kommunikationsmitteln, die ihnen zur Verfügung stehen. Bei Kindern ist das »Erzählen« nicht nur ein sprachliches Ereignis, sondern auch ein »spielendes und malendes Symbolisieren«. Wir folgen dabei Desmarais (2006, S. 350): »Whilst joint play is implicated in many aspects of development, one of its important potential consequences for the child is a sense of feeling seen, heard and understood.« Kinder haben ja diese drei wichtigen

Kommunikationskanäle (spielen, malen und erzählen), um in Kontakt mit dem Geschehen in ihrer Innenwelt zu kommen und es anderen zu zeigen. Erzählend, spielend und malend bauen sie an ihrer Geschichte über ihre persönlichen Erfahrungen. Ob eine Zeichnung, eine Malerei, ein Gemälde oder Tonarbeit, eine Geschichte, ein Marionettenspiel oder ein Rollenspiel, jedes Mal behandelt dies einen Aspekt ihrer Erfahrungswelt. Dies ist sicherlich dann der Fall, wenn dem Kind eine vorhersehbare Zeit und ein überschaubarer Raum (Rahmen und Spielzimmer) innerhalb einer Beziehung mit einer Therapeutin/einem Therapeuten angeboten werden, die/der darin ausgebildet ist, den Erfahrungen zuzuhören und gemeinsam darüber nachzudenken.

> Optimally, the child's expressions are received and shared by an adult who frames them with empathy, attention, acknowledgement, and validation: When we play with a child, we let the child know that we are there to be told. (Slade, 1994, S. 95)

Kindertherapeutische Interventionen basieren oft auf dem Spielen, weil Spielen die Sprache des Kindes ist und weil Spielen das ideale Medium ist, in dem das Kind unweigerlich alle seine Lebensbereiche aufgreifen und verarbeiten kann. Bei einem Spiel geht es um (1) intentionales Verhalten, das im Inhalt des Spiels zum Ausdruck kommt, (2) auf freiwillige und angenehme Weise – Spiel hat keinen unmittelbaren Zweck – entsteht, (3) in einer Umgebung, die so frei wie möglich von Stress oder Bedrohung ist (Gaskill & Perry, 2014). Dies ist entscheidend, damit sich das Kind frei genug fühlt, um unbekümmert darzustellen, womit es beschäftigt ist, und um die schwierigeren oder verborgenen Anteile seiner inneren Welt zu zeigen. Spielen bietet dem Kind ein Medium, um auszudrücken, was in seiner inneren Welt geschieht (Fonagy et al., 2002b). Denn spielend und malend drückt das Kind etwas von seinen Fantasien und Ideen aus – so wie es sie in seiner bisherigen Lebensgeschichte erworben hat (Meurs, 2009).

In Kapitel 5 beschreiben wir, wie mit Kindern im Spielzimmer als Basis für einen psychotherapeutischen Prozess gedacht, gesucht, gesprochen, gemalt und gespielt wird, mit dem Ziel, dem Kind zu helfen, sich selbst zu finden, sich kennenzulernen und sich besser zu verstehen. Manchmal geht es zuerst darum, zu verstehen, was das Kind denkt und fühlt und was sich im Körper und Kopf des Kindes abspielt. Auf diese Weise bauen wir narrative und weitere Ausdrucksmöglichkeiten auf. Wenn man sich als Kind besser kennt und versteht, kann man mit diesem Wissen nach neuen Wegen suchen, um sich gegenüber sich selbst und seiner Umgebung konstruktiver zu verhalten.

Was Psychotherapie bei Kindern mit einem komplexen Trauma bedeutet

> Regulate, then relate, then reason. (Perry, 2016)

Ein erster wichtiger Bereich, der bei Kindern mit einem komplexen Trauma therapeutisch relevant ist, ist die Regulierung: der Aufbau von Möglichkeiten zur Selbstregulation, -wirksamkeit und -bestimmung, insbesondere in Zeiten großer Unruhe (Lieberman & Van Horn, 2011; Perry, 2016). Kinder mit einem komplexen Trauma leben ständig mit der Gefahr der Dysregulation. Ihr affektives Gleichgewicht verschlechtert sich bei Spannungen sehr schnell, was sich dann auch auf ihre Beziehungen zu anderen und das Lernen in der Schule auswirkt. In Kapitel 6 vertiefen wir, wie dies als »biopsychosoziale Falle« (Shalev, 2000) wirkt, in der ein Kind landen kann. Das bedeutet also, dass sich ein Kind mit einem komplexen Trauma diesbezüglich selbst sehr gut kennen muss, um das prekäre Regulationsgleichgewicht für sich und im Kontext mit anderen aufrechtzuerhalten, mit dem Ziel, dass sich diese Falle nicht auf seine eigene Entwicklung und seine Beziehungen zur Umwelt auswirkt, seine Entwicklungschancen wieder verloren gehen oder die förderliche Umgebung aufgegeben wird und es zu erneuten Bindungsabbrüchen kommt.

Wo eine beginnende oder entfaltende Fähigkeit zur Selbstregulation die ersten Momente der Ruhe in der unruhigen Innenwelt eines Kindes mit einem komplexen Trauma schafft, kann es auch anfangen Beziehung zu erleben. In Kapitel 7 zeigen wir, wie wir in der Psychotherapie Kindern begegnen, die mit ihren Schwierigkeiten, Bindung und Verbundenheit zu erfahren, ringen, und wie wir ihnen helfen, sich selbst als eine Person zu erfahren, die in der Lage ist, eine Verbindung herzustellen oder »Brücken« zu den ihnen nahestehenden Personen zu bauen.

Mit einem komplexen Trauma zu leben, bedeutet darüber hinaus, dass das Kind ein qualitativ »anderes« Selbstgefühl und eine für andere schwer nachvollziehbare Lebensgeschichte mitbringt. Es hat Dinge erlebt, die sich die Personen in seiner Umgebung kaum vorstellen können oder höchstens aus Filmen oder Büchern kennen. In Kapitel 8 betrachten wir, wie an der Wiedererlangung von Selbstbewusstsein und Vitalität sowie an einer kohärenten Lebensgeschichte gearbeitet wird, in der Aspekte des Traumas innerhalb einer gut regulierten therapeutischen Beziehung (wieder) erkannt werden und einen Platz finden können. Um den psychotherapeutischen Prozessen Gestalt zu geben, die versuchen, die Entwicklung von Kindern mit einem komplexen Trauma auf einen besseren Weg zu bringen, konzentrieren wir uns auf diese vier entscheidende Bereiche (*developmental domains or lines*), die wir in einer gemeinsamen Perspektive zusammenbringen: Regulierung, narratives Selbstgefühl, Bindung/Beziehung und Identität.

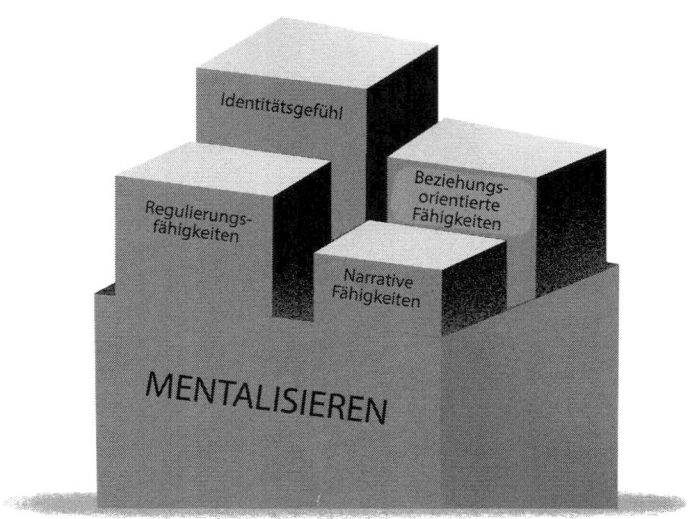

5   Das Spielzimmer als Ort des sich Wiederfindens

5.1 Spielen, Malen und Erzählen bei Kindern mit einem komplexen Trauma

> Was ich an Maya so sehr vermisse, ist ein gutes Gespräch. Wenn ich sie frage, wie ihr Schultag war, antwortet sie »gut« und auf die nächste Frage, was sie so alles in der Schule gemacht hat, folgt »alles«.
> *Papa von Maya*

> Wenn irgendetwas in der Schule los war, kam Lucas meist vollkommen durcheinander nach Hause. Er konnte selbst nicht rekonstruieren, was passiert war. Man musste dann wirklich solche Fragen stellen wie: »wer, was, wie, wo, wann, warum und weshalb…«
> *Mama von Lucas*

In der Kinderpsychotherapie kann ein Kind beim Spielen, Malen und Erzählen erleben, dass es zusammen mit Psychotherapeut*innen Begriffe und Bilder finden kann, die zu Trägern von Erfahrungen werden und diesen eine Bedeutung geben. Auf diese Weise kann es erfahren, dass die Sprache Unterstützung und Struktur für das Denken und Fühlen bieten kann. Bei Kindern mit einem komplexen Trauma findet in der ersten Phase eines psychotherapeutischen Prozesses jedoch eine Menge »Vorarbeit« statt, bevor für Erfahrungen Worte und Bilder »einfach« geschaffen werden können. Dieser Prozess ist schließlich davon abhängig, wie unterschiedlich sich Kinder mit einem komplexen Trauma in ihrer Erzähl- und Spielfähigkeit entwickeln. Gerade Kinder mit einem komplexen Trauma haben oftmals Schwierigkeiten beim Erzählen, Malen und Spielen, während das »Erzählenkönnen« jedoch eine wichtige Rolle im Leben eines jeden Menschen spielt. Die Fähigkeit zu erzählen – die sogenannte »narrative Kapazität« – liefert wesentliche Bausteine für Erfahrungen in verschiedenen Entwicklungsbereichen. Erzählend und mitteilend verbindet man sich mit anderen: Sich abends zu erzählen, wie der Tag war oder in der Schule mitzuteilen, was man am Wochenende so alles erlebt hat, erschafft und erhält eine Verbindung zu der Person, mit der man spricht. Anderen zu erzählen, was man erfahren hat, hilft auch, sich wieder zu regulieren, wenn etwas einen aus dem Gleichgewicht gebracht hat. Darüber hinaus sind narrative Fähigkeiten wichtig für den Aufbau des Selbstbildes: »Wer bin ich?«, »Woher komme ich?« und »Wer werde ich später?« (›a narrative sense of self‹, Stern, 1985 und 1989).

Aus verschiedenen Gründen sind die narrativen Fähigkeiten eines Kindes mit einem komplexen Trauma eingeschränkter bzw. anders, als die von Kindern, die in »genügend guten« (»*a good enough and facilitating environment*«, Winnicott; »*a normal average environment*«, Hartmann) Verhältnissen aufwachsen. Der erste Grund ist entwicklungspsychologisch bedingt: Traumatisierte Kinder hatten oft weniger Chancen, das Erzählen von Erfahrungen zusammen mit versorgenden Personen zu »üben«. Der zweite Grund hat damit zu tun, dass das Kind zu früh und zu sehr mit überwältigenden Erfahrungen konfrontiert wurde. Zu intensive oder zu überwältigende Erfahrungen machen uns »sprachlos«, sie übersteigen unsere narrativen Fähigkeiten. Wenn es sich dazu noch um Erfahrungen handelt, die stattfinden, noch bevor Worte zur Verfügung standen, wird das Ganze noch um Einiges komplizierter. Schließlich befinden sich jene Erfahrungen, die sich noch nicht in Sprache und Erzählung festhalten lassen, jedoch im Verhalten und im Spielen oder in Zeichnungen zum Ausdruck kommen, zunächst noch auf einer niedrigeren oder entwicklungspsychologisch früheren Stufe der Symbolisierung. Im Endeffekt können zu wenig symbolisierte traumatische Erfahrungen wie alptraumartig oder wie aufpoppende Störsignale im Körper und im Kopf bestehen, wodurch das innere Gleichgewicht beeinträchtigt wird, ohne dass das Kind und die versorgenden Personen gut verstehen, woher diese »fremden« Gedanken, »unvorhersehbaren« Verhaltensweisen oder »fremden« Spielinhalte und Bilder plötzlich kommen. Dies kann das Kind erneut in Schwierigkeiten bringen: So kann es zuweilen erleben, wie sich wichtige Personen – wie etwa (Pflege- oder Adoptiv-)Eltern, Geschwister, Lehrer*innen und Freund*innen – durch das eigene Handeln oder Spielen unbehaglich fühlen, weil dieses Verhalten oder Spiel etwas von einer »verletzten« und damit »fremden und beschädigten« Innenwelt zeigt.

5.2 Narrative Entwicklung: die ersten Geschichten im Leben sind »*Co-Constructions*« (gemeinsame Konstruktionen)

Um zu begreifen, wie die narrative Entwicklung von Kindern mit einem komplexen Trauma – eingeschränkter bzw. anders, im Vergleich zu Kindern, die unter »genügend guten« Umständen aufwachsen – verläuft, wird kurz erläutert, wie sich die Entwicklung eines narrativen Selbst in der Interaktion mit versorgenden Personen im Normalfall darstellt. Die ersten Geschichten entstehen unter »genügend guten« Umständen, im Kontext sogenannter »Co-Konstruktionen«: Eltern und andere versorgende Personen reichen sorgfältig Worte an für Erfahrungen, die sie bei ihrem Kind wahrnehmen oder die sie sich vielleicht sogar lediglich bei ihrem Kind in dieser Situation vorstellen.

Durch das gemeinsame Entwickeln von Geschichten über die Erfahrungen des Kindes werden diese in einen »narrativen Strom« aufgenommen:

> So kommt beispielsweise Johanna, ein zweijähriges Kind, aus der Kindertagesstätte nach Hause.
> Johanna: Miranga Buch zählt.
> Mama (erstaunt): Ah, hat Miranda dir von einem Buch erzählt?
> Johanna: Jaaa, Musti
> Mama: Aha, geht es in dem Buch um Musti?

Johanna: Jaa, ko-ko-dil auch.
Mama: Und sogar noch um ein Krokodil?
Johanna: Ko-ko-dil wene.
Mama: Und das Krokodil hat geweint?
Johanna: Kanin auch.
Mama: Gab's da auch noch ein Kaninchen?
Johanna: Ja, Kaninchen bos.
Mama: War das Kaninchen böse? Was hat denn das Kaninchen gemacht?
Johanna (stampft mit ihren Füßen auf den Boden): Spinge, Spinge, Dreck.
Mama: Sprang das Kaninchen in den Dreck?
Johanna: Jaaa! Nicht tun! Darf nicht! (Johanna hebt streng spielend einen Finger in die Luft). Duh, duh, duh, Kaninchen! (›Duh, duh, duh‹ ist Kindersprache und bedeutet ›verboten‹, ›nein, nein, nein‹).

Durch dieses gemeinsame Erschaffen (co-kreieren) von Geschichten, erfährt ein Kind, dass »geteilte Freude zu einer doppelten Freude werden kann«, und dass zusammen mit Mama oder Papa spielerisch und intensiv über das ungezogene Kaninchen gelacht werden kann, was das Vergnügen des Vorlesemoments in der Kindertagesstätte noch einmal vergrößern kann und die Affekte, die mit dieser Geschichte verbunden sind, erneut aufleben lässt. Auf die gleiche Art und Weise lernt ein Kind, dass »geteilter Schmerz halber Schmerz ist«, dass man durch das Erzählen von etwas, das weh getan oder traurig gemacht hat, der Schmerz oder die Traurigkeit hierdurch teilweise verringert werden kann. Durch das Erzählen werden Erfahrungen und Erinnerungen von Ereignissen stärker in der Sprache verankert und kleine Geschichten über positive Momente im Leben geschaffen (»Erinnerst du dich noch daran, als wir über das kleine böse Kaninchen so lachten?«), genauso wie über die schmerzhafteren Momente und Verletzungen (»Erinnerst du dich noch daran, als du von der Treppe gefallen bist und an der Stirn geblutet hast? Schau, hier ist noch die Narbe«). Diese Geschichten, die Eltern zusammen mit und über ihr Kind gestalten und in denen zum Ausdruck kommt, dass sie ihr Kind und seine Erfahrungen ernst nehmen, wirken wie eine Tragfläche, wie ein schützender Rahmen oder wie eine Art Briefumschlag (»*les enveloppes contenants*«, »*containing enveloppes*«, Anzieu), in dem die Erfahrungen getragen, gehalten und aufbewahrt werden und Bedeutung bekommen können.

Wenn ein Kind in den ersten Lebensjahren die Entwicklung von solch einem »narrativen Briefumschlag« verpasst, ist die Basis kleiner, um die Fähigkeit zu entwickeln, von sich selbst zu erzählen, was jedoch ein wichtiger Aspekt der Selbstentwicklung ist. Schließlich fehlt dem Kind die Erfahrung, dass Ereignisse erzählerisch geteilt werden können und dass das Austauschen über Erfahrungen beruhigend oder erfreulich sein kann (Yanof, 2019). Mit anderen Worten haben manche Kinder weder erfahren können, dass »geteilter Schmerz halber Schmerz« ist, noch dass »geteilte Freude« noch einmal erlebt werden und »doppelte Freude« hervorbringen kann. Manchmal sind die narrativen Fähigkeiten dieser Kinder begrenzt, während an der Sprachentwicklung selbst nichts auszusetzen ist. In der Theorie bedeutet dies, dass einige dieser Kinder eine gute »Sprache« entwickelt haben, mit einem akzeptablen Wortschatz und einer korrekten Grammatik, und deshalb gut abschneiden, wenn ihre verbale Intelligenz getestet wird, dies jedoch noch nicht garantiert, dass das Kind die Sprache auch einsetzen kann, um etwas Affektives über sich selbst und seine sozialen Beziehungen mitzuteilen. Die Worte werden nicht zu einer Sprache, die ausreicht, um frühere Erfahrungen oder auf das affektive Erleben bezogenen Formen des Selbstgefühls auszudrücken. Vielmehr sind die Worte zu »leistungsschwach«, um die persönliche Lebensgeschichte formulieren zu können.

Infolgedessen sind etliche dieser Kinder weniger gut ausgerüstet, um Erfahrungen sprachlich zu vermitteln und diesen einen Platz in ihrer eigenen Lebensgeschichte zu geben. Die Tatsache, dass Worte keine Basis für den »Erfahrungsstrom« (*the continuous flow of experiences*) bilden, der Teil des Alltags ist, hat Konsequenzen für die Art und Weise, wie das Kind Erfahrungen verarbeitet und wie es andere als Hilfe verwenden kann. Dies spricht der Vater von Maya an, wenn er sagt, wie sehr er ein gutes Gespräch mit seiner 10-jährigen Tochter vermisst. Sie beantwortet die Frage, wie es in der Schule lief, mit »gut«, und was sie so alles gemacht hat, mit »alles Mögliche«; ähnlich wie kleine Kinder im Vorschulalter noch viel co-konstruierende Unterstützung benötigen, um über ihren Schultag berichten zu können. Dasselbe hören wir von Lucas' Mutter, wenn sie erklärt, wie er das Geschehene selber nicht rekonstruieren konnte, als er aufgebracht von der Schule nach Hause kam und seine Mutter durch Fragen wie »wer, was, wo, wann, warum und weshalb...« versuchte, das Geschehene zu co-konstruieren, um zu erfahren, warum ihr Sohn so durcheinander war. Diese eingeschränkteren narrativen Fähigkeiten behindern die Verbundenheit mit anderen, wie Mayas Vater es auszudrücken weiß und/oder verhindern, dass das Kind sich selbst wieder reguliert und unter Kontrolle bekommt, wenn es aus der Fassung gebracht wurde, wie Lucas Mutter es beschreibt.

5.3 Wenn die bisherigen Erfahrungen zu intensiv sind und zu früh auftreten, um in Worte gefasst zu werden

Marthe, 15 Jahre alt, ruft ihre Mutter wegen eines kleinen Vorfalls in der Klasse an. Zu dritt arbeiteten sie an diesem Tag an einer Aufgabe, wobei der eine Mitschüler fragte: »Wie schreibt man eigentlich asymmetrisch?« Marthe sagt: »Mit einem s«, worauf der dritte Mitschüler entgegnet: »Nein, mit Doppel-s.« Hierauf sagt der erste Mitschüler zu Marthe: »Dann wird es bestimmt mit Doppel-s geschrieben, denn du bist ja dyslektisch.« (Dyslexie = Legasthenie) Marthe ist empört und findet es gemein, dass ihr Mitschüler sie nicht ernst nimmt. Ihre Mutter ist auch der Meinung, dass das nicht schön ist, und tröstet sie damit, dass sie es oft besser weiß, weil sie so viel übt. »Ich musste einfach kurz darüber reden, um es los zu werden«, beendet Marthe das Gespräch. Fröhlicher rundet sie ab: »Jetzt mach ich meine Mathehausaufgaben. Tschüss!«

In unserem täglichen Leben werden wir von einem Strom an Gedanken und Gefühlen, von Verlangen, Ängsten, Wünschen, Sorgen usw. gelenkt. Sie flitzen in Blitzesschnelle durch unsere Köpfe. Wir suchen nach Begriffen und Bildern für diese Gedanken und Gefühle: Das geschieht in den Kaffeepausen am Arbeitsplatz oder wenn wir uns nach einem langen Tag, an dem jede/r ihren/seinen eigenen Weg gegangen ist, als Partner*innen oder Familie wiedertreffen. Wir sprechen darüber, was wir erlebt haben und welche sonstigen Erfahrungen, Gedanken, Erinnerungen diese in uns hervorrufen. Manchmal haben wir im Verlauf des Tages Dinge gehört, gesehen oder mitgemacht, die uns glücklich und neugierig machen oder uns beruhigen; andere Dinge haben Irritationen, Ärger oder Kummer verursacht. Wie in dem oben beschriebenen Beispiel erwähnt, »müssen wir das manchmal einfach loswerden«, um wieder zur Tagesordnung zurückkehren zu können. Mitunter führt ein intensives Erlebnis am Tag zu einem Traumbild, das erst im Schlaf an die Oberfläche drängt. Andere Erfahrungen bleiben völlig unbewusst bzw. implizit in ihrem Einfluss auf uns und berühren uns, ohne dass wir explizit und bewusst darüber nachgedacht oder diese gefühlt haben. Bei Erfahrungen mit affektiver Intensität kann das Bedürfnis nach Worten groß sein. Wenn es um gute Nachrichten geht, können wir manchmal kaum warten, von der guten Note zu erzählen oder davon, schwanger zu sein, von der Beförderung oder dass endlich das Adoptivkind kommen kann. Wenn es sich jedoch um negative Erfahrungen handelt, ist reden manchmal dringend notwendig, um diesen Erfahrungen einen Platz zu geben: von einem Unfall, in den wir verwickelt waren, von einem schweren Konflikt mit einem Arbeitskollegen, von dem Stress im Stau, während die Kinder in der Schule warteten, der unangenehmen Erfahrung wegen einer vollkommen unerwarteten Entlassung, einem Kind, das zwischen seinen Eltern in der Klemme sitzt oder einer medizinischen Diagnose bei einem Elternteil usw. Wir reden oft wiederholt darüber, bevor wir das Gefühl haben, dass die Spannung ein wenig nachlässt. »Sich beruhigen, bedeutet darüber reden«, sagt der flämische Schriftsteller und Dichter Luuk Gruwez kurz und bündig (De Standaard, 7. September 2012).

Allerdings werden nicht alle Erfahrungen im bewussten verbalen Gedächtnissystem als »narrative Erfahrungen« gespeichert. Manche Erfahrungen sind so erdrückend und überfordernd, dass man sprachlos wird und sie einen nach Worten suchen lassen, die als hoffnungslos unzureichend empfunden werden. »Dafür gibt es keine Worte«, seufzen wir bei einem großen Verlust oder intensiver Ergriffenheit. Dies gilt für Erwachsene und ist bei Kindern noch viel ausgeprägter, da deren verbale und narrative Entwicklung sich noch mitten im Aufbau befindet. Wie spürt ein kleines Kind seinen Körper, wenn keine Nahrung kommt, wenn ein unangenehm nagendes Gefühl im Bauch sich zu verschärfen scheint und das Kind übelkeitserregende Bauchschmerzen entwickelt, während die Angst so groß wird, dass das Gefühl entsteht, dass dies nie wieder vorbei gehen wird? Das Baby oder Kleinkind hat noch zu wenig Verständnis von einem Zeitbewusstsein und noch zu wenig Erfahrung, dass sich solch eine Situation auch wieder ändern kann. Probieren wir uns kurz vorzustellen, wie es wäre, irgendwo mit Angst und Schmerzen absolut allein zu sein und dass dies geschieht, während der psychische Apparat weder Denken kann noch Sprache zur Verfügung hat, um Erfahrungen wie Hunger, Schmerz, Übelkeit, Einsamkeit oder Angst zu formulieren.

Stellen wir uns für einen Moment vor, dass dies geschieht, während der Muskelaufbau und die Motorik des Körpers noch nicht ausgereift sind, um diese Probleme selbst zu lösen. Es ist eine Übung, die uns Erwachsenen kaum gelingt, gerade weil wir über Sprache und einen – relativ – ausgereiften psychischen Apparat verfügen.

> Als Lucas zum ersten Mal bei uns war, wagte er es nicht, einzuschlafen. Das war unglaublich anstrengend, denn es blieb nichts anderes übrig, als ihn bei uns zu lassen, bis er einschlief. Es hat lange gedauert, bis wir verstanden haben, was die Ursache ist. Lucas war bereits anderthalb Jahre alt, als er ausgesetzt wurde. Vielleicht konnte er damals auch schon laufen. Das bedeutet also, dass jemand ihn im Schlaf abgelegt hat, denn sonst wäre er doch hinterhergelaufen? Sobald man dies begreift, denkt man in Momenten des mühsamen Einschlafens an seine Angst: »Wo werde ich wach, wenn ich nicht aufpasse? Ich darf nicht einschlafen!«
> *Mama von Lucas*

Eine Erfahrung, die nicht in einer narrativen sprachlichen Selbstdarstellung aufgenommen wird, bleibt im Körper und in der Seele wie eine Quelle plötzlich auftretender Störfaktoren bestehen: Es sind aufpoppende Störfaktoren«, die einen in einem Traum oder Alptraum, in einer körperlichen oder sensorischen Wahrnehmung oder in einer plötzlich unangenehmen oder störenden Handlung mit der Unverträglichkeit der Erfahrung konfrontieren (▶ Kap. 6). Um zu lernen, Erfahrungen richtig zu verorten und gut in einer Lebensgeschichte unterzubringen, braucht ein Kind während seiner Entwicklung erwachsene, versorgende Personen um sich herum, die – in einem fast ununterbrochenen Strom – den aufpoppenden Erfahrungen oder schwierigen Ereignissen Worte verleihen, damit diese allmählich einen Platz in der Lebensgeschichte (im Selbstnarrativ) finden und in ihr integriert werden können. Kinder mit einem komplexen Trauma drehen sich in diesem Entwicklungsbereich ständig um ihre eigene Achse. Häufig versagt zuallererst die nahe Umgebung in ihrer Funktion als »unterstützender narrativer Briefumschlag« oder als psychisches Containment, was bei dem Kind zu eingeschränkten narrativen Fähigkeiten führen kann. In der Folgezeit haben diese Kinder übermäßig intensive, negative Erfahrungen durchgemacht, die eigentlich ausgesprochen gute narrative Kapazitäten erfordern, um in einer Lebensgeschichte integriert zu werden. Dadurch ist ihre narrative Fähigkeit, Erfahrungen in den Strom oder die Assoziationsreihe des täglichen Sprechens und Denkens aufzunehmen, zu begrenzt geblieben, wodurch neue Erfahrungen verwirrend, anstrengend und belastend sind.

Durch so viele verwirrende, anstrengende und belastende Erfahrungen wird ein Kind mit einem komplexen Trauma oft dauerhaft im Denkvermögen und in seinen verbalen Ausdrucksmöglichkeiten gehindert, weil es – immer wieder – durcheinander gebracht wird. Unter Stress und Aufregung ist es dem Kind somit unmöglich, gut zu denken (▶ Kap. 6).

Im Alter von 18 Monaten wird Lucas nachts in einem Wohnviertel allein zurückgelassen. Er wird allein wach, herausgerissen aus seiner vertrauten Umgebung, ohne irgendeinen Weg zurück. Er wurde gefunden und untergebracht, im Alter von 2 Jahren adoptiert und fand ein neues Zuhause. Solche Erfahrungen sind zu dramatisch, zu beängstigend, zu verletzend, zu schwer fassbar für den sich noch entwickelnden und verletzlichen psychologischen Apparat, den ein sehr kleines Kind aufweist. Diese Erfahrung wird als eine Gesamtheit von körperlichen Empfindungen im Gedächtnis aufbewahrt, in Form von zersplitterten Bildern, Bedeutungsbruchstücken und plötzlichen überwältigenden Eindrücken. Die Schlafprobleme von Lucas und seine panischen Reaktionen beim Einschlafen, haben seine Eltern zu dem Gedanken veranlasst, dass er möglicherweise zurückgelassen wurde, während er schlief. Dieses Narrativ, dass seine Eltern um sein Schlafproblem herum entwickelt haben, klingt plausibel, da Lucas eineinhalb Jahre alt war, als er als Findelkind abgelegt wurde. Ein Kind von anderthalb Jahren kann nicht so einfach zurückgelassen werden solange es wach ist, da es den Eltern hinterherlaufen würde. Zudem stellen sich die Adoptiveltern von Lucas noch weitere Fragen, weil er so mit dem Essen beschäftigt ist. Da wird also auch etwas geschehen sein, vermuten sie, dessen Rekonstruktion zwar unmöglich sein wird, für das jedoch vielleicht trotzdem ein (nachträgliches) Narrativ entwickelt werden kann.

> Als wir ihn abholten (in seinem Heimatland), blieben wir mit ihm noch ein paar Tage in einem Hotel. Dort aß er seinen Teller so schnell wie möglich leer, um dann von unseren und den Tellern anderer Gäste im Hotel zu essen. Sobald wir zu Hause waren, wollte er nur mit einer Scheibe Brot in der Hand schlafen, damit er sicher sein konnte, dass er am nächsten Tag noch etwas zu essen haben würde. (…) Sein letzter Satz vor dem Schlafengehen war oft: »Was essen wir morgen?« Was wir am nächsten Tag essen würden, war an sich nicht so wichtig. Es schien mehr um sein Bedürfnis zu gehen, sicher zu wissen, dass es am nächsten Tag wieder etwas zu essen geben würde. Er brauchte diese Bestätigung, um einschlafen zu können.
> *Mama von Lucas*

Gerade weil solche Erfahrungen nicht in Worten und Bildern erfasst werden können, beginnen sie das Verhalten zu steuern und Beziehungen zu gestalten.

Erfahrungen, die in den Augen eines Außenstehenden »ganz normale« Erfahrungen sind – wie die Schlafenszeit oder die Erfahrung von Hunger – können für das bindungstraumatisierte Kind eine verstörende Bedeutung angenommen haben, die allerlei Überlebensmechanismen auslöst, wie z. B. das krampfhafte Aufpassen ja nicht einzuschlafen, sobald jemand einen ins Bett bringt.

5.4 Traumatrigger: Traumaspuren als Störsender beim Spielen, im Verhalten und in der Kommunikation

> Living in a chaotic emotional universe that, by virtue of its very disorganization, precludes disguise because it precludes symbolization. (Slade, 1994, S. 89)

Traumatische Erfahrungen sind überaus überwältigend für den psychischen Apparat eines Kindes, so überwältigend, dass dieser psychische Apparat aufhört zu funktionieren. Wie bei einem Kurzschluss stoppen jedes Denken, Vorstellungsvermögen, Fantasieren und Symbolisieren. Das Kind probiert krampfhaft jede Form der Erinnerung oder des Reflektierens auszuschließen. Symbolisches Spiel und metaphorische Kommunikation können sich nicht weiterentwickeln oder »fallen aus« und traumatische Erfahrungen werden nur noch in Form von sensorischen oder körperlichen Eindrücken registriert. Dadurch kommen Kinder mit einem komplexen Trauma oft nicht zu einem authentischen, erlebten und kreativen Symbolspiel, oft bleibt ihr Spiel im Modus »Vorbereitung zum Spiel« hängen: im Puppenhaus wird aufgeräumt und alles wird bereitgestellt, immer und immer wieder, ohne dass das Spiel je wirklich beginnt. Manchmal sagen dann die Eltern: »Sie spielt nie« oder »Wenn er spielt, wird er so unruhig, dass es droht, außer Kontrolle zu geraten.«

Ein solcher »Kurzschluss« ist als Schutzmaßnahme des psychischen Apparats gegen den wiederkehrenden traumatischen und überwältigenden Schmerz zu verstehen, jedoch gelingt diese Maßnahme nur teilweise. Plötzlich und unerwartet, in unbewachten Momenten, schlängeln sich schmerzhafte und traumatische Erfahrungen durch den Schutzschild und tauchen wieder auf. Ähnlich wie wir in Alpträumen mit unseren schlimmsten Ängsten konfrontiert werden, befinden traumatisierte Kinder sich manchmal plötzlich in einem Wiedererleben oder einer (Re-)Inszenierung, die die schmerzhafte Erfahrung wiederholt. Wenn sie einen Augenblick nicht wachsam sind, können sie, während sie spielen, malen oder erzählen, plötzlich etwas von dem ausdrücken, was sie krampfhaft in einer Schachtel verschlossen halten. Ohne sagen zu können, was genau los ist, fühlen Eltern, dass in solch einem Augenblick etwas »Merkwürdiges« geschieht. Desmarais (2006) beschreibt die Perspektive der Eltern: »Ich fühle mich so unwohl bei dem Spiel von Gerhard. Es wird ständig getötet, Spielsachen werden kaputt gemacht und alles ist so furchtbar negativ. Er ist gerade dann auch fast nicht erreichbar, als ob er mitgezogen wird in die Welt, von der er spielt.«

Diese begrenzten Fragmente und Re-inszenierungen von Erfahrungen können durch einfache Sinneswahrnehmungen (wie durch einen Geruch, einen Blick), einen Gedanken oder ein Erlebnis (z. B. durch eine versorgende Person, die einem den Rücken zukehrt) ausgelöst (getriggert) werden, die irgendeinen (willkürlich erscheinenden) Aspekt einer traumatischen Erfahrung darstellen.

Infolgedessen wechseln Kinder mit einem komplexen Trauma in ihrem Spiel und ihrer Kommunikation einerseits zwischen Momenten, in denen ihr Spiel stecken bleibt, abbricht oder gar nicht erst richtig in Gang kommt und andererseits

Momenten, in denen angsteinflößende, aggressive oder katastrophale Erfahrungen durchbrechen. Das sind zwei Seiten derselben Medaille: Wenn Angst oder »Arousal« (Erregung) gleich welcher Art zu heftig werden, droht eine Unterbrechung des Spiels (Spielabbruch) oder der Kommunikation. Zu viel inneres Chaos macht dem Kind so viel Angst, dass es aufhört zu denken und zu fühlen, und sozusagen den Stecker aus der Steckdose herauszieht, wodurch der Fluss des Denkens, Fühlens oder Spielens zum Stillstand kommt. Zu viel Chaos überlastet den psychischen Apparat und führt zum vollständigen Kurzschluss.

5.5 Spielen ist wichtig, um zu wachsen und zu verarbeiten

Kinder zeigen unter normalen Umständen manchmal besonders fantasievolle Bilder in den von ihnen gespielten Szenen. Sie erschaffen ganze Welten während sie mit ihren Spielsachen beschäftigt sind oder verwandeln Alltagsgegenstände in Spielzeug. Ihr Spiel zeigt dem sensiblen Betrachtenden, wie sie die Welt um sich herum erfahren, es bietet einen Einblick in die Aspekte, die in ihrer inneren Welt eine Rolle spielen. Sie zeigen sowohl ihre Fantasien als auch ihre kindlichen Interpretationen von Erfahrungen, die sie erlebt oder mitbekommen haben. Die spielerische Inszenierung ist eine besondere Fähigkeit von Kindern, in der sie sich selbst, oder Teile von sich selbst, in einer Spielfantasie darstellen können und indirekt für sie schwierige Elemente zeigen, ihnen einen Platz geben, sie teilen und verändern. Es ist der Kognitions- und Entwicklungspsychologe Jean Piaget, der die Fähigkeit des Kindes beschrieb, seine Welt darzustellen und darin zu zeigen, wie es im Spiel über sich selbst und andere denkt, wie es seine Welt versteht. Der Kinderarzt und Psychoanalytiker Donald Winnicott ging noch tiefer auf diese Erkenntnisse ein: Auf spielerische Weise zeigt das Kind nicht nur, wie es sich seine Welt vorstellt oder inszeniert, vielmehr können sich in der Wiederholung des Spiels die Szenen und die Bilder über sich selbst und andere weiterentwickeln. Dies gelingt besonders dann, wenn es einen sicheren Rahmen gibt, innerhalb dessen die Bilder gezeigt und mit einem Therapeuten oder einer Therapeutin geteilt werden können, welche/r dem Kind hilft, diese Bilder zu ertragen und zu mildern (zu transformieren) und sie im Hinblick auf bestimmte Fragen und Schwierigkeiten, mit denen das Kind konfrontiert wird, aussagekräftig werden zu lassen.

> There must be a key person who values and sanctions children's play and accepts the child's inventions with respect and delight. There must be a place for play, a ›sacred space‹ (no matter how small), and time. (Jenkinson, 2001, S. 137)

Im Spielzimmer kreieren Kinder eine Art »Performance«, mittels derer im Sinne einer Zeichnung oder in einer Spielszene tief empfundene Erfahrungen ausgedrückt werden können. Diese Inszenierungen sind immer mit Bedeutung über ihre Existenz verbunden. Innerhalb eines psychotherapeutischen Prozesses betrachten wir die Themen, die ein Kind in seinem Spiel zur Sprache bringt, als symbolischen Ausdruck dessen, was in seinem Denken und Fühlen vor sich geht. Die Möglichkeit, diese Dinge zu inszenieren, ist ausschlaggebend für die Zukunft der Kinder: Im Spiel können sie Erfahrungen oder Ereignisse wieder aufnehmen, die Kontrolle über ihre Ängste wiedererlangen oder neue Rollen ausprobieren, wozu sie normalerweise in der Realität nicht kommen. Slade (1994) beschreibt, wie das Spiel mehrere Funktionen hat: (1) Im Spiel kommt das Kind zu einer Geschichte, einem Narrativ, in dem es fragmentierte und unbegreifliche Elemente (Puzzleteile von Erfahrungen) zu einer mehr oder weniger zusammenhängenden Geschichte oder einem Thema zusammenfügen kann; (2) Im Spiel gibt ein Kind erfahrenen Affekten Platz, die beim Spielen und Erzählen moduliert und integriert werden können; (3) Im Spiel kann zusammen mit dem Therapeuten oder der Therapeutin ein vertrauensvolles Arbeitsverhältnis zwischen dem Kind und dem Therapeuten oder der Therapeutin entstehen; (4) Beim Spielen entwickelt das Kind reflektierende Fähigkeiten und die Bausteine der Mentalisierung und lernt, über sich selbst nachzudenken, sich selbst zu sehen, aber auch deutlich zu machen, was es für wichtig hält und warum es dies tut. Im Spielen lernt das Kind auch Aspekte der Perspektive des anderen zu erkennen und zum Ausdruck zu bringen.

Kinder, die verletzt aufwachsen, haben nicht immer die Fähigkeiten, sich durch Spiel und Zeichnung an Dinge zu erinnern oder diese zu verarbeiten. Die Fähigkeit, spielerisch mit der Realität umzugehen (›playing and/with reality‹, Winnicott, 1971), ist bei Kindern, die sehr ängstlich sind oder mit traumatischen Verletzungen leben, geringer. Obwohl das Spiel dazu beitragen könnte, dass diese Ängste und verletzenden Erfahrungen transformiert werden, trauen sich traumatisierte Kinder manchmal weniger, sich dem Spiel hinzugeben, aus Angst, dass die traumatischen Erinnerungen sofort wieder vollständig und überwältigend auftauchen, bevor sie die dazu benötigte Kapazität oder Verarbeitungsmöglichkeit haben.

Um spielen zu können, brauchen alle Kinder einen sicheren Rahmen (Jenkinson, 2001). Erwachsene können sich in der Nähe oder im Hintergrund aufhalten. In der Therapie haben sie sich klarer oder vorhersehbarer zu verhalten, mit einem Angebot einer spezifischen (therapeutischen) Beziehung. Das Spiel bietet Kindern die Möglichkeit, zu entdecken und ihre Fantasie zu nutzen. Obwohl dies im Prinzip auch bei traumatisierten Kindern der Fall ist, fällt ihnen das Entdecken und spielerische Lernen nicht so leicht und so wird der fantasievolle Prozess manchmal auch unterbrochen (sog. ›Spielabbruch‹). Das Kind flieht sozusagen vor den Assoziationen und Bildern, die es ins Spielzimmer hineingebracht hat, weil diese zu schmerzhaft oder zu bedrohlich sind.

Auch Kinder wollen im Spiel für sich sein können. Folglich ist es Erwachsenen nicht gestatten, ohne Weiteres in diese Spiel-Welt einzubrechen. Man denke nur daran, wie ein Kind plötzlich aufhört zu spielen, sobald es bemerkt, dass Erwachsene zusehen und es beobachten. In der Therapie wird diese Privatsphäre durch die Kontinuität des Bezugsrahmens, die Berechenbarkeit des Therapeuten oder der Therapeutin und des Angebots bzw. durch die persönliche Schublade oder Schachtel geschaffen, in die das Kind bestimmte Sachen (wie z. B. Zeichnungen, Arbeiten aus Tonerde, usw.) legen und in ihr aufbewahren kann. Im Spiel kann das Kind mit einem neuen Selbstbild experimentieren und Dinge entwickeln. Bei traumatisierten Kindern ist dieses Neue und Kreative manchmal für eine lange Zeit problematisch, weil das Traumatische noch zu dominant vorhanden ist.

Diese Kinder brauchen Zeit, bevor sie erfahren können, dass das freie Fließenlassen von Spielideen oder -assoziationen eine lustige und kreative Angelegenheit sein kann. Bis dahin sind sie im Spiel häufiger gehemmt oder wiederholen ständig das gleiche Spiel (repetitives Spiel).

5.6 Auf der Suche nach Wörtern und Bildern

> With children who cannot play coherently and meaningfully, who cannot use the symbols of play and language to make sense of their emotional experiences, who cannot create narratives for their experiences, an essential and prior part of the work of treatment is to help them do so. (Slade, 1994, S. 81)

Egal wie seltsam oder schwierig die oben beschriebenen aufpoppenden Störsignale für das Kind und seine Umgebung auch sein mögen, genau hier befinden sich jedoch zugleich auch die Veränderungsmöglichkeiten. Ein*e Kinderpsychotherapeut*in hat schließlich keinen direkten Zugang zu dem Trauma, das das Kind erlebt hat, aber er/sie kann mit diesen »Spuren« oder »Zeichen« arbeiten, die als kleine Stückchen oder große Brocken in den Therapieraum gelangen und die von der enormen Wucht zeugen, die das Trauma auf den psychischen Apparat des Kindes ausübt. Es sind diese Zeichen, diese kleinen »Erfahrungsteilchen«, die dem Therapeuten oder der Therapeutin den Weg zeigen. Wenn in der Kinderpsychotherapie eine Umgebung geschaffen wird, in der diese Bruchstücke in einer zuverlässigen therapeutischen Beziehung und im sich entwickelnden psychischen Apparat aufgefangen werden, entstehen aus diesen Erfahrungsmomenten Inseln der Regulierung und des sich Wiederfindens, die für das bewusste verbale Gedächtnis wichtig sind.

Diese Fragmente und Zeichen traumatischer Erfahrungen findet man eher in Bildern (Zeichnungen, Spiel oder Verhalten) als in Worten oder Geschichten. Deshalb denken wir mit den Kindern zuerst über solche Bilder nach oder helfen ihnen, Bilder zu finden, mit denen sie ihre Erfahrungen ausdrücken können, bevor diese in einem Strom voller Worte oder ein Narrativ aufgenommen werden und erträglich gemacht werden können. Sie sind wie die schwierigen oder schmerzhaften Teile einer Geschichte in einem Buch oder in einem Film, denen ein entsprechender Rahmen verliehen wird, sodass sie nicht länger als »verrückte« oder »bizarre« Bilder im Kopf oder als »seltsame« Empfindung im Körper verbleiben, die bisweilen das ganze Denken, Fühlen und Handeln bestimmten. In der Kinderpsychotherapie laden wir Kinder ins Spielzimmer ein, um nach Worten und Bildern zu suchen, für das was sie mitmachen, was sie träumen und sich wünschen oder wovor sie Angst haben. Wir ermöglichen ihnen die Erfahrung, dass das Finden von Bildern und Begriffen helfen kann, Empfindungen, Gedanken und Gefühle, die den Alltag immer wieder plötzlich und intensiv stören, in ein Fundament von Sprache aufzunehmen, wodurch sie eine besser zusammenhängende Geschichte über sich selbst entwickeln können.

Dieser Prozess ist für das Kind, die Eltern und den Therapeuten oder die Therapeutin ein hartes Stück Arbeit, denn er wird begleitet von intensiver Angst, überwältigendem Kummer, von rauen, rohen und primitiven Wut- und Hassgefühlen und von einer Angst, verrückt oder zerrissen zu werden oder in Stücke zu zerfallen.

Manchmal gibt es zunächst nur die »Angst vor Worten«, wie es die 10-jährige Maya zeigt, als ihre Mutter berichtet, dass ihre Tochter einen Alptraum hatte. Maya läuft mit zugehaltenen Ohren hinter das Puppenhaus. Sie will nichts mehr hören, so wie Munch in seinem Bild darzustellen weiß, das er ›Kind mit toter Mutter‹ oder ›Die tote Mutter und das Kind‹ nannte. Es ist kein Zufall, dass Munch ein Maler ist, der unglaublich viele Elemente des frühen und nonverbalen Traumas in seinem Werk zum Ausdruck bringt (Bischoff, 2016). Er porträtiert treffend, wie man sich als Kind nur wünscht, diese schmerzhaften Erfahrungen durch das Verschließen der Ohren ausschließen zu können. Die Kinderpsychotherapie sieht sich somit in der heiklen Aufgabe, im kontinuierlichen Suchprozess ein Gleichgewicht zu gewährleisten, bei dem das Kind davor beschützt wird, wenn es zu viel und zu überwältigend zu werden droht und andererseits dem Kind dabei zu helfen, über schwierige Erfahrungen nachzudenken, damit eine erste Verarbeitung möglich wird (Smis, 1989).

Es ist der Suchprozess nach einem vorsichtigen Gleichgewicht und dessen wachsame Achtung inmitten von rauen, rohen und primitiven Gefühlen voller Hass, Wut, Neid usw. – Gefühle, die Kinder in ihrer Verletzlichkeit oft nicht wirklich fühlen wollen, am liebsten nie wieder. Je hartnäckiger sie diese Gefühle ausschließen, desto härter werden sie plötzlich und unerwartet von ihnen überrascht und überwältigt, wobei sie sich »plötzlich« in einer Situation der Unerreichbarkeit mit Geschrei und Getobe befinden oder aber im Schweigen wiederfinden. Das Trauma muss eine Zeitlang ausgeschlossen werden, um das Überleben zu sichern. Nichtsdestotrotz muss es aber angepackt und verarbeitet werden, weil sonst das Überleben dauerhaft von derartigen Ausbrüchen und »Zeichen« der Bedrohung begleitet wird. Als Therapeut*in befindet man sich zusammen mit dem Kind und seiner Familie auf einem dünnen Seil über einer Schlucht voller primitiver und überwältigender Affekte, begleitet von Fragen, wie man die Worte und Bilder eines Kindes nutzen kann, um sich durch das drohende Chaos führen zu lassen ohne zusammen mit dem Kind abzustürzen.

5.7 Eine Schublade, eine Schachtel und ein Zeichenblock als »Container« für Erfahrungen

Da diese Kinder oft ein leicht verletzbares Selbstgefühl haben und es zudem schwierig finden, sich zeitlich und räumlich zurechtzufinden, bietet gerade das Spielzimmer, in dem ein therapeutischer Prozess stattfindet, einen hilfreichen Rahmen, in dem sie lernen können, über sich selbst nachzudenken und zu sprechen. In diesem therapeutischen Rahmen, mit einem überschaubaren Spielzimmer und einer festen Zeitspanne, können sie lernen zu fühlen und darüber zu reden, wie sie aufwachsen und sich entwickeln, wie sie Beziehungen wahrnehmen und eingehen. Da diese Kinder oft weniger als andere Kinder mit der Erfahrung vertraut sind, dass man Geschehenes in der Erinnerung ordnen und bewahren kann, bieten Kindertherapeut*innen von jeher eine persönliche Aufbewahrungsschachtel oder eine Schublade in einem Schrank an, die Gedanken und Gefühle symbolisch zu bewahren und zu sortieren hilft. Diese persönliche Schachtel oder Schublade, mit einem Zeichenblock darin, ist für das Aufbewahren der Zeichnungen und Bastelarbeiten, die die Kinder während der Therapie herstellen.

Schachtel, Schublade und Zeichenblock sind Symbol für die kontinuierliche Anwesenheit, die Therapeut*innen für das Kind repräsentieren möchten. Sie helfen dem Kind, Kontinuität in sich selbst zu erfahren, indem es ab und zu in die Schublade schaut, was es bis jetzt in der Therapie schon alles gemacht und bewahrt hat. Kinder, die über sich selbst und ihre innere Welt nur eingeschränkt nachdenken, erfahren diese symbolische Art, mit der Gedanken, Gefühle und Dinge zusammengehalten werden können, als sehr hilfreich. Im Verlauf der Therapie füllt sich die Schublade, und jedes Mal, wenn das Kind an die Schublade geht und entdeckt, was es schon alles gemacht hat, lernt es, sie als Ausdruck seiner selbst zu betrachten, sodass es den Dingen eine Bedeutung geben kann. Die Zeichnungen und die vielen anderen Dinge und die Bedeutung, die sie bekommen, können dann Teil einer Erzählung über sich selbst werden, die in Anwesenheit des Therapeuten oder der Therapeutin aufgebaut wird.

5.8 Regisseur der eigenen Geschichte werden: Das Spielen und Erzählen als Wiederholen, Meistern und ›In-den-Griff-bekommen‹

> In einem Wald voller schöner Worte ein Nest finden, schlafen in den Zweigen einer Sprache. (Aus dem Gedicht »Im Wald« von Marleen de Crée, 2011, S. 147)

Eine Erfahrung wird durch den vollkommenen Kontrollverlust und die damit verbundene überwältigende Hilflosigkeit traumatisch. Traumatisierte Kinder wurden zum Beispiel irgendwo zurückgelassen, ohne dass man Sie nach ihrer

Meinung gefragt hat und ohne zu begreifen, was passiert ist. Die Narben an den Armen erinnern daran, dass Ihnen früher Schmerzen zugefügt worden sind, ohne in der Lage gewesen zu sein, dies zu verhindern und ohne jegliche Form der Erinnerung. Nach einem solchen Trauma ist das Wiedererlangen der Kontrolle entscheidend bei der Bewältigung oder beim Meistern traumatischer Ereignisse. Um die Dinge in den Griff zu bekommen, bedarf es einerseits eines Therapeuten oder einer Therapeutin, der bzw. die lenkt und das Steuer fest in der Hand hat und darüber hinaus dazu beiträgt, dass man als Kind im Spielzimmer nicht erneut überfordert oder verletzt wird. Es geht um das kindliche Bedürfnis nach einem Therapeuten oder einer Therapeutin, der bzw. die »größer, weiser und stärker« ist und nicht zulässt, dass einem wieder etwas passiert. Auf der anderen Seite gibt ein*e Therapeut*in dem Kind die Kontrolle, wenn oder insofern dies möglich ist. Ein*e Therapeut*in macht das Kind – nach Möglichkeit – zum Regisseur seines eigenen Spiels und des therapeutischen Prozesses.

Mit dieser wiederhergestellten Kontrolle kann das Kind mit der Neuinszenierung beginnen: Spielend und in der sicheren Beziehung zum Therapeuten/zur Therapeutin, auf eine erträgliche Art und über den Umweg von Figuren und Bildern, die helfen, Aspekte der traumatischen Erfahrungen zu inszenieren (»Szenische Erinnerung«, Grünberg & Markert, 2016). Das Trauma wird auf diese Art und Weise bildlich dargestellt. Diese Re-inszenierung mit Figuren und Bildern ist eine Form der Wiederholung im therapeutischen Sinne des Wortes, denn das Wiederholen macht es zum ersten Mal möglich, dass das Kind einem schwierigen Ereignis einen Platz geben kann, um dann mit der Verarbeitung beginnen zu können. Wiederholung findet manchmal auch in Form von Symptomen statt, z. B. wenn das Kind aus dem Spielzimmer weglaufen will und behauptet, dass der Therapeut oder die Therapeutin dem Kind schaden will. Manchmal kommt es auch innerhalb des Spiels zu Wiederholungen, z. B. wenn das Kind den Therapeuten/die Therapeutin dazu auffordert zu spielen, dass er/sie das Kind irgendwo ganz allein zurücklässt. Auf diese Weise können während des Spiels Gefühle, übermächtige Ängste und überwältigende Ereignisse allmählich und indirekt gezeigt werden, um dann Schritt für Schritt und über viele Umwege bewältigt zu werden. Eine solche therapeutische Wiederholung hilft, in einem sicheren Kontext über schwierige Erfahrungen zu sprechen und die Kontrolle über das erlebte Trauma sowie die Selbsterfahrung wiederzuerlangen. Es geht um das Bewältigen und das Wiedererlangen der Kontrolle in der eigenen Lebensgeschichte. In der Therapieliteratur nennen wir dieses Inszenieren »Re-enactment«. Das Kind kontrolliert die Interaktion mit dem Therapeuten/der Therapeutin so, dass das »Arousal« und der Stress in Bezug auf das Traumatische während der Szene erträglich gemacht wird. Das Spiel bietet dem Kind somit einen sicheren Ort bzw. einen Rahmen, in dem es so experimentieren kann, wie es will, und verarbeiten kann, ohne durch die Regeln und Ansprüche der physischen und sozialen Realität gehindert zu werden (Lieberman et al., 2015, S. 100–101). Es kann die Rollen umkehren und als Kind den Therapeuten oder die Therapeutin anschreien, wenn das zu der Rolle der wütenden Lehrerin passt, die ungehemmt gegen ein Kind wütet, weil es einen Fehler gemacht hat. Oder es kann den Erwachsenen dazu bringen, eine unangenehme Erfahrung zu wiederholen, indem es den Therapeuten oder die Therapeutin spielen lässt, dass er/sie ein*e schrecklicher Arzt/ Ärztin ist, der/die das Kind verletzt und misshandelt. Es kann den Spielverlauf beeinflussen und die Geschichte in der nächsten Spielsitzung anders enden lassen als in der vorherigen.

5.9 Gemeinsam Sprache und Bilder für Erfahrungen in der Psychotherapie finden

Das Finden von Bedeutung geschieht in Metaphern (Bleyen, 2012, S. 155). Wenn wir eine traumatische Erfahrung in unsere Lebensgeschichte integrieren, entsteht Bedeutung unter anderem dadurch, dass wir das schwer fassbare Trauma in einem verständlichen Bild oder einer Geschichte darstellen. Kindern zu helfen, genau die Metaphern oder Bilder zu finden, die zu dem Erlebten passen, ist daher ein wirkungsvoller und wichtiger Bestandteil der Psychotherapie, ein Aspekt der Verarbeitung und des Bedeutunggebens. Maya erkennt sich selbst stark in einem flämischen Lied von Bart Peeters: »alles wegen dir«, eine Metapher dafür, dass die ganze Schuld für das, was ich falsch mache, deine Schuld ist, weil du mich verlassen hast; die Schuld des anderen, weil dieser sie verlassen hat (▶ Kap. 7).

Spielszenen, Geschichten, Fantasiespiele und Zeichnungen erhöhen die Flexibilität des Kindes beim Denken, Verarbeiten und Mentalisieren. Es entstehen neue Wendungen, neue Fantasien, neue Bilder über sich selbst und andere, die die Verarbeitung unterstützen und das Coping fördern. Im Verlaufe der Therapiesitzungen wird sich auch die Kommunikation des Kindes ändern. Das Spiel »Ich entscheide und du bist das böse Kind« bedeutet, dass das Kind sich etwas anderes vorstellen kann, als das, was war. »Ich kann mir vorstellen, dass ich die Entscheidung darüber treffen kann, was passiert«, ist nicht selten eine der ersten Transformationen des Traumas in der Therapie: von der Ohnmacht und Hilflosigkeit bis hin zum Begreifen und Kontrollieren des Geschehens. Obwohl dies noch lange nicht das Ende der Verarbeitung ist, zeigt es, dass sich ein neues Selbstbewusstsein entwickelt, als ein Selbst, das unter schwierigen Umständen handeln kann, etwas, das das Kind zur Zeit des Traumas nicht konnte. Das neue Selbstbewusstsein ist eine Basis, von der aus die Weiterverarbeitung möglich werden kann.

Diese Veränderung hilft auch, eine Reinszenierung des Traumas zu vermeiden. Das Kind ist nicht mehr nur das »misshandelte Kind«, das Opfer. Es entsteht ein Abstand zwischen dem eigenen Selbst und der traumatischen Erfahrung: »Ich bin kein ekelhaftes Kind, aber mir wurden ekelhafte Dinge angetan«, oder »Man hat mich zurückgelassen, aber trotzdem bin ich wertvoll.« Um derartige Verschiebungen im Selbstbild oder in der Selbsterfahrung zu ermöglichen, sind Malen und Spielen in der Kinderpsychotherapie so wichtig. Zeichnungen können manchmal ein sehr konkretes Bild eines Erlebnisses darstellen; das Spiel bietet wiederum die Möglichkeit, durch allerlei Spielszenen zu übermitteln, was sich im Denkprozess und im Gefühl des Kindes abspielt. Durch diese Bilder aus Zeichnungen und Spiel, helfen wir einem Kind, sich selbst besser zu verstehen, neue – oder manchmal auch alte – Stücke seiner selbst zu entdecken und dann Ansatzpunkte für neue Verhaltens- und Beziehungsmuster zu finden. Manchmal sehen wir als Therapeut*innen, dass ein Kind ein Fragment einer traumatischen Erfahrung ins Spielzimmer bringt. Erst in einem viel späteren Stadium der Therapie wird es möglich, dieser Erfahrung eine umfassendere Sprache oder Vorstellung zu verleihen. Im weiteren Therapieverlauf können Bilder und Metaphern zu neuen, tragenden Vorstellungen und Bildern über sich selbst und über andere führen. Manchmal sehen wir, wie für ein Kind in einem bestimmten Moment etwas denkbar wird über sich selbst oder andere, was bis dahin unvorstellbar war (▶ Kap. 8).

5.10 Zum Abschluss dieses Kapitels

Durch Distanzierung oder Inszenierung traumatisierender Beziehungserfahrungen, oft begleitet von unerreichbarem oder schwierigem Verhalten gegenüber den neuen versorgenden Personen, kann das Kind in der Therapie zunächst einmal zu einem ersten Ausdruck der inneren Leere, des Chaos oder der Bedrohung finden. Dies geschieht in Bruchstücken, manchmal mit vielen Umwegen, sodass ein*e Therapeut*in diese »Ausdrucksbruchstücke« aufzufangen hat, um dann zusammen mit dem Kind nach dem Sinn oder der Bedeutung zu suchen (*containment*, Bion, 1962). Diese Suche geschieht nach dem Prinzip von Versuch und Irrtum und ist mit Spielunterbrechungen und Rückfall verbunden. Dieser Prozess ist nur mit dem Therapeuten/ der Therapeutin als zuverlässigem/r Zeugen/in möglich, der/die die teilweise sehr unorganisierte und gestörte Kommunikation des traumatisierten Kindes wirkmächtig werden lässt und in einem vorhersehbaren Rahmen Raum für die weitere Sinnsuche schafft.

Delightfully and inescapably, we have storytelling brains (Roberts, 1999, S. 7)

6 Von der emotionalen Achterbahnfahrt zu neuen Erfahrungen der Regulierung

6.1 Das Regulationssystem von Kindern mit einem komplexen Trauma: Eine Innenwelt, die schnell dereguliert ist

> Following a history of early deprivation, even mild stress later in life can elicit severe reactivity and dysfunction. (Cook, Blaustein, Spinazzola & van der Kolk, 2003, S. 10)

Regulierung bedeutet, dass ein Kind lernt, sich selbst, also seine Empfindungen und körperlichen Signale zu erkennen, zu akzeptieren, zu tolerieren, zu verstehen und mit ihnen umzugehen. Auf diese Weise entsteht ein Fundament dafür, dass das Kind später in der Lage sein wird, Gefühle zu ertragen und sie zu nutzen, um Situationen zu verstehen, zu lösen und um schwierige Erfahrungen zu verarbeiten. In diesem Zusammenhang entstehen früh im Leben sehr spezifische Bedeutungen von Empfindungen und Signalen. Kann z. B. ein Gefühl der Langeweile auf der einen Seite für eine Weile aushaltbar sein oder sogar die Grundlage eines kreativen Impulses darstellen, kann andererseits eine verspürte Langeweile zuweilen auch zu einem Moment der Panik führen, weil sie mit der Gefahr assoziiert wird, im Nichts zu versinken, wodurch alles Mögliche unternommen wird, dem Gefühl zu entrinnen. So können manche Kinder mit Tumult, Streitereien und Spannungen besser umgehen, als mit Ruhe oder mit tiefer Langeweile und Leere, was sie – in unvorhersehbaren Momenten – dazu bringt, etwas zu unternehmen, das garantiert Krawall verursacht.

So schlägt Jade in den schönsten Momenten des familiären Zusammenseins unerwartet zu, indem sie ihren älteren Bruder grob anfaucht, womit ein gemütliches Zusammensein im Handumdrehen an den Reibereien zerschellt: Zuerst ärgert sie ihren Bruder, wodurch die anderen Kinder anfangen, sich schlecht zu benehmen, und schließlich werden ihre Eltern wütend, weil somit ihre für sie so wichtigen Familienmomente unmöglich gemacht werden.

Negative und potenziell überwältigende Erfahrungen sind Teil der Entwicklung jedes Kindes (▶ Kap. 2). Bei einem kleinen Kind wird Spannung – Hunger, Kälte, Langeweile, Überempfindlichkeit – zunächst von den Eltern reguliert, die im Dienste des sogenannten »Monitorings« mit ihrer Aufmerksamkeit stets beim Kind sind und reagieren, sobald das kleine Kind sich aufregt und Regulierung benötigt. Die Eltern lernen ihr Kind durch genaues Beobachten kennen: »Sie möchte jetzt lieber in ihre Decke eingewickelt werden, dann wird sie sich beruhigen.« Oder »Wenn sie so laut schreit, ist es besser, noch eine Weile mit ihrer Flasche zu warten, bis sie sich beruhigt hat, sonst spuckt sie doch gleich wieder« etc. Die erste Regulierung ist daher eine Regulierung, in der die versorgende Person einen wesentlichen Beitrag leistet und daher als »Co-Regulierung« bezeichnet wird. Wenn ein Kind aufwächst, werden Momente, in denen sich das Kind selbst reguliert, sich mit Momenten abwechseln, in denen es die versorgende Person braucht. Die Eltern »monitoren« immer weniger und geben dem Kind nach und nach mehr Möglichkeiten, sich selbst zu regulieren, Ängste selbst zu bewältigen (»ich bin ruhig geblieben, über Nacht bei meinem Freund, auch wenn ich zuvor große Angst hatte«) oder nach leichter Deregulierung wieder ins Gleichgewicht zu kommen (»Lass ihn kurz beleidigt sein, er wird gleich wieder mitspielen«). Mit anderen Worten, die »Selbstregulierung« löst so allmählich die Co-Regulierung ab.

Kinder mit einem komplexen Bindungstrauma ringen oft lange und intensiv mit Regulationsschwierigkeiten. Sie wissen häufig nicht, wie sie mit ihren Emotionen umgehen sollen und fühlen sich folglich intensiven emotionalen Schwankungen ausgeliefert. Ihre Innenwelt gleicht einer unberechenbaren emotionalen Achterbahnfahrt (*rollercoaster*), ihre »Empfindungstemperatur« oder emotionale Empfindsamkeit wechselt in hohem Tempo vom Gefrier- zum Siedepunkt und wieder zurück. Die Eltern beschreiben dies manchmal so: »Es geht von 0 direkt auf 100« – unmittelbar in eine maximale Deregulierung. Mit solch einer komplexen Innenwelt ist es für ein Kind ziemlich schwierig, einen kühlen Kopf zu bewahren und sich wie ein ruhiges und besonnenes Kind zu verhalten, das genau sagen kann, was los ist oder benennen kann, was es braucht. Das wiederum macht das Kind für seine Umgebung so unberechenbar. Außerdem ist es dadurch im Vergleich zu anderen Kindern des gleichen Alters viel länger auf die Co-Regulierung angewiesen. Es reicht dem Kind nicht aus, dass jemand einen Moment zuhört oder nach tröstenden Worten sucht; was gebraucht wird, sind Pflege- oder Adoptiveltern beziehungsweise Bezugspersonen, die viel länger und viel häufiger die Regulierung für das Kind übernehmen.

Kinder mit einem komplexen Trauma denken oft, dass sie »verrückt« oder »ungezogen« seien, weil – aufgrund der Heftigkeit ihrer Reaktionen, die in den Augen anderer nicht immer im Verhältnis zur Ursache stehen, ihr Handeln nicht immer in den Kontext passt oder es nicht rational erklärbar scheint – in Beziehungen mühsame Kommunikationsversuche unter anderem Verärgerung und Enttäuschung hervorrufen können. Durch eine*n zuverlässige*n, sichere*n und sensible*n Therapeut*in, der/die dem Kind hilft, zu erfahren, dass seine mühsamen und manchmal problematischen Kommunikationsversuche wichtig sind, »normalisieren« sich allmählich die Erfahrungen und Fantasien des Kindes. Dieses »Normalisieren« (neue Momente von Kommunikation im normalen Bereich) ist Teil der Verarbeitung traumatischer Erfahrungen (Lieberman et al., 2005 und 2015) und ermöglicht Inseln normaler Kommunikation, die ein entscheidender Bestandteil des Erwerbs neuer Regulationsmöglichkeiten und Beziehungsmuster sind.

6.2 Hypervigilanz und erhöhte Stressempfindlichkeit: Die biopsychosoziale Falle

Während seine Eltern im Erstgespräch ihre Situation schildern, spielt Jochen ein Spiel mit Rittern, die sich darauf vorbereiten, die Burg anzugreifen. Auf die Frage des Therapeuten, woher der Angriff kommen wird, sagt er, dass niemand das weiß. Der Angriff kann sowohl aus der Luft als auch vom Land kommen!

Raphaëls Mutter erzählt, wie es manchmal den Anschein macht, als hätte Raphaël völlig vergessen, was er eine Woche zuvor gelernt hat. Dann scheint es, als hätte er noch nie davon gehört, das sei einfach so seltsam… so kann er sich nicht wie die anderen Gleichaltrigen entwickeln. Es scheint, als ob es für ihn immer schwieriger wird, den Schulstoff aufnehmen zu können.

Die Tatsache, dass sich das affektive Gleichgewicht von Kindern mit einem komplexen Trauma so schnell verschlechtert und dass immer die Gefahr der Deregulierung lauert, hat damit zu tun, dass das Stresssystem dieser Kinder aufgrund früherer Lebenserfahrungen meist überempfindlich ist. Erschütternde und überwältigende Erfahrungen in den ersten Lebensjahren, die dem Kind in unerträglicher Intensität widerfahren sind, haben überwältigende und bedrohliche Ängste erzeugt. Um zu verhindern, dass das Kind diese Bedrohung jemals wieder erlebt, hat sich sein Gedächtnis so entwickelt, dass das Kind darauf vorbereitet ist.

Die Regulation von Empfindungen, Stresssignalen und Affekten wird infolge dessen in dreifacher Hinsicht durch ein komplexes Trauma beeinflusst. Aufwachsen in einer unvorhersehbaren Umgebung und/oder mit Bindungsabbrüchen führt erstens auf der Wahrnehmungsebene zu einer ständigen Alarmbereitschaft oder Wachsamkeit, um auf das Schlimmste vorbereitet zu sein (es ist, als ob das Kind die Umgebung ständig nach Gefahren abtastet oder »scannt«). Zweitens kommt es zu einer körperlichen Überempfindlichkeit gegenüber Angst, wodurch der Körper in ständiger Bereitschaft ist, auf unerwartet eindringende Erfahrungen reagieren zu können, was zu einem *fight, flight oder freeze*-Verhalten (Kämpfen, Fliehen oder Einfrieren) führt. Dadurch kommt es drittens dazu, dass die normale milde Signalangst[5] schwindet und stattdessen eine allgemeine und permanent starke Angst besteht, die das emotionale Leben des Kindes ständig überschattet. Wenn die einst so notwendige und adaptive Hypervigilanz (übermäßige Wachsamkeit oder Alarmbereitschaft) unter den veränderten Umständen, z. B. in einer neuen Familie, überflüssig wird, stellt sich häufig plötzlich heraus, dass diese eine eigene Dynamik entwickelt hat. Ein Kind mit einem übermäßig aktiven Stresssystem sucht meist automatisch weiterhin jede Situation auf mögliche Bedrohungen und Gefahren ab. Es ist diese Erfahrung, die Jochen im zuvor genannten Spiel ausdrückt: »Mein inneres System ist ständig in Alarmbereitschaft, ich bin ständig auf einen Angriff vorbereitet und ich weiß nie, woher der Angriff kommt.«

Dieser Zustand der kontinuierlichen Übererregung (Anspannung oder Arousal) und übermäßigen Angst, die zu emotionalen (Wut-)Ausbrüchen führen kann, hat zur Folge, dass schnell alle Dämme brechen, was wiederum weitere Schwierigkeiten und Verhaltensprobleme nach sich zieht, und zwar:

1. Der übererregte Zustand vermindert die Lernfähigkeit, weil das Kind sich nur noch auf die Suche nach möglichen Gefahren konzentriert. Um neue Dinge zu lernen, braucht man jedoch ausreichend Ruhe. Argwohn und Misstrauen gelangen in solchen Momenten an die Oberfläche, Interesse und Offenheit für Neues rücken in den Hintergrund. Darüber hinaus schwinden die Kapazitäten für Lern- und Transformations- sowie Heilungsprozesse, solange ein Kind seine ganze Energie in das Überleben und das Aushalten anhaltender Gefühle von Bedrohung und der Folgen von Deregulierung investieren muss.
2. Erhöhte Wachsamkeit bedeutet, dass das Kind leichter in den aggressiven Modus übergeht. Immer auf der Suche nach Anzeichen einer potenziellen Gefahr kommt es schnell zu einer »Überreaktion« und einer Übergeneralisierung, was häufig zu jenen Wutausbrüchen führt, wegen derer diese Kinder oft nicht zurechtkommen und bei der Therapeutin/dem Therapeuten angemeldet werden. Bei dem geringsten Anzeichen einer – realen oder vermuteten – Gefahr für oder Bedrohung des verletzlichen Selbst entsteht eine massive Reaktion. So können bereits relativ »kleine« Frustrationen in der Wahrnehmung dieser Kinder eine große Gefahr bedeuten und zu einer »übertrieben« aggressiven Reaktion führen.
3. Weiter belastet all dies, vor allem die Wutausbrüche, die Beziehungen zu anderen. Bei einem Kind, das in einem Moment vernünftig und umgänglich ist und im nächsten Augenblick heftig um sich schlägt und tritt, ist es viel schwieriger, eine positive und herzliche Beziehung aufrechtzuerhalten. Dabei

---

5 Signalangst ist ein Warnsignal, eine Angst, die das Kind warnt, dass unter bestimmten Umständen etwas passieren kann, sodass das Kind nicht tollkühn nur seinen Impulsen folgt. Dieses Signal veranlasst das Kind zum Nachdenken, zur Wahl einer Strategie und zur Beurteilung, ob die geplante Strategie zu einem bestimmten Ergebnis führt, je nachdem, was die Umgebung erwartet oder was das Kind als Idealbild verinnerlicht hat. Signalangst dient daher der Regulierung und Integration in die Umwelt. Bei Kindern mit einem komplexen Trauma ist die Signalangst als wichtige Regulierungsstelle oft nicht ausreichend vorhanden oder für das Kind nicht sinnvoll nutzbar.

muss man aufpassen, nicht auch in eine Kommunikationsform mit dem Kind zu geraten, die genauso wechselhaft und heftig ist, wie die des Kindes. Sowohl den Pflege- oder Adoptiveltern, Geschwistern, Erzieher*innen und Lehrer*innen, als auch den Freund*innen und Trainer*innen beim Sport oder bei anderen Hobbys wird somit abverlangt, dass sie in der Lage sind, einfühlsam mit den schweren Regulationsschwierigkeiten, mit denen diese Kinder ihre Umgebung konfrontieren, umzugehen. Die übererregte, misstrauische Einstellung der Kinder kann jedoch dazu führen, dass sich ihre Bezugspersonen unbehaglich kontrolliert oder beobachtet fühlen, sich, wie es eine Pflegemutter einmal bezeichnete, »ausspioniert« fühlen.
4. Diese unkontrollierten Wutausbrüche und -anfälle lasten oft schwer auf der Entwicklung des Selbstwertgefühls und Selbstbilds der Kinder. Im Anschluss an solche Ausbrüche werden die Kinder manchmal von unerträglichen Scham- und Schuldgefühlen überwältigt, die sie noch zusätzlich beunruhigen. Schließlich hindern diese intensiven Scham- und Schuldgefühle sie manchmal daran, sich selbst und anderen gegenüber zuzugeben, dass sie etwas angestellt oder einen Fehler gemacht haben, was jedoch für eine eventuelle Wiedergutmachung unabdingbar ist.
5. Auch können spätere Entwicklungsaufgaben und sozio-emotionale Herausforderungen, wie der Aufbau und das Aufrechterhalten von Freundschaften (Sozialisation) und das Erlernen neuer Fähigkeiten z. B. durch Hobbys (Exploration) im Grundschulalter oder der Umgang mit der beginnenden Sexualität als Jugendliche/r zu einem neuen Durcheinander von Gefühlen führen. Nicht zuletzt können diese zusätzlich erschwert werden, wodurch nicht nur die frühe Entwicklung eines Kindes beeinträchtigt wird, sondern auch spätere Entwicklungsschritte nicht immer vor problematischen Verläufen geschützt werden können. Deshalb wird in diesem Zusammenhang auch von der »biopsychosozialen Falle« gesprochen (Shalev, 2000), in der Kinder mit einem komplexen Trauma stecken bleiben können. Die biologisch verankerte Übererregung führt zu psychischen und sozialen Schwierigkeiten, die wiederum mehr Angst und Übererregung/Stress verursachen. Das Kind dreht sich sozusagen im Kreis.

6.3 Das Kontinuum der Erregung bei Kindern mit einem komplexen Trauma

Mama lädt ihre beiden Töchter zum Eis Essen in den Park ein. Als plötzlich ein Hund zu nahekommt, erschrickt die Mutter und schreit erstmal auf. Barbara schaut kurz auf und schleckt dann weiter an ihrem Eis. Christine erschrickt hingegen so sehr über die Reaktion ihrer Mutter, dass sie ihr Eis fallen lässt und anfängt zu weinen. Erst zwei Stunden später kann sie sich wieder etwas beruhigen.

Ein Wechsel von der Erregung hin zur Beruhigung nach beängstigenden Situationen gehört für alle Kinder zum Alltag. Es ist womöglich die entscheidendste Entwicklungsaufgabe, in der sich ein Kind in den ersten drei Lebensmonaten üben muss: in Momenten, in denen sich ein negatives Arousal durch z. B. Hunger, Kälte und Ermüdung abzuzeichnen beginnt, weiterhin ruhig, wachsam und interessiert bleiben zu können. Jeder kennt die Erfahrung, in harmlosen Situationen, wie beispielsweise, wenn ein Laptop unerwartet runterfällt, kurz in Panik zu geraten. Aber auch die innere Not in dramatischeren Situationen, wie wenn ein Kind beispielsweise einen Unfall hat. Sobald eine Situation jedoch als verlässlich oder sicher erkannt wird oder gelöst werden kann, fährt das Stresssystem im Gehirn seine Aktivität wieder runter (das Stresssystem wird de-aktiviert) und kehrt in einen Ruhezustand zurück (Perry & Szalavitz, 2006, S. 48). Dann wird es wieder möglich, sich auf ein Buch, seine Hausaufgaben, ein Gespräch oder womit man gerade beschäftigt ist, zu konzentrieren. Nur bei einer gewissen Ruhe – einem »optimalen« Arousal – kann man über etwas nachdenken und darüber sprechen und sich konzentrieren oder lernen. Nur bei einer gewissen Ruhe ist es möglich, sein Handeln zu lenken und höhere (regulierende und kognitive) Fähigkeiten des Gehirns einzusetzen, wie die Fähigkeit des abstrakten Denkens, des Nachdenkens über Motive und Hintergründe eines bestimmten Verhaltens (mentalisieren), Pläne zu schmieden, von der Zukunft zu träumen, etc.

> Wenn man in der Bibliothek ein Buch liest und jemand lässt ein schweres Buch auf einen Tisch fallen, führt dieses laute Geräusch dazu, dass man sofort mit dem Lesen aufhört. Eine Stressreaktion wird aktiviert, die Ursache wird lokalisiert, als eine bedeutungslose Ungeschicklichkeit kategorisiert, als etwas, das vielleicht ein wenig unangenehm ist, aber nichts, worüber man sich Sorgen machen müsste. Die innere Ruhe kehrt dann zurück und in aller Ruhe kann man sich wieder auf das Lesen des Buches konzentrieren. Wenn Leute um einen herum dagegen alarmiert reagieren und man plötzlich einen Mann mit einer Waffe sieht, reagiert das Gehirn mit sofortigem Alarm, einem Zustand überwältigender Angst. Stellt sich jedoch Minuten später heraus, dass es sich um einen schlechten Witz handelte, kehrt das eigene System langsam und allmählich wieder in einen Zustand der Ruhe zurück. (Perry & Szalavitz, 2006, S. 48)

Jedes Kind erlebt im Laufe eines Tages Schwankungen in einem Arousalkontinuum (▶ Tab. 6.1) abhängig von Erfahrungen, die es macht. Bei der Konfrontation mit einer neuen Situation oder einer neuen Information schätzt das Gehirn die Situation ein (*appraisal*) und beurteilt die Lage als gefährlich oder ungefährlich (*affective evaluation*). Das Kind wird aufmerksamer, wachsamer und konzentriert sich auf das aktuelle Geschehen. Das ist mit einem Erwachsenen vergleichbar, der sich in einer neuen Umgebung befindet, z. B. an einem für ihn unbekannten Flughafen. Die unbekannte Situation wird folglich beeinflussen, wie er sich fühlt oder verhält. Wenn er allein reist und nicht so recht weiß, wohin er gehen soll und an wen er sich wenden kann, um Informationen zu erhalten, wird sein Gefühl der Unsicherheit sich unter diesen Umständen verstärken. Selbst wenn viel Zeit zur Verfügung steht, kann die innere Verunsicherung die Aufmerksamkeit auf das Lesen eines Buches beeinträchtigen, wodurch man sich nicht wirklich in die Geschichte des Buches vertiefen kann, sondern wachsam bleibt und auf jede kleine Bewegung um sich herum achtet. Folglich ist man weniger auf abstrakte, komplexe oder differenzierte Inhalte konzentriert wie

z. B. auf die Komplexität der Geschichte oder der Mathematik. Je mehr die Angst zunimmt, desto primitiver werden Denken und Reagieren und die Fähigkeit, sich in Ruhe zeitlich und räumlich zu orientieren, nimmt ab.

Tab. 6.1: Arousalkontinuum (in Anlehnung an Perry & Szalavitz, 2006).

Innerer Zustand	ruhig	aufmerksam	Alarm	Angst	Panik
Arousal-Kontinuum	Ruhe	Wachsamkeit, Vigilanz	Widerstand, Weinen	Herausfordern, Provozieren, Wut	Kampf, Flucht oder Starre
Zeitgefühl	Zukunft	Tage, Stunden	Stunden, Minuten	Minuten, Sekunden	Kein Zeitgefühl
Kognitiver Stil	abstrakt	konkret	emotional	reaktiv	reflexähnlich

Das Gehirn und das Stresssystem von Kindern mit einem Bindungstrauma sind in ihrer Entwicklung betroffen, derart dass der Übergang von einem Zustand der Ruhe zu extremer Angst und Panik sich nicht etappenweise in Abstufungen vollzieht, sondern ihr innerer Zustand in kürzester Zeit umschlagen kann. »Kleine Ängste«, wie z. B. die Signalangst, gibt es nicht, sodass die Schwelle, ab der Angst und Panik erfahren wird, viel niedriger als normalerweise ist. Es gilt dann das Alles-oder-Nichts-Prinzip, als gäbe es nur einen »Ein/Aus«-Schalter. Die lebensrettende Angst, die bei jedem von uns – in lebensbedrohlichen Situationen – das differenzierte Denken ausschaltet, macht schließlich schnelle Reaktionen möglich, die beim Überleben helfen. Diese starke Angst wird jedoch kontraproduktiv, wenn sie bestehen bleibt und sich in einem kontinuierlichen Zustand erhöhten Arousals generalisiert (*generalised stress or anxiety states*), also selbst dann noch bestehen bleibt, wenn die Umgebung eigentlich Ruhe ausstrahlt und den Pflege- und Adoptivkindern neue Bindungsmöglichkeiten anbietet.

Kinder mit einem komplexen Trauma bewegen sich im Laufe eines scheinbar »stressfreien« Schultages oft über das Arousalkontinuum von »ruhig« bis hin zur inneren Panik. Die Veränderung geschieht schnell und plötzlich. Es gibt keinen allmählichen Spannungsaufbau. Gerade daher kommt es, dass die Umgebung dies meist nicht erkennt und sich nicht darauf (z. B. auf das Ausrasten oder den Wutausbruch) vorbereiten und einstellen kann: ein leichter Anstieg von Anspannung führt sofort zu einer überwältigenden Reaktion.

Dieser Prozess erklärt einen Teil des unvorhersehbaren und unberechenbaren Verhaltens, das Kinder mit einem komplexen Trauma beispielsweise auf dem Spielplatz oder im Schulbus zeigen: »Ich hab meine Faust erhoben, weil er mich so anguckte!« oder »Ich habe versucht, während der Fahrt nach Hause die Autotür zu öffnen, weil sie (Mutter) mich nicht mehr mag. Ich habe ja gehört, was sie zu mir gesagt hat!« Es kommt hinzu, dass ein solches überalarmiertes System viel mehr Zeit braucht, um sich wieder zu beruhigen.

Als ältestes Kind war Christine lange und intensiv in eine häusliche Konfliktsituation verwickelt. Ihrer Schwester Melanie gelang es schon früh, sich mehr zu distanzieren, sobald es heftig zu Hause zuging. Obwohl es beiden Schwestern relativ gut geht, bleibt vor allem Christine sehr empfindlich gegenüber Stress; sich nach einer Phase intensiver Anspannung zu erholen, fällt ihr weiterhin schwer. Wenn sie sich kurz über die Reaktion ihrer Mutter erschreckt, kann sie sich nur schwer wieder beruhigen und ihr Körper fühlt sich noch Stunden später angespannt an.

6.4 Traumatrigger – Reize, die an das Trauma erinnern

Das oben Beschriebene bedeutet, dass ein Kind mit einem komplexen Trauma eine Innenwelt hat, die weder für das Kind selbst noch für die Umgebung vorhersagbar ist. Starke Emotionen können das Kind plötzlich überfallen, weil es etwas hört, riecht, denkt oder träumt, weil unerwartete Reize/Auslöser etwas im eigenen System in Bewegung bringen, reaktivieren, was das Kind nicht kontrollieren kann. Diese unerwarteten Reize werden »Traumatrigger« genannt. Etwas hat das Stresssystem des Kindes in eine erhöhte Wachsamkeit versetzt, doch oftmals weiß das Kind selbst nicht genau, was der Auslöser dafür war. Wir wurden als Menschen mit Gedächtnismechanismen wie diesen Traumatriggern ausgerüstet, um uns vor einer Wiederholung eines traumatischen Ereignisses zu schützen.

Peter konnte einem Feuer entkommen und wird durch einen plötzlichen Brandgeruch wieder in die Situation zurückversetzt, als das Feuer in der Küche ausbrach. Er hat die gleichen Gefühle wie damals, als er sich mitten in einer brennenden Küche befand. Das Geräusch von plätscherndem Wasser löst in Veronique Angst und Panik aus, weil sie vor Jahren einen Tsunami überlebte. Seit kurzem fängt Tanja bei jedem Telefongeräusch an, heftig zu zittern, weil es sie daran erinnert, als ihr Vater ihr am Telefon mitteilte, dass ihre Mutter gestorben sei.

Die Angst bei dem Geruch von Feuer, dem Geräusch von plätscherndem Wasser oder dem Klingeln des Telefons wird – sobald diese Erfahrung an das traumatische Erlebnis erinnert – dazu führen, dass das Kind versucht, der Wiederholung des Traumas zu entkommen, um dieses fürchterliche Ereignis nicht noch einmal erleben zu müssen. Dieser Warnmechanismus hilft uns zu überleben, indem bedrohliche Situationen erkannt werden. Der gleiche Mechanismus richtet sich jedoch gegen einen, sobald er ein Eigenleben zu führen beginnt und in einem jedes Mal unerwartet den Schmerz und die Angst von damals aufflammen lässt, sobald ein sensorischer Impuls kommt, der dem traumatischen Ereignis ähnelt. Scheinbar »normale« Erfahrungen, wie ein Geruch, ein Geräusch, eine Bewegung, ein Gesichtsausdruck usw. werden dann zu »Traumatriggern«, die ein

Kind in einen Zustand erhöhter Angst oder Wachsamkeit bringen. So kann ein Baby, das oft streitende Erwachsene schreien hörte, sich in sich selbst zurückziehen, sobald Stimmen in der (Pflege- oder Adoptiv-)Familie zu laut werden. Das kann die Pflege- oder Adoptiveltern verwirren, die nicht immer begreifen, warum ein Kind sich in einem Moment ruhig beschäftigen kann und im nächsten Moment plötzlich sehr ängstlich oder extrem wütend wird. Die Eltern erleben z. B. die Meinungsverschiedenheit, die sie mit leicht erhobener Stimme miteinander besprechen nicht als schlimm oder beunruhigend und verstehen daher nicht, warum ein solch harmloser Vorfall bei ihrem Kind eine so intensive Reaktion hervorruft.

Was es für die Außenwelt noch schwieriger macht, ist, dass auch innere Impulse wie Hunger und ein Gefühl von Verlust oder Mangel als Traumatrigger fungieren können. So gibt es für einige Adoptivkinder keinen »kleines Hungergefühl«, sondern für sie ist jeder Hungerimpuls ein Traumatrigger, der die Erfahrung in Gang setzt, dass das Hungergefühl die ganze Kontrolle übernehmen wird, als ob monströse Kräfte aus dem schmerzenden leeren Bauch den Körper angreifen. So kommt es dazu, dass Adrenalin durch den Körper schießt und das Gefühl entstehen kann, vor Hunger verrückt werden zu können. Oft reagieren diese Kinder daher nicht so, dass sie in Ruhe nach einem Butterbrot oder Keks fragen, sondern getrieben von Angst herumschreien und jeden verfluchen, der ihnen zufällig in die Quere kommt. Man schnappt sich das Essen, ohne dabei an Höflichkeitsregeln zu denken, die in einem Kontext gelten, in dem es genug Essen gibt. Auch wenn es in der neuen Lebenssituation keinen Mangel gibt, wird die Reaktion auf einen einfachen Hungerimpuls durch tiefverwurzelte Erinnerungen an mangelnde Fürsorge und unerträglichen Hunger gelenkt.

Infolgedessen führen Traumatrigger nicht nur zu innerlichen Ängsten des Kindes, sondern auch zu heftigen Stressreaktionen und Verhaltensweisen, um den Stress wieder abzubauen: »Ich sprang meinem Bruder an die Kehle, weil er mich so angeglotzt hat! Er hat mir wirklich wehgetan.« Obwohl ein solches Verhalten im ursprünglichen traumatischen Kontext verständlich wäre, führt es in anderen Situationen zu »falschen« Erwartungen (der Bruder wollte ihn vielleicht – von Bruder zu Bruder – herausfordern, aber nicht wirklich verletzen), die die neuen Beziehungen stark belasten können.

6.5 Erste Hilfe bei Störungen: Co-regulierende Erwachsene, die tief durchatmen und ruhig nachdenken

Gerade weil Regulationsprobleme alle anderen Entwicklungsbereiche so stark belasten, haben sie immer Vorrang vor den anderen Themen, an denen wir mit Kindern arbeiten, die an einem komplexen Trauma leiden. Perry (2016) drückt dies wie folgt aus: »*First regulate, then relate, then reason.*« Wenn Regulationsschwierigkeiten auftreten, werden sie als erstes behandelt. Regulation hat immer Priorität, denn nur bei einem gewissen Maß an Ruhe und einer gewissen Fähigkeit zur emotionalen Regulation kann an Beziehungsthemen gearbeitet oder damit begonnen werden, gemeinsam darüber nachzudenken, was in der Vergangenheit geschehen oder was in aktuellen Situationen so konflikthaft ist.

Ein übererregtes Kind, das übermäßig ängstlich ist, braucht zuerst einen Erwachsenen, der ihm helfen kann, sich zu beruhigen. Eine solche »Co-Regulierung« erfordert eine Betreuungsperson, die es in einem Moment völliger Dysregulation schafft, »älter, weiser, klüger und vernünftiger« zu bleiben, die nicht in Panik oder in ein erhöhtes Arousal gerät, die weder herablassend noch sadistisch reagiert, die spürbar und hartnäckig weiter nach Lösungen sucht und der »Fels in der Brandung« sein kann. Über das Geschehene zu sprechen, nach Lösungen zu suchen, Verbesserungsmöglichkeiten oder eine strukturierende Intervention – das sind alles Aufgaben und Interventionen für die nächste Phase, wenn sich das kindliche Stressniveau wieder auf ein niedriges und erträgliches Maß reduziert hat. Das Bewusstsein darüber, wie stark solche Kinder verunsichert werden können, erfordert zunächst eine andere Einstellung von Eltern, Pflege- oder Adoptiveltern und Erzieher*innen. Sie sind es gewohnt geworden, nach dem Grund des Verhaltens zu fragen. Jedoch führt in einer solchen Situation jede Frage aufgrund des erhöhten Stresspegels zu einer erneuten Diskussion oder zu noch mehr Stress und Erregung bei dem Kind und/oder zu einem neuen Streit. Es ist daher zunächst viel wichtiger, dem Kind dabei zu helfen zu erkennen, dass es überreagiert (›wie es ist‹), als nach dem zu fragen, was los ist (›warum es so ist‹) (Alvarez, 2012).

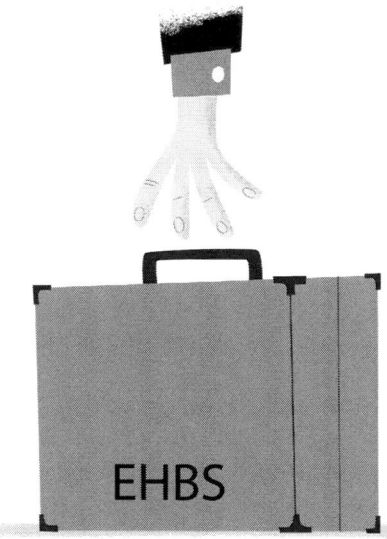

In solchen Situationen ruhig zu bleiben, verlangt von den Personen, die das Kind versorgen, jedoch eine besondere Reflexionsfähigkeit und Fähigkeit zur Stressregulation. Neben der Enttäuschung, dass das Kind schon wieder dieses schwierige Verhalten zeigt oder der Angst, dass das Kind in Schwierigkeiten geraten könnte und der Wut, dass schon wieder Grenzen dermaßen überschritten wurden, muss man als Fürsorgeperson jedes Mal auch erstmal selbst zur Ruhe finden und versuchen, einen kühlen Kopf zu bewahren, bevor man dem Kind überhaupt helfen kann. In diesem Zusammenhang benötigen Kinder mit einem komplexen Bindungstrauma besondere Fürsorgepersonen, die nicht nur immer wieder aufs Neue Ruhe und Raum zum Nachdenken finden, sondern die auch bereit sind, den Stress und die Angst zu ertragen, die ihnen unweigerlich »zugefügt« werden (ein solcher Stress, dass die Betreuungspersonen manchmal indirekt dadurch traumatisiert werden). Ein Kind, das viel Angst und Stress erlebt, riskiert zwangsläufig, seine Umgebung mit viel Angst und Stress »anzustecken«. In der Interaktion mit dem Kind, das gestresst ist, gerät somit auch die Fürsorgeperson unter Anspannung, wird in die stressige Situation, in der das Kind sich (schon wieder) befindet, ungewollt reingezogen. Dieses »Reingezogen werden« hat oft eine toxische Wirkung auf die das Kind umgebenden Personen: Sie erleben dann am eigenen Leib die schmerzhafte und bedrohliche Spannung, die das Kind empfindet, was selbst routinierte Betreuungspersonen aus dem Gleichgewicht bringen kann. Diese Kinder übertragen die Spannung, die sie erleben, auf die Außenwelt und setzen somit unvermeidlich etwas in Gang. Die Auswirkung von Stress und Spannung bei einem traumatisierten Kind ähnelt dem, was passiert, wenn man einen Stein in einen Teich wirft. Die Spannung ist in erster Linie im Fühlen und Denken des Kindes (der Kreis, wo der Stein das Wasser berührt) vorhanden, wird aber dann zwangsläufig auch in der Umgebung (die sich ausdehnenden Kreise im Wasser) spürbar.

6.6 Bilder, Worte und Sprache als Grundlage für Regulierung und Kontrolle

Nachdem erste Hilfe – die Unterstützung bei der Wiederherstellung von Ruhe und emotionaler Regulierung – geleistet wurde, wird das Sprechen über das, was zuvor geschehen ist, wieder wichtiger. Solange jedes Arousal oder jede Emotion sich übermäßig intensiviert (d. h., unmittelbar unerträglich stark wird), wird jeder (noch so scheinbar) »kleine« Moment der Negativität oder Feindseligkeit zu einer fast unkontrollierbaren Sprengladung. Die schwer zu regulierende und emotional überwältigende Innenwelt der betroffenen Kinder wird somit als etwas wahrgenommen, das sich unkontrollierbar weiterentwickelt, da es an einer entsprechenden »Notbremse« zu mangeln scheint.

6 Von der emotionalen Achterbahnfahrt zu neuen Erfahrungen der Regulierung

»Er versucht so sehr, diese Bremsen in sein System zu integrieren, aber es sind nicht seine Bremsen.«
Mama von Lucas

Die beginnende Regulationsfähigkeit beruht auf dem Gefühl – manchmal zum ersten Mal diesen Zusammenhang begreifend – Kontrolle über physische und psychische Prozesse zu erfahren. Es geht um das Gefühl, dass man selbst das Steuer wieder in die Hand bekommt und den starken Motor des Autos begreift, ohne ständig die Kontrolle über den Wagen zu verlieren, also ohne permanent von heftigen inneren Gefühlen überflutet zu werden.

Worte helfen dabei. Um zu klären, wie wir in der Psychotherapie nach Begriffen und einer Sprache für Arousal, Affekt und Emotion suchen, unternehmen wir einen kurzen Exkurs in den Bereich einer »normalen« Entwicklung: Ein Baby lernt seine Gefühlswelt mit Hilfe der versorgenden Personen kennen, die unter anderem diesen Erfahrungen Begriffe und Worte verleihen. Dadurch lernt ein Kind die Welt um sich herum zu begreifen. Das Aufeinanderfolgen der Erfahrungsklänge »Mama kommt gleich« beginnt allmählich beruhigende Wirkung zu bekommen, wenn die Kindergärtnerin im Kindergarten diese Worte tröstend spricht, oder wenn Papa auf eine lustige Art und Weise sagt »Oh je, oh je, oh je, das tat aber weh«, hilft es zu verstehen, dass Papa dieses Wort benutzt, um die Verletzung auszudrücken, die das Kind kurz zuvor verspürte. Wenn man sich als kleiner Knirps am Tischbein gestoßen hat, fragt Opa: »Bist du böse auf den Tisch, hat er dir wehgetan?« Und wenn man in die Hand des Bruders beißt, weil er das Puzzle weggenommen hat, sagt Oma, dass man zwar böse auf den Bruder sein, aber ihn nicht beißen dürfe.

Wenn einem Kind keine Worte für das, was in der inneren Welt vor sich geht, gegeben werden, erhält es nicht die notwendigen Hilfsmittel, um seine innere Welt zu verstehen und weiter auszudifferenzieren. Ohne Worte, um Gefühle klar zu beschreiben, bleibt die eigene Gefühlswelt ein nerviges und möglicherweise bedeutungsloses oder selbst »verrücktes« oder gar »gestörtes« Gewirr, das man lieber in den Hintergrund schiebt.

‹Irritierend› oder ›lästig‹ sind die Worte, die Leonardo eine lange Zeit einsetzt, für alles, was er im Inneren empfindet; er empfindet seine innere Gefühlswelt übrigens im Allgemeinen als negativ. Er kann zwar noch sehen, dass, wenn er sich so fühlt, seine Eltern und Brüder sauer reagieren, aber es fällt ihm lange Zeit schwer zu begreifen, warum er etwas ›irritierend und unangenehm‹ findet und ob dieses »irritierende« Gefühl eher ein Gefühl der Feindseligkeit, Traurigkeit oder Einsamkeit ist. Gefühle werden als negativ erfahren, ohne weitere Differenzierung oder Nuancierung. So ist es auch für Julia eine lange Zeit nicht möglich, dem undefinierbaren »irritierenden« Gefühl, mit dem sie im Inneren kämpft, Worte zu geben, sodass sie nur mit ihrer Körpersprache reagiert: Spielzeug fliegt im Spielzimmer durch die Luft, Möbel werden umgeschmissen, Julia kriecht über den Boden des Spielzimmers und lacht unbändig. Mit Hilfe des Therapeuten kann nach und nach ein Denken und Sprechen darüber entstehen, »ob es sein könnte, dass ihr Körper zeigt, dass alles in ihr voller Unruhe und Hektik ist«. Darüber nachdenken, was jetzt eigentlich die Ursache für die ganze

Unruhe und Hektik sein könnte, ist aber noch lange nicht an der Reihe. In einer viel späteren Sitzung bringt Julia ein Gefühlsthermometer mit, das sie vor einem Jahr von dem Therapeuten bekommen hat und das sie inzwischen selbst mit Begriffen über Gefühle angefüllt hat, um den Therapeuten zu fragen, was die Bedeutung von all diesen Wörtern eigentlich ist.

6.7 Vom »Eigenbrötler« bis zum »Ausflippen«: Metaphern, die helfen, sich selbst zu verstehen

Um Kindern in der Psychotherapie zu vermitteln, wie schnell und schwer eine innere Welt nach einem traumatischen Erlebnis beeinträchtigt sein kann, entwickelten Ogden und Kollegen (2000, 2006, 2015) die Metapher des »Toleranzfensters« (*the window of tolerance*). Diese Metapher hilft sowohl Kindern als auch Eltern, darüber nachzudenken, was im Inneren, im Kontinuum des Arousals und Affekts, vor sich geht.

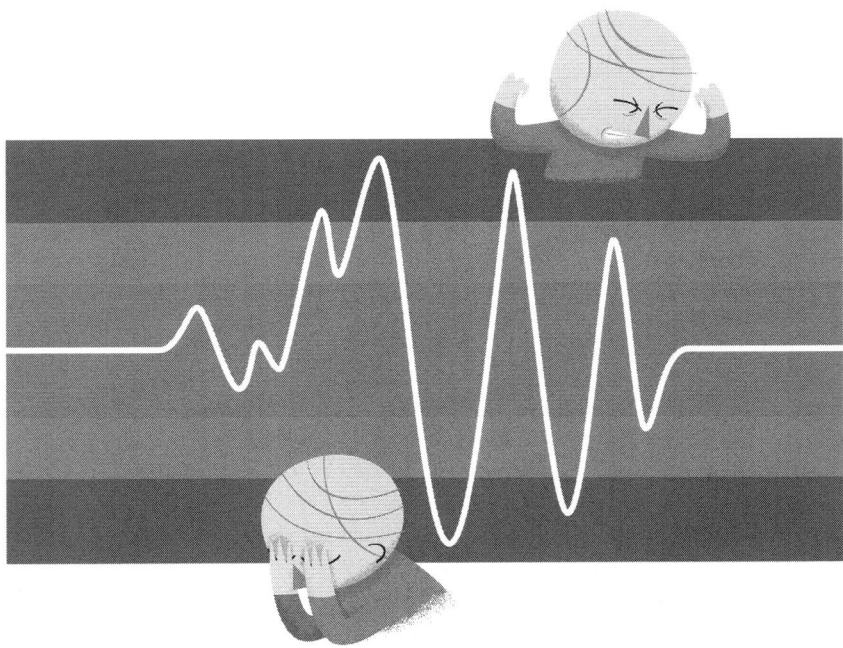

Dieses »Fenster« oder dieser »Rahmen« bezieht sich auf das Niveau des Arousals und des Affektes, die eine Person ertragen kann bzw. die sie noch als erträglich empfindet. Es gibt einen »optimalen Bereich« von Arousal und Affekt, in dem sich jemand wohl fühlt. Dieser Bereich setzt einen gewissen Grad an emotionaler Ruhe voraus, in dem Aktivität entstehen kann. Diesen »Bereich« stellen wir Kindern oft als den »grünen Bereich« vor, in dem es angenehm ist und in dem man sich wohl fühlt. Nur in diesem Bereich des optimalen Arousals kann man sich im Klassenzimmer konzentrieren, etwas Neues lernen, sich auf etwas fokussieren, ein Buch lesen, ein Gespräch führen und z. B. die angenehme Aufregung der bevorstehenden großen Feiertage wie Nikolaus und Weihnachten mit allen Überraschungen genießen. Solange Emotionen lediglich von kontrollierbaren Schwankungen des Alltagslebens geprägt sind, kann man sein Leben leben, sich entspannt auf die Arbeit konzentrieren, das Geschehen um einen herum genießen, voller Freude Sport treiben, sich mit dem Lehrer oder der Partnerin angenehm unterhalten, ohne dass die Dinge einem aus dem Ruder laufen. In diesem Bereich des Arousals und des Affekts bleibt das Denkvermögen ausreichend »online« (aktiv, funktional, kreativ), um den Alltag zu gestalten. In diesem Bereich des Arousal und Affekts funktioniert das »menschliche Gehirn« optimal.

Entsteht jedoch ein »zu viel« an Sinneswahrnehmungen, Stress oder Affekten, reagiert der Mensch darauf mit Angst, Feindseligkeit oder Erschütterung und wird eher von diesen Emotionen überwältigt. Man landet im »roten Bereich« und das gesamte System konzentriert sich auf einen Fokus: »Wie werde ich dieses »zu viel« an Gefühlen oder Arousal wieder los?« Man reagiert wütend, gereizt, irritiert. Weil man bei einem zu hohen Maß an Arousal und Affekt Gefahr läuft, wie ein wild gewordener Löwe zu reagieren, der sich bedroht fühlt, entsteht der Eindruck als ob das »Säugetiergehirn« die Kontrolle übernommen hat.

Im Verlauf des persönlichen Lebens und innerhalb der eigenen spezifischen Umgebung hat man seine eigenen Wege entwickelt, um zu intensive und unangenehme Gefühle loszuwerden, und somit aus diesem »roten Bereich« wieder herauszukommen. Das eine Kind findet Ruhe, indem es sich vor allem an emotional erreichbare Personen wendet, denen es seine Erlebnisse erzählen kann und Verständnis und Wärme bekommt; das andere Kind findet Ruhe, indem es sich in sich selbst zurückzieht oder etwas unternimmt, wie Musik oder Sport zu machen.

Ein Mangel an Sinneseindrücken, Anregung oder Affekt kann jedoch auch zu einem ernsthaften Problem führen. Zum Beispiel ist es für einige Kinder unerträglich, sich zu langweilen oder einfach eine Zeitlang herumzuhängen, weil es sie in einen tiefen Zustand der Leere bringt. Wenn die Langeweile zuschlägt, fühlen sich diese Kinder apathisch, lethargisch und wie in sich selbst eingeschlossen oder etwas wie ›ein innerliches Sterben‹. Sie landen im »blauen Bereich«, einem Bereich einer öden Langeweile und eines Stillstands, einem Nichtvorhandensein von Leben und Vitalität. Sie begeben sich dann auf die Suche nach Dingen, die ihnen wieder Energie geben, die sie aktivieren und stimulieren, damit sie nicht ganz in der Langeweile und Apathie versinken. Hier ist es, als ob ein ›kaltblütiger Reptilienmodus‹ sich an die Arbeit macht. Optimaler Modus, Säugetiermodus und Reptilienmodus, sind Konzepte von Ogden und Fisher (2015), womit diese Autoren darauf hinweisen, dass es einen optimalen Bereich von Emotionsregulation gibt, in dem Menschen Affekte erkennen, einschätzen, interpretieren, reflektieren und angemessen beantworten können (d. h.: der Bereich des Mentalisierens und des *reflective functioning*). Im roten Bereich sind Menschen von zu intensiven Affekten überfordert und können wie Säugetiere ohne menschliche reflexive Fähigkeiten reagieren. Im kalten Bereich werden sie zu wenig von Affekten aktiviert und müssen wie Reptilien erstmal ›aufgewärmt‹ werden (affektiv angesprochen werden), damit sie aus diesem Bereich herauskommen können.

Menschen unterscheiden sich sehr stark darin, welche Affektintensität sie noch tolerierbar oder angenehm finden. So verträgt die eine einen schauererregenden spannenden Film, ohne dadurch in den Hyperarousalbereich zu geraten, während der andere eine solche Spannung – auch wenn es nur ein Film ist – so schrecklich findet, dass er davon schlaflose Nächte bekommt. So kann es auch sein, dass der eine sich beim Laufen sinnbildlich die Lunge aus dem Leib rennt, so viel Freude gibt ihm diese Kraftanstrengung, während die andere allein schon beim Gedanken daran voller Unverständnis darüber mit den Augen rollt.

Bei Kindern mit einem komplexen Trauma ist einerseits die Regulation beeinträchtigt, wodurch sie schneller von dem einen Bereich in den anderen »springen«, von »gewöhnlicher« oder »optimal« intensiver Erfahrung zu überwältigender Erfahrung oder von »gewöhnlicher« intensiver Erfahrung zu Langeweile und innerer Leere. Sie fallen also schneller aus dem grünen Bereich der optimalen Aktivierung und rutschen schneller in den roten oder blauen Bereich des Arousals und sie sind viel eher überaktiviert oder unteraktiviert als andere Kinder. Zudem ist dieser optimale Bereich des angenehmen und erträglichen Affekts viel schmaler bei Kindern, die Bindungstraumatisierungen erlebten. Der Spielraum ist bei ihnen viel kleiner. Das erklärt auch, warum diese Kinder nicht nur bei negativen Emotionen erschrecken, wie z. B. wenn sie sauer oder ängstlich sind, sondern auch durch eine zunehmende Intensität an positiven Gefühlen überwältigt werden, wie z. B. durch die Aufregung bei der eigenen Geburtstagsfeier, zu Nikolaus und Weihnachten oder die Aufregung eines Schulausflugs. Zunächst kann es für das Kind sehr hilfreich sein, sich hierin selbst kennenzulernen, damit es sich darin übt, wie es sich vor übermäßiger Belastung schützen kann, die es aus dem Gleichgewicht bringt. So kann es wichtig sein, dass man als Familie einsieht, dass es eine Zeit lang nicht möglich ist, mit dem Kind in den Freizeitpark oder zu einer Familienfeier zu gehen, weil hierbei möglicherweise in zu kurzer Zeit zu viel Eindrücke auf das Kind herabrieseln, die es weder verarbeiten noch alle zugleich ertragen kann.

In der Psychotherapie erkennen und verstehen Kinder mit einem komplexen Trauma aufgrund von Bindungsabbrüchen oft schnell, wie sie bei erhöhter Angst oder Stress plötzlich in den »roten Bereich« springen und fühlen, dass ihr »Säugetiergehirn« (Ogden & Fisher, 2015) aktiv wird.

> Zum Beispiel sind für Maya Ruhemomente oder Momente der »Langeweile« oft Anlass, um Computerspiele zu spielen. Langweilige Momente sind furchtbar schwierig für sie, sodass sie in solchen Momenten das iPad nimmt, um zu spielen. Das Computerspielen bedeutet für sie Leben und Vitalität: Es ist Spannung und macht Spaß, weil ständig etwas los ist. Die Falle, in die sie dabei oft gerät, ist die, dass sie dann nicht mehr in der Lage ist, das Compu-

terspiel zu unterbrechen, weil der Moment, in dem sie mit dem Spiel aufhört, sie unweigerlich wieder in die Leere zurückwirft, die für sie so fürchterlich schwer zu ertragen ist. Aber weil sie sich von ihrem Spiel nicht losreißen kann, entstehen dadurch wieder neue Probleme. Ihre Versuche, aus der tiefen Langeweile herauszukommen (»blauer Bereich«), führen dazu, dass sie regelmäßig in dem hypererregten (»roten«) Bereich (*hyper-arousal*) landet. Natürlich kommt es dadurch regelmäßig wieder zu heftigen Auseinandersetzungen mit ihren Eltern. Oder sie vergisst, dass sie eigentlich ihre Sporttasche einräumen wollte, um mit ihren Freundinnen ins Sporttraining zu gehen. Als die dann vor der Türe stehen, ist sie zutiefst verlegen und aus Scham wagt sie es nicht, die Tür zu öffnen und lässt die Freundinnen wieder gehen. Als die Mutter etwas später nach Hause kommt, wird deutlich, wie viel Emotionen sich in der Zwischenzeit angesammelt haben. Die Mutter kriegt dann die volle, angestaute Ladung ab, der Wutausbruch dauert den ganzen Nachmittag.

6.8 Über Löwen, Rehe und Kaninchen: Die Beute eines primitiven fight-, flight- oder freeze-Modus

Als Kindertherapeut*innen möchten wir noch ein paar Tiermetaphern hinzufügen, um den Kindern zu helfen, zu begreifen, was primitive Mechanismen wie *fight, flight und freeze* bei ihnen anrichten, sobald Stress in ihnen entsteht. In Momenten extremer Angst, ausgelöst durch ein Trauma oder durch einen späteren Traumatrigger, sind kämpfen (fight) oder fliehen (flight) die primitiven Mechanismen, die als eine automatische Reaktion unkontrolliert walten. Diese Mechanismen helfen dem Kind bei Stressbelastung, ungeachtet der Ursache des Stresses. Unser Nervensystem ist nämlich aus der Flucht- oder Kampfreaktion eines Tieres entstanden, das sich in Gefahr befindet (Turnbull, 2012), wodurch unser Gehirn in erster Linie ein »Überlebensorgan« ist, das uns von Gefahren fernhält und erst zweitrangig als »Denkorgan« fungiert. In bedrohlichen Situationen wird unser zentrales Nervensystem aktiviert, es transformiert uns – in einem schnellen und instinktiven Prozess – in »eine andere Version von uns selbst«. In einem »normalen Zustand« können wir unsere Aufmerksamkeit zugleich auf verschiedene alltägliche Sachen richten, aber in einer lebensbedrohlichen Notsituation sind wir nur in der Lage, zwei Dinge zu tun: Weg von der Gefahr (Flucht) oder die Gefahr bewältigen (Kampf). In den Millisekunden, in denen wir in einen Zustand der Flucht oder des Kampfes geraten, werden Neurotransmitter und Hormone ausgeschüttet, um diese enormen Veränderungen in unserem Körper herzustellen.

Ein Kind, das in einen Kampfmodus (»fight mode«) gerät, greift sofort an. Es wird wütend, schreit und brüllt oder schlägt um sich, weil es Angst hat und sich bedroht fühlt.

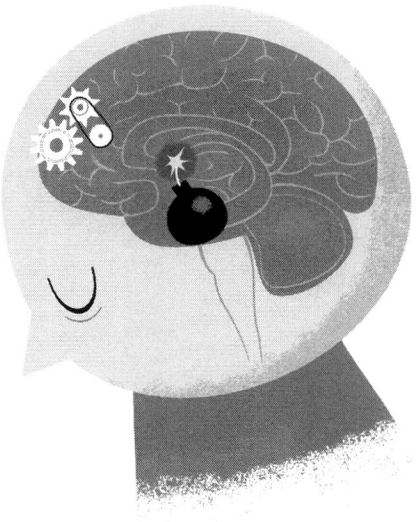

So hat Leonardo im Schulbus schon einmal seinen Lehrer geschlagen, weil er sich ungerecht behandelt fühlte. Er erkennt während der Therapiesitzung dann auch schnell, dass er auf dem Spielplatz »wie ein wütender Löwe« reagiert, wie neulich, als er – noch bevor er nachdenken konnte – sich mit jemanden geprügelt hat, als jemand eine rassistische Bemerkung über seinen besten Freund machte. Wenn wir darüber im Therapieraum reden, weiß er selbst, dass dies nicht die beste Lösung war und er kann sich leicht vorstellen, was er in solch einem Augenblick anders und besser machen kann. Es kann dann darüber nachgedacht werden, wie er erkennen kann, dass dies in seinem Körper zu geschehen beginnt und welche anderen Möglichkeiten es gibt, außer sich zu prügeln.
In Absprache mit der Schule richten wir »Zufluchtsorte« ein, in die er sich zurückziehen kann, sobald er die Kampfreaktion bei sich bemerkt. Einige Lehrer*innen und der Direktor sind bereit, als Vertrauensperson zur Verfügung zu stehen, um ihm direkt einen Platz für ein cooling-down (ein Moment der ›down-regulation‹) zu geben, bis er sich wieder unter Kontrolle hat, um somit ein »Ausflippen« zu verhindern.

Kinder erkennen neben dem Bild des Löwen auch, wie sie in demselben Zustand der Überwältigung auch wie ein Reh reagieren können: von Angst, Wut und Unruhe überwältigt, fliehen sie und rennen weg (flight). Ein Fluchtmodus (»flight mode«) ist die gedankenlose und reflexartige Neigung, von der Spannungsquelle wegzulaufen. Manche Kinder springen auf ihr Fahrrad und flitzen durch die Gegend, um wieder zur Ruhe zu kommen, oder – was problematischer ist – laufen von zu Hause weg, ohne zu sagen, wohin sie gehen, weil der Konflikt mit Mama oder Papa im Augenblick für sie zu viel ist.

> Zum Beispiel lief Maya auf dem Jahrmarkt einfach ängstlich, enttäuscht und wütend weg, weil sie nicht schnell genug bemerkte, dass ihr Vater ihr eigentlich nur helfen und sie trösten wollte, nachdem sie sich wehgetan hatte.

Auch Lügen oder das Leugnen nachdem man etwas angestellt hat, kann als ein solches Fluchtverhalten angesehen werden.

Neben dem Kämpfen und dem Fliehen ist der Freeze-Modus eine der primitivsten Arten, auf Stress und Angst zu reagieren. Ein Kind versteift, wie ein Kaninchen im Scheinwerferlicht, als wäre es von innen »heraus« erstarrt, sozusagen in einem zurückgezogenen und unerreichbaren Zustand. Es starrt vor sich hin oder schaltet alle Sinne aus, um zu verhindern, dass stressige und belastende Worte oder Ereignisse weiter in es eindringen können. Dieser Zustand wird auch »Dissoziation« genannt und ist mit einem Verlust des Kontakts mit der äußeren Umgebung und der inneren subjektiven Erfahrung verbunden (Schmeets, 2005). Manchmal erinnert sich das Kind kaum noch an das, was passiert ist, und scheint hinterher wieder in seinen Körper und seine Umgebung zurückkehren zu müssen; der unerträgliche Affekt wird erstmal mit anderen nicht geteilt. Das Kind hat sich aus der Welt zurückgezogen und muss wieder zu ihr zurückgebracht werden. Solche Zustände der »Dissoziation« kann man bereits bei kleinen Kindern beobachten. Sie wenden sich ab, konzentrieren ihren Blick oft auf einen Punkt und wiederholen bestimmte Verhaltensweisen (Benoit, 2010). Der Affekt wird abgespalten und nicht mehr erlebt (Perry et al., 1995). Dieser Regulationsmechanismus beeinträchtigt die psychische Entwicklung jedoch enorm. Es kommt dazu, dass Teile des psychologischen Funktionierens nicht mehr für das bewusste Leben erreichbar sind. Über diese Aspekte des Lebens wird das Individuum später im Leben nicht (mehr) mentalisieren können (Schmeets, 2011, S. 41).

Die fight-, flight- und freeze-Modi von Kindern mit einem Bindungstrauma verlangen von ihren (Pflege- oder Adoptiv-)Eltern außerordentlich viel Belastbarkeit und Reflexionsfähigkeit. Das eigene Kind in der Öffentlichkeit zu sehen, wie es jemanden schlägt, wie es plötzlich auf einer Familienfeier oder in einem Freizeitpark wegläuft, wie es plötzlich völlig unzugänglich oder von Wut überflutet ist, sind Erfahrungen, die diesen Eltern tief treffen und verletzen.

6.9 Wiederherstellung des Körpervertrauens

Traumatische Erfahrungen werden im Körper festgeschrieben. Sie entziehen dem Körper seine Beweglichkeit und Geschmeidigkeit, denn als Verteidigungsmechanismus stehen ihm nur Schweigen, Erstarren, Krankheit und Gefühllosigkeit zur Verfügung. In diesem Sinne befinden sich in solch einem Körper Merkmale der Erfahrungen, die man probiert zu vermeiden und zu denen man nicht gerne zurückkehrt: zu einer Erfahrung, die verletzend und traumatisch ist. Schließlich ist der Körper der Ort des Gefühlslebens: Er ist es, in dem man Spannung, Ruhe und Zufriedenheit fühlt, in dem man Wut erfährt, aber genauso gut auch intensives Glück. Das körperliche Gefühl drängt danach, in Bildern und Worten beschrieben zu werden. Ohne diese weitere Verarbeitung in Form von Bildern und Worten bleibt der Körper nach einer traumatischen Erfahrung ein Ort, in dem starke Spannung vorherrscht und der über Symptome mitteilt, was los ist oder der völlig abstumpft, um nicht wieder von einem Trauma überrumpelt zu werden. Der Symptom-Körper ist dann nicht mehr übersetzbar in eine symbolische Leiblichkeit, die eine kommunikative Öffnung auf die Umgebung schaffen könnte.

Eine ruhige Umgebung und ein therapeutischer Raum bieten die Möglichkeit, sich dem im Körper verkapselten Trauma anzunähern und den Körper, der zum Träger eines unverarbeiteten Elements geworden ist, zu »befreien«. Hierfür müssen die im Körper gelagerten Erfahrungen, von denen man nur ein vages (Körper-)Gefühl hat, auf einer psychischen Ebene »erlebt und durchdacht«, gemalt und gespielt werden und Begriffe für diese Erfahrungen gefunden werden. In der Psychotherapie bedeutet dies vor allem, dem Kind mit einem komplexen Trauma dabei zu helfen, seinen Körper wieder ernst zu nehmen und Körpersignale »lesen« zu lernen: sich vergegenwärtigen, was gerade geschieht und das dann als Information dafür verwenden, um zu begreifen, was in und um einen herum geschieht.

> Auf dem Weg ins Spielzimmer erzählt Laura – die in ihren ersten Jahren stark vernachlässigt wurde – dem Therapeuten, dass ihre Lehrerin, die vor einiger Zeit ein Kind bekommen hat, morgen mit ihrem Baby die Schule besuchen wird. Das kurze Gespräch ruft bei Laura sofort ein Bild hervor, dass sie nicht gestillt wurde, weil sie zu früh geboren wurde und Mama zu wenig Milch für sie hatte, sowie die schwierigen Gefühle eines damit verbundenen grundlegenden Mangels. Im weiteren Verlauf der Sitzung stellt sich heraus, dass Laura sich schon zuvor an diesem Tag völlig verloren und allein gefühlt hat und einen hässlichen Kratzer auf dem Bauch erlitt, als der Turnunterricht dieses Mal an einem anderen Ort stattfand. Im Spielzimmer setzt sich Laura auf den Tisch mit den Füßen auf einem Stuhl; es dauert nicht lange, bis sie den Stuhl mit den Füßen umschmeißt. Laura sagt dazu: »ich wollte es nicht, der Stuhl will es« und fängt an, zu heftig lachen.

6.10 »Stop and rewind«: Von fight, flight und freeze zum gemeinsamen Spielen, Sprechen und Nachdenken

Der Ausgangspunkt der Mentalisierungstheorie, dass jedes Verhalten seinen Ursprung in einer dynamischen Innenwelt aus Gedanken, Wünschen, Ängsten usw. hat, bietet therapeutisch betrachtet eine wichtige Chance für Veränderungen. Es hilft den Kindern, die ersten Grundlagen zu schaffen, um sich weniger auf das Überleben und mehr auf ihr eigenes empfindliches Gleichgewicht und ihre Kreativität zu konzentrieren. Dieser Ansatz macht sie integrativer und sozialer. Ihre Erfahrungen werden bedeutungsvoller und können Teil eines anderen Narrativs über sich selbst im Verhältnis zu anderen werden. Diskontinuierliche und inkohärente Erfahrungen weichen der Kontinuität in der Selbsterfahrung: Stränge und Fragmente von Erfahrungen werden in einer Psychotherapie oder einer kontinuierlichen oder längeren Beziehung zu einer neuen und kohärenteren Selbstgeschichte verwoben.

Wir suchen als erwachsene Fürsorgepersonen und Betreuer*innen bei diesen Kindern Anschluss zu dem, was sich in der Realität des Hier und Jetzt abspielt und begeben uns von dort aus auf die Suche nach Aspekten ihrer inneren Welt – aufmerksam für noch undeutliche Emotionen und Eindrücke und für Elemente, die in einer Körperhaltung oder einer Zeichnung auftauchen, aber noch nicht in Worte gefasst werden können. Wir helfen ihnen auf diese Weise, vielen Erfahrungen einen Sinn zu geben, in denen sie Spielball überwältigender innerer Kräfte sind.

Cara ist 7 Jahre alt und ihr passieren ständig kleine Unfälle, wobei sie »plötzlich« in einer Situation zu sein scheint, ohne zu begreifen, was passiert ist oder wie sie damit umgehen kann. Ihre einzige Lösung, um damit umzugehen, ist, zu leugnen, dass etwas passiert ist: Egal wie deutlich auch für alle ist, dass sie etwas »falsch gemacht« hat, bleibt Cara dabei, dass sie von nichts weiß. Pflege- oder Adoptiveltern nennen dieses flight-Verhalten »lügen«. Dies ist aus der Sicht der Eltern natürlich eine naheliegende Schlussfolgerung. Kinder können jedoch nur lügen, wenn sie in der Lage sind, eine Erfahrung in Sprache zu fassen und diese dann bewusst verdrehen oder zurückhalten. Von außen ähnelt das Leugnen dem Lügen, ist aber in der Innenwelt eines Kindes ein ursprünglicher und primitiver Prozess, der im Wesentlichen eher mehr der flight-Reaktion entspricht: Man löst Probleme, die man zu schwierig findet, indem man sich so verhält, als gäbe es die Probleme gar nicht, und dabei bleibt man dann und glaubt dies schließlich selbst.

> In einer Psychotherapiesitzung mit Cara (9 J.) und ihrer Adoptivmutter berichtet die Mutter über einen Vorfall im Badezimmer. Die Mutter fand im Waschbecken Nagellackflecken und vermutet, dass Cara mit dem Nagellack der Mutter experimentieren wollte und dass dabei etwas »daneben gegangen« ist. Cara bestritt dies in den darauffolgenden Tagen. Ihre Mutter berichtete während der Sitzung, wie sie sich als Eltern machtlos und böse fühlen und

dass es ihnen nicht gelingt mit Cara über solch eine »Lappalie« zu reden. Um ihr zu helfen, Kontakt mit dem aufzunehmen, was sich in ihrem Inneren abspielen könnte, beginnt der Therapeut mit Cara zu sprechen als würde er mit einem viel jüngeren Kind sprechen, was sinnvoll sein kann, sobald man bemerkt, dass ein Kind eine schwierige Erfahrung durchlebt. Auf eine narrative Weise laut denkend, beginnt der Therapeut zu erzählen, dass Kinder oft gute Gründe haben, zu sagen, dass sie etwas nicht getan haben und dass er sich ein paar dieser Gründe vorstellen kann. Der Therapeut erzählt: »Es kann sein, dass man etwas wirklich nicht gemacht hat…«. Obwohl er selbst nicht an dieses Szenario glaubt, präsentiert er es als eine Möglichkeit, um so Cara ein gemeinsames Nachdenken zu ermöglichen. Der Therapeut spricht weiter: »Es kann auch sein, dass ein Kind manchmal sagt: ›Ich habe es nicht getan«, weil es wirklich keine Ahnung hat, wie man mit solch einem Problem umgeht und wie man es wieder lösen kann oder aber weil es Angst hat, wie böse oder enttäuscht die Mutter und der Vater sein könnten…«. Cara nickt heftig mit dem Kopf, seit der Therapeut am Erzählen ist. Es ist deutlich zu sehen, wie sich die Mutter entspannt und erleichtert ist. Es gibt wieder einen ersten Ansatz des Verstehens und eine Verbindung zwischen ihnen. Als Cara zu malen beginnt, was eigentlich geschehen ist, malt sie das Waschbecken voll mit Nagellackflecken. Es wird eine ›Szene‹ kreiert, ein Bild skizziert.

Um jetzt zusätzlich noch eine »Geschichte« (oder ein Narrativ), in der die handelnden, denkenden und fühlenden Personen einen Platz bekommen, zu entwickeln, fragt der Therapeut Cara, ob sie selbst in der Zeichnung auch vorkommt und sich hinzumalen möchte. Dann zeichnet sie ein Mädchen, das sich die Flecken im Waschbecken anschaut, während sie die Hände vors Gesicht hält.

Abb. 6.1: Zeichnung von Cara

Die Mutter macht mit und entdeckt in der Zeichnung plötzlich etwas Bedeutsames und Sinnvolles. Sie sagt: »Aber Cara, warst du darüber eigentlich selbst erschrocken?« Wieder nickt Cara heftig und steht ganz nah bei ihrer Mutter, die ihren Arm um sie legt. Für ihre Mutter ist Caras Verhalten plötzlich nicht mehr »seltsam«, »ungezogen« oder »verwirrend«; es erhält aus der Perspektive der Gefühlswelt ihrer Tochter plötzlich Sinn und Bedeutung. Aus »sie lügt« wird »sie ist selbst so sehr erschrocken und hat keine Ahnung, wie sie reagieren muss«. Das Gespräch entwickelt sich weiter, es geht darum, wie man vielleicht auch um Hilfe fragen kann, wenn man etwas angestellt hat und nicht mehr weiß, wie man mit der Situation weiter umgehen soll. Es geht darum, wie viel Angst man tatsächlich haben muss, dass die Eltern böse und enttäuscht reagieren könnten und wie man dann gemeinsam Lösungen finden kann. Es entstehen Ideen, wie einen Zettel unter das Kopfkissen der Mutter oder des Vaters legen, ein Buch irgendwo im Haus hinlegen, in das man solche Dinge hineinschreiben kann, um sie einander mitzuteilen. Es entstehen auch Ideen, wie man sich gegenseitig ein Signal geben kann, um etwas mitzuteilen, wofür man jetzt noch keine Bilder oder Begriffe hat.

6.11 Abschließend

Der Prozess, in dem Kinder in der Psychotherapie zu verstehen beginnen, was sich in ihnen und um sie herum – in Bezug auf das Spüren und Erleben von Stress und auf das Erleben von Affekten und wie diese sich ihren Weg bahnen – abspielt, hilft ihnen, das Selbstbild eines »fremden«, »verrückten« oder »ungezogenen« Kindes zu hinterfragen und zu transformieren. Es hilft, zu verstehen, dass die »verrückten« Gedanken, Erfahrungen oder Verhaltensweisen vielleicht unter traumatisierenden Umständen die besten Antworten für derartige Situationen sind.

Oft ist man erst dann in der Lage, neue Verhaltensweisen, Emotionsregulationsmuster oder Gedanken zu finden, wenn man die alten begreift. Wir wollen in der Kinderpsychotherapie den beginnenden reflexiven Fähigkeiten und narrativen Kompetenzen des Kindes ein »Baugerüst« oder eine klare Unterstützung und einen Rahmen zur Verfügung stellen, um auf diese Weise an ihren Schwierigkeiten arbeiten zu können. Somit halten wir die Teile einer inneren Erlebniswelt zusammen, die von Erfahrungen der Sinnlosigkeit, des Terrors, der Panik, der Wut und der Dissoziation übermannt werden können. Innerhalb eines therapeutischen Prozesses helfen wir einem Kind, das Schwierigkeiten hat, während bestimmter Aktivitäten aufmerksam und konzentriert zu bleiben. Wir helfen dem Kind nicht primär beim Lernen neuer Dinge, wir helfen ihm vielmehr dabei, in Momenten, die sie überwältigen, in denen sie von ihren Gefühlen überflutet werden, Schutz zu finden. Wir bieten den Kindern somit Erfahrungen, in denen die Aufmerksamkeit für einen Moment im Hier und Jetzt festgehalten wird und eine Öffnung zu einer anderen, sinnvolleren Erlebniswelt möglich wird.

Diese Kinder (und auch ihre Fürsorgepersonen und Betreuer*innen) brauchen Worte, Bilder und Metaphern, die wie ein Gerüst um ein Haus, das im Aufbau ist, herum platziert werden können und die ihnen helfen, die »bizarren« und sonderbaren Mechanismen, die ihre Beziehung zu sich selbst und zu anderen ständig stören, zu verstehen und damit eine Umgangsweise (*better coping mechanisms and more mature defense mechanisms*, d. h. weniger projizierende und misstrauische Umgangsweisen) zu finden. Der Aufbau eines schützenden Gerüsts um die ersten reflektierenden Fähigkeiten herum bedeutet, dass ein*e Therapeut*in Gedanken bereitstellt, mit denen das Kind und die Pflege- oder Adoptiveltern über Dinge nachdenken können, mit denen »normale Eltern« mit nicht traumatisierten Kindern kaum zu tun haben. Die Suche nach Begriffen, die das Kind erzählen lassen, die erklären, die verbinden und als sinnvolle Bedeutungen vom Kind angenommen werden können sowie an die Erfahrungen des Kindes anschließen, hilft dem traumatisierten Kind, das nur über einen geringen Wortschatz verfügt. In einem Versuch, neue Wege zu finden, um schwer traumatisierten Kindern zu helfen, (1) suchen wir nach Begriffen, die dem Kind und den Eltern helfen zu einem größeren Bewusstsein zu kommen, was sich im Inneren eines Kindes abspielt, (2) beabsichtigen wir, dass erste Vorstellungen entstehen, wie Gefühle und Gedanken unter der Oberfläche von Beziehungen und Verhaltensweisen ablaufen, (3) unterstützen wir die Zunahme narrativer Fähigkeiten, und (4) erleben wir oft, dass bei den Kindern mit der Zeit ein Gefühl entsteht, das eigene Verhalten mehr beherrschen zu können, wodurch ein Kind immer weniger zum Spielball innerer und äußerer Kräfte wird, die sein Verhalten in den Modus *fight, flight und freeze* treiben könnten.

7 Inseln des Vertrauens in einer Erfahrungswelt unzuverlässiger Versorgung

7.1 Komplexes Trauma ist auch ein »Bindungstrauma«: Eine innere Welt, die auf einem grundlegenden Gefühl des Misstrauens beruht

> The internal working model of attachment may be seen as the blueprint for survival, knowing if and to whom you can turn when upset, and whether and how to approach.
> (Steele, Hodges, Kaniuk, & Steele, 2010, S. 27)

Für fürsorgende Eltern und für eine Umgebung, die darauf zielt, Kindern ein geborgenes Zuhause zu bieten, ist es manchmal schwer zu begreifen oder zu akzeptieren, dass ein Kind – nach einem schwierigen Lebensstart – noch viele Jahre lang Probleme zeigt und dass es manchmal nur langsam und mühevoll oder mit vielen Konflikten verbunden von einem guten Familienklima profitieren kann.

In den vorangehenden Kapiteln machten wir deutlich, wie frühe Verletzungen bei Kindern einen starken und nachhaltigen Einfluss auf die weitere Persönlichkeitsentwicklung haben können. Wir haben Erkenntnisse beschrieben, die zeigen, wie die Bindungsfähigkeit und Persönlichkeit des Kindes im Laufe seines Wachstums Gestalt annehmen (▶ Kap. 3) und wie Regulierungsschwierigkeiten die Beziehungen und Beziehungs-/Bindungsentwicklung immer wieder bedrohen können (▶ Kap. 6). In diesem 7. Kapitel befassen wir uns mit den inneren Bildern bzw. Vorstellungen über sich selbst und andere, mit denen diese Kinder ringen und wie diese Beziehungsbilder in der Umgebung, in der das Kind aufwächst, sowie in der Psychotherapie zum Ausdruck kommen. Wir bieten diesen Kindern in der Psychotherapie einen Raum, in dem sie ihre beängstigende Bilder (Bindungsrepresentanzen) und Erwartungen ausdrücken können und wir suchen nach Möglichkeiten, ihnen zu helfen, »Inseln des Vertrauens« oder Momente der Beziehungs- oder Bindungsverbundenheit zu erleben. Denn nur so kann neben den unangenehmen und beängstigenden Bildern in ihrer Innenwelt auch Raum für wärmere und positivere Bilder geschaffen werden.

Kehren wir noch einmal zurück zum Verständnis der »biopsychosozialen Falle« (Shalev, 2000), die – im vorherigen Kapitel beschrieben – das biologisch verankerte Hyperarousal bzw. das übermäßige Aktiviert-werden oder ›Sich angesprochen-fühlen‹ von Eindrücken beschreibt, die von innen heraus oder aber von der externen Realität auf das Kind einwirken: Jene Eindrücke verursachen psychologische und soziale Schwierigkeiten, die wiederum Angst und eine Steigerung des Hyperarousals entstehen lassen. Unweigerlich versucht sich ein Kind vor diesem erhöhten Arousal und der verspürten Angst zu schützen, indem es sich bspw. manipulierend, abweisend oder aggressiv gegenüber den versorgenden Personen, von denen es abhängig ist, verhält. Vor diesem Hintergrund erhält das scheinbar unangemessene oder sinnlos erscheinende Verhalten eines Kindes, das traumatische Erfahrungen machen musste, einen Sinn. Nicht zu unterschätzen ist hierbei aber die doppelte Belastung, der das Kind ausgesetzt ist. Einerseits sieht es sich mit der Vernachlässigung konfrontiert, die in seiner frühen Lebensumgebung stattgefunden hat und andererseits das gegenwärtige Leiden, das sich aufgrund seiner verwundeten Innenwelt im Hier und Jetzt zu wiederholen droht (Boston & Szur, 1983). Weil das Kind fürsorgende und zuverlässige Betreuungspersonen in seinem Inneren aber als grausam, kalt, gefühllos oder sadistisch wahrnimmt und sich ihnen von dieser Perspektive aus nähert, nimmt es Verhaltensweisen an, die als Reaktion darauf verstanden werden können, als wären sie in Wirklichkeit grausam und vernachlässigend, wodurch die Beziehungsgestalt problematisch werden kann. Es scheint, als wäre das Kind in einem Teufelskreis ohne Ausgang gefangen, wonach die neuen Bindungsmöglichkeiten manchmal völlig von den alten Bindungstraumatisierungen überschattet werden, die das Kind im Hier und Jetzt re-inszeniert.

7.2 Internale Arbeitsmodelle: Ein »Skript« für Beziehungen – eine Landkarte der sozialen Welt

In der Bindungstheorie ist ein »internales Arbeitsmodell« (▶ Kap. 3) eine Blaupause, ein Entwurf oder eine Schablone, die sich auf der Grundlage realer Erfahrungen und ihrer Verarbeitung im Inneren einer Person herausgebildet hat und im Sinne eines Drehbuchs voller Erwartungen verstanden werden kann, das festschreibt, wie Beziehungen funktionieren. Solch eine Schablone funktioniert als Erwartungsmuster, das suggeriert, wie man von anderen behandelt wird: Es ist wie eine getönte Brille, die man über Beziehungen legt und die beeinflusst, wie man über diese Beziehungen denkt, sie filtert, was gehört und gesehen wird, wohin die Aufmerksamkeit gelenkt wird, wie Wahrnehmungen zu verstehen und zu interpretieren sind und welche Bedeutung diese haben. Infolgedessen bestätigen diese getönten Wahrnehmungen oft, was zuvor gedacht, erwartet und/oder befürchtet wurde. Wenn man erwartet, verlassen zu werden und Angst davor hat, sieht man jede Erfahrung der Abwendung, des Wegschauens, des Weggehens, des Allein-gelassen Werdens – auch wenn es die liebe Oma macht – als einen Beweis für dieses Erwartungsmuster: »Siehst du, ich hatte Recht, du lässt mich doch im Stich.« Erziehende und einschränkende Maßnahmen der Eltern, eine Aussage, dass etwas nicht erlaubt wird oder nicht möglich ist, können dann als mangelnde Fürsorge empfunden werden: »Siehst du, der Bruder kriegt einen neuen Pullover, und ich krieg nicht mal das T-Shirt. Ich bekomme wieder nichts.«

In solch einem Moment ist die Erinnerung an die neuen Schuhe, die das Kind kurz davor noch bekam, nicht mehr greifbar. Auf diese Weise werden bestimmte Erfahrungen (»Ich bekomme wieder nichts«, »sie lässt mich sowieso wieder alleine«) wie Perlen einer Kette zu einer alles umfassenden Erfahrung zusammengefügt: »Sie lassen mich immer im Stich«, »sie kümmern sich mehr um andere als um mich«, oder »ich bin es nicht wert, um gut für mich zu sorgen«, während Erfahrungen, die nicht in dieses Muster passen, schwieriger akzeptiert oder nicht gesehen werden können. Die Vorlage oder Schablone ist bereits auf der Grundlage früherer Erwartungen aufgebaut und filtert die Perzeption neuer Erfahrungen. Sie beeinflusst hiermit die Gestaltung neuer Erfahrungen, mit dem Risiko, dass aktuelle und zukünftige Erfahrungen durch das vorherige Trauma beeinträchtigt werden. Das Bindungstrauma der Vergangenheit überschattet den potenziellen Reichtum der Beziehungen der Gegenwart und die darin enthaltenen Zukunftsmöglichkeiten. Die neue elterliche Betreuung der Adoptiv- oder Pflegeeltern wird von dem traumatisierten Kind nicht als eine Zuwendung verstanden, sondern als eine Wiederholung der alten traumatischen Versorgung erlebt. Auf diese Art und Weise wirken diese Mechanismen wie eine sich selbst erfüllende Prophezeiung. Wenn man permanent Angst hat, dass Eltern einem nichts gönnen und man sich ihnen gegenüber so verhält, als ob sie einem nichts gönnen, besteht die Gefahr – unbewusst und unbeabsichtigt – in Beziehungen zu geraten, in denen es für andere effektiv immer schwieriger wird, einem etwas zu gönnen. Eltern seufzen manchmal und wenden ihren Blick ab, wenn das Kind zum x-ten Mal sagt: »Mein Bruder bekommt wieder einen Pullover, und ich krieg wieder nichts. Ich bekomme nie etwas« oder denken sich selbst: »Es spielt doch keine Rolle, ob man mehr für sie tut, sie sehen ja nur, was man nicht macht.« Wenn man als versorgende Person behandelt wird, als ob man nur negative Absichten hat oder als ob man ein Kind nicht gerne sieht, wird dies schwierig zu ertragen, sodass man zwangsläufig denkt: »Egal, was ich auch mache, es ist doch sowieso nie genug.« Wenn Eltern oder versorgende Personen beginnen zu denken: »Er muss es mal fühlen, wie es ist, wirklich nichts zu bekommen« und dementsprechend handeln, was das Kind am meisten befürchtet (und unbewusst vielleicht sogar selbst provoziert), wird hierdurch ein Teufelskreis in Gang gesetzt, der in einer Familie allein nur schwer zu durchbrechen ist. Auf diese Weise drohen vergangene negative Bindungserfahrungen sich zu wiederholen in der neuen Pflege- oder Adoptionsfamilie.

Solche Vorlagen oder Schablonen werden im Laufe der Zeit zu einer Art Automatismus im Denken und Erleben, mit einer nicht zu unterschätzenden steuernden Kraft. Sie werden dann so normal wie das Wasser für einen Fisch. Egal wie klar diese Muster für diejenigen sind, die mit diesem Kind leben, das Kind ist sich dieser Muster nicht bewusst und kontrolliert sie nicht selbst. Sie mögen irgendwann mal wahr und sinnvoll gewesen sein, aber machen in einem späteren Leben und in neuen Bindungskontexten oft einfache – manchmal angenehme – Familienmomente oder Klassensituationen zu einer schwierigen und emotional aufgeladenen Situation, die sehr komplizierte Affekte hervorrufen kann.

7.3 Das Spielzimmer als Labor für soziale und emotionale Erfahrungen/Entwicklung

Zum Glück bedeutet dies nicht, dass solche Vorlagen für immer und ewig bestehen bleiben, als ob es in Stein gemeißelte Muster wären. Vielleicht sind sie eher mit den ausgetretenen Pfaden in einem Wald zu vergleichen. Sie zeigen, wo in der Vergangenheit zumeist gelaufen wurde. Es benötigt unzählige viele andere Erfahrungen, um diesen ausgetretenen Pfad oder altes Flussbett allmählich zu verlassen und neue Wege einzuschlagen. Die bestehenden Muster sind für das Kind so »selbstverständlich«, dass das Kind sie gar nicht erst wahrnimmt oder sie ihm kaum bewusst sind. Ladan (2015) nennt solche Muster daher »Das von selbst Schweigende«, oder »das selbstverständlich Schweigende«, »das von sich aus nicht Sagbare«. In diesem Sinne steuern sie automatisch sowie implizit das Beziehungsverhalten des Kindes und kündigen sich nicht als etwas an, das die Mühe wert ist, um darüber zu reden. Jemanden auf die als selbstverständlich erlebten und unbewussten Muster hinzuweisen, ist vergleichbar mit einem Fisch, den man auf das Wasser aufmerksam macht, in dem er schwimmt. Man hat in solch einem Fall darauf vorbereitet zu sein, nur eine gleichgültige oder verwunderte Reaktion zu bekommen, wie »Na und, über was regst du dich eigentlich auf?« Da diese Muster häufig aus den komplexen Bindungstraumatisierungen hervorgehen, die auf das Leben des Kindes großen Einfluss nehmen, ist es umso wichtiger, dass das Kind lernt, diese Muster in sich selbst wahrzunehmen und zu erkennen. Dies gilt als Grundlage und Voraussetzung dafür, nicht sein ganzes Leben unter ihnen zu leiden. Das Erkennen bestehender Muster kann erst erfolgen, wenn diese Muster unzählige Male wiederholt wurden und Momente der Reibung oder des Konfliktes in einem sicheren familiären Kontext geschaffen wurden.

Erst dann kann ein Kind allmählich erfahren, dass das Gedachte und Gefühlte nicht mit dem übereinstimmt, wie Eltern und Umgebung mit ihm umgehen. Nach und nach wird es erfahren, dass das, was es spontan macht und denkt, nicht selbstverständlich ist. Jemanden nur auf solche Muster hinzuweisen, macht wenig Sinn, solange die Wiederholung der Muster nicht innerhalb einer sinngebenden und wohlwollenden Beziehung stattfindet. Diese Muster einem Kind vorzuwerfen oder verurteilend darauf zu reagieren, ist destruktiv und verhindert weitere Entwicklungen. Man kann einem Kind mit einem komplexen Trauma diese Muster genauso wenig vorwerfen, wie man jemandem, der blind ist, sagen kann, er soll gefälligst seine Augen aufreißen und besser hinsehen. Was sowohl kurz- als auch langfristig als konstruktiv geltend gemacht werden kann, ist, dem Kind bestimmte Tools oder Hilfsmittel anzubieten. Dies wäre eine wohlwollende Beziehung herzustellen, die eine reflektierende Haltung ermöglicht, von der aus ein Kind eigene Beziehungsmuster betrachten und begreifen kann.

Diese eigenen Muster zunächst einmal zu erkennen und dann auch zu verstehen und anzupassen, verlangt – neben liebevollen (Pflege- oder Adoptiv-)Eltern oder anderen neuen Bindungspersonen und einer reflektierenden Umgebung – oft auch den besonderen Kontext einer Psychotherapie. Psychotherapie ist als

Kombination eines besonderen Rahmens und einer besonderen Beziehung zu verstehen. Das Spielzimmer ist ein abgegrenzter Rahmen »außerhalb« der eigenen normalen Lebensumgebung. Der/die Therapeut*in bietet eine Beziehung an, in der er/sie sich darauf konzentriert, gemeinsam mit dem Kind nach diesen Mustern (*internal scripts of attachment*) zu suchen, zu erfahren, was sie bedeuten, woher sie kommen, wie die damit verbundene Ängste entstanden sind, warum sie die Entwicklung behindern und welche alternativen Möglichkeiten es geben kann. Diese Kombination aus einem besonderen Raum und einer besonderen Beziehung macht Psychotherapie zu einem sozialen und emotionalen »Labor«, einem Praxisort, an dem das Kind – oft zum ersten Mal – förderliche Erfahrungen wagen und ertragen kann. Es erfährt, dass man sich mit ihm beschäftigt, was sich in seiner inneren Welt abspielt und vor allem, dass es sich in einer sicheren Umgebung befindet, die keine unmittelbaren Folgen für das wirkliche Leben haben muss. In dem kontinuierlichen Strom kleiner Beobachtungen, die der/die Kindertherapeut*in im Spielzimmer stetig macht, versucht er/sie sich ein Bild davon zu machen, welche Muster oder Vorstellungen in der gegenwärtigen Entwicklung dominieren. Er/sie denkt darüber nach, wie er/sie die positiven Bilder und Muster unterstützen kann, indem er/sie sie in einen sogenannten Glaskasten legt, der eine junge Pflanze vor allzu viel Kälte schützen soll, um sie am Leben zu erhalten. Der/die Therapeut*in sucht ebenfalls danach, wie er/sie die negativen Bilder und Muster hinterfragen und zum Schutze des Kindes beschränken kann, um dabei zu helfen, sie loszulassen und im Sinne neuer Vorstellungen von Bindungsbeziehungen für sie einen Ersatz (neue Vorstellungen von Bindungsbeziehungen) zu finden.

Laura ist seit längerem in der Therapie mit ihrem Spiel »sorgen für« beschäftigt. Anfänglich kümmert sie sich um den Therapeuten. Die Rolle des Kindes, das klein und abhängig ist, ist für sie noch immer viel zu schwierig. Das Thema der Versorgung ist für Laura untrennbar mit einer intensiven Angst vor schlechter Versorgung und Betreuung. So drängen sich plötzlich Bilder von Hexen und Räubern in den Vordergrund, oder aber das Spiel verändert sich unerwartet zu einer Spielszene mit Tabletten, die einen krank machen.

Erst lange Zeit später entstehen positivere und zugleich beruhigende und sorgsame Bilder wie z. B. ein Wächter der Schutz bietet. Allerdings ist die Verletzlichkeit in diesen Bildern gut zu erkennen: der Wächter kann plötzlich und unerwartet doch zum Räuber werden oder Laura erlaubt es dem Therapeuten, zunächst eine fürsorgliche Rolle im Rollenspiel zu übernehmen um es dem Therapeuten nur kurz darauf unmöglich zu machen, sich gut (genug) um die Kinderfigur kümmern zu können. Allmählich bringt Laura auch mehr widersprüchliche Gefühle in ihr Spiel ein, wie eine Kinderfigur, die wütend auf die Eltern ist. Sie wagt es zwar mit solchen Bildern im Therapieraum zu experimentieren, hat aber noch einen langen Weg vor sich diese Gefühle in ihren realen Beziehungen zu wichtigen versorgenden Personen zuzulassen.

7.4 Brückentester: Die Kraft von und der ewige Kampf mit einer tief verwurzelten Verlassensangst

> There is no greater threat in life than that we will be deserted, left all alone. (...) and the younger we are, the more excruciating is our anxiety when we feel deserted, for the young child actually perishes when not adequately protected or taken care of. Therefore, the ultimate consolation is that we shall never be deserted. (Bettelheim, 1976 [1991], S. 145)

Kinder, die unter »guten« Bedingungen aufwachsen, werden bei Trennungsangst immer wieder mit der Botschaft getröstet, dass ihre Eltern sie nicht alleine lassen. Verlassen zu werden oder alleine zurückgelassen zu werden, kommt für viele nur in Märchen oder Alpträumen vor, in den tiefsten Ängsten. Dennoch ist die Angst, die jedes Kind einmal erlebt, sehr intensiv. Nicht zufällig sind Verlustängste, Angst vor dem Zurückgelassen und Mitgenommenwerden häufige Themen in Märchen, Erzählungen und in der Kinderliteratur, die die innere Welt der Kinder aufgreifen und ernst nehmen. Diese Angst und ihre Intensität sind auf die absolute Abhängigkeit junger Kinder von ihren versorgenden Bezugspersonen zurückzuführen. Ohne versorgende Personen und ihre Betreuung ist das kleine Kind auf sich allein gestellt und seinem Schicksal ausgeliefert, da es weder über die Möglichkeiten verfügt noch die Fähigkeiten hat, für sich selbst zu sorgen.

Irgendwann doch einmal zurückgelassen zu werden – auch wenn es »nur« einmal im Leben war und egal wie klein man damals war – macht die Angst zu etwas, das zwar allmählich verblasst, allerdings nie gänzlich verschwinden wird. Bei Kindern, die weiterhin in einer »normalen« Umgebung aufwachsen, interferiert diese Angst nicht unmittelbar mit ihrem Entwicklungsprozess. Bei Kindern mit komplexen Traumata jedoch bleibt die Erfahrung des Zurückgelassenwerdens viel eindringlicher und realer bestehen, als etwas, das sich jederzeit wiederholen kann. Bei diesen Kindern ist diese Angst nicht einfach aufhebbar und wie auf einem Dachboden vergangener Erinnerungen verstaubar – auch dann nicht, wenn die neuen Adoptiv- oder Pflegeeltern ihnen die Botschaft zu vermitteln versuchen, dass sie ihr Kind nie verlassen würden. Wenngleich die Adoptiv- und Pflegeeltern überzeugt sind, sich mit Leib und Seele dafür einsetzen, ihrem Kind einen Platz in ihrem Zuhause und ihrem Herzen zu geben, kommen viele Eltern nicht umhin die Erfahrung zu machen, dass sie damit ihr Kind nicht (vollständig) beruhigen können – unabhängig davon, wie deutlich und wie oft sie es auch sagen oder auf verschiedene Art und Weise zeigen, dass sie da sind und dies auch bleiben. Das Kind bleibt mit der Frage zurück: Warum bleiben diese Eltern bei mir, während die vorigen Eltern einfach weggegangen sind? Viele Kinder mit komplexen Traumata und mit der Erfahrung von Bindungsabbrüchen ringen mit tiefen Gefühlen der Trennungs- und Verlassensangst, die im Alltag mit jedem unvermeidlichen Abschied ausgelöst wird. In normalen Momenten des Verabschiedens im alltäglichen Leben, kommt in ihnen die tief verwurzelte Überzeugung auf, dass auch diese Eltern oder Bezugspersonen sie früher oder später einfach im Stich lassen werden. Hierdurch können bspw. Schlafprobleme entstehen, da das Schlafengehen zu den täglichen Trennungsmomenten jedes Kindes gehört. Was für »normal aufwachsende Kinder« oft ein Übungsmoment ist, in dem man lernt, allein zu sein und sich darauf verlassen zu können, dass am nächsten Morgen die vertraute Welt noch immer da ist, kann bei Kinder mit einem komplexen Trauma eine tiefsitzende Trennungsangst triggern. Die Angst besteht darin, dass beim Aufwachen – wie aus einem Alptraum oder in der Erfahrung eines Findelkindes – alles Vertraute nicht mehr da und verschwunden ist. Alpträume über das Weggegeben werden, ins Heim geschickt, rausgeschmissen zu werden usw., rauben Kindern mit einem komplexen Trauma oft den Schlaf. Diese Kinder testen aus diesem Grund die Stärke der relationalen Brücken mit neuen versorgenden Personen über einen langen Zeitraum hinweg: das Kind hat in seinem Leben erfahren, dass es nicht selbstverständlich ist, dass Mama und Papa zurückkommen oder hat gelernt, dass es nicht vernünftig ist, sich darauf zu verlassen, dass der andere auch wirklich zurückkommt. Wer jemals auf einer Brücke stand und erlebt hat, dass diese Brücke einstürzt, wird unweigerlich von Angst überfallen, sobald er vor oder auf einer Brücke steht. Vielleicht probiert man alles Mögliche um diese Brücke zu meiden, lieber meilenweit um sie herumzugehen, als sich mit einem Schritt auf die Brücke zu begeben; oder man wagt einen vorsichtigen Schritt, bleibt dann jedoch wie erstarrt stehen, nicht in der Lage einen Schritt weiter zu gehen; oder man stampft am Anfang auf die Brücke, um zu testen, ob die Brücke dem Gewicht und Druck standhalten kann, was jedoch das Risiko der Überbelastung birgt, und sie aufgrund des wiederholten Testverhaltens zum Zusammenbruch oder Einsturz gebracht wird.

7.5 Intermezzo

Im Spielzimmer suchen wir nach Wegen, wie wir einem Kind helfen können, vorsichtig zu erfahren und zu glauben, dass kleine, normale und unvermeidliche Trennungen und Verlusterfahrungen überlebt werden können, dass jemand der für einen sorgt, auch jedes Mal wieder zurückkommt. Ein Kindertherapieprozess bietet viele Möglichkeiten, »Abschied im Kleinen« zu üben. So, wie das Schlafengehen oder zur Schulegehen einen Mikromoment der Trennung und des Zurückbleibens bedeutet, sind auch die Momente des Abschieds von den Eltern im Wartezimmer oder vom Therapeuten/von der Therapeutin sowie vom Spielzimmer am Ende jeder Therapiesitzung als kleine Übungsmomente zu verstehen.

Es sind solche Momente, die die Trennungsangst triggern und gerade dadurch die Möglichkeit bieten, darüber nachzudenken, um anders mit dieser Angsterfahrung umzugehen. Gemeinsam mit dem Therapeuten oder der Therapeutin und den Eltern in solchen Momenten Inne zu halten, hilft dem Kind, sich selbst besser kennenzulernen und die aufkommenden, schwierigen Gefühle zu bewältigen. So entstehen oft erste Momente, in denen das Kind lernt, darüber nachzudenken und wirklich zu erleben, dass andere zurückkommen. Dort lernt es – schrittweise und durch Übung – sich darauf zu verlassen, dass die Eltern und der/die Therapeut*in eine zuverlässige Rückfallbasis sein können, und dass man Begriffe und Bilder (Spielbilder, gemalte Bilder, innere Vorstellungen) für die starke Angst finden kann, die einen gelegentlich immer wieder überfällt: die Angst, dass man niemanden vertrauen kann. Ein Beispiel aus der Anfangsphase Louises Spieltherapie veranschaulicht dies.

Die vierjährige Louise steht am Morgen etwas verloren auf dem Spielplatz, nachdem ihre Mama sie in den Kindergarten gebracht hatte. Ihr Verhalten erinnert an das eines noch kleineren Kindes. Sie scheint keine Fähigkeiten zu besitzen, um den Moment des Abschieds und des Loslassens von ihrer Mutter überbrücken zu können. Erst als die Kindergärtnerin sie in den Spielraum mitnimmt, geht es ihr etwas besser.

Auch im Spielzimmer der Therapeutin lässt sich Louise auf den Boden fallen, sobald die Zeit kommt, das gemeinsame Spiel mit Mama und Therapeutin zu beenden. Wie zu Hause und in der Schule, weiß sie auch hier nicht, wie sie im Spielzimmer mit diesen Übergangsmomenten umgehen soll. Ihr Rhythmus des Betretens und Verlassens des Spielraumes gleicht dem, was auch im Kindergarten oder in der Schule passiert: in die Schule gehen und von ihr weggehen, zum Spielplatz gehen und vom Spielplatz wieder weggehen – alles ist gleichermaßen schwierig. Jeder Verlust scheint für Louise das »alte« Gefühl zu wecken, jemanden zu verlieren. Wer kann ihr garantieren, dass diese Mutter, diese Lehrerin oder diese Therapeutin wieder zurückkommen wird? Da wo Louise auf dem Spielplatz wie zu erstarren scheint, sobald sie in die Schule kommt und allein den Weg zurück zur Lehrerin oder Betreuungsperson finden muss, reagiert sie am Ende der Sitzung im Therapiespielzimmer nicht mit Erstarrung, sondern mit Wut.

Die Frage, wie wir ihr helfen können, sich zu erinnern und sich zu merken, dass sie nächste Woche mit ihrer Mutter wieder zur Therapeutin zurückkommt, gibt Anlass zu einem Spiel, das viele Wochen andauert und verschiedene Variationen annimmt. Zuerst stellt die Therapeutin eine von Louises Lieblingsspielfiguren auf den Schrank, damit Louise die Figur sieht, sobald sie das nächste Mal ins Spielzimmer kommt und damit sie bemerkt, dass jemand auf sie wartet.

Noch bevor die Tür vom Spielzimmer geöffnet wird, fragt die Therapeutin laut denkend, wer wohl hinter der Spielzimmertür auf Louise warten könnte. In einer nächsten Phase der Therapie imitiert Louise aktiv dieses Sprechen der Therapeutin. Während sie vor der Spielzimmertüre steht, sagt Louise, im selben Tonfall, den die Therapeutin zuvor auch gebraucht hat: »Wer ist es denn, der jetzt auf Louise warten könnte?« Nach einer Weile entwirft Louise Variationen zu diesem Thema. Sie stellt andere Tiere auf, versteckt die eine oder andere Figur und überprüft beim nächsten Mal, ob sich alles noch am selben Platz befindet. Zugleich entwickelt sie im Spielzimmer feste Rituale, die sich auf Kontinuität und Solidarität beziehen. So beginnt für sie jede Therapiesitzung auf dieselbe Art und Weise, wenn sie sich auf Mamas Schoß immer wieder dieselben Geschichten anhört.

Wenig später zeigt Louise uns in einem Fragment des Symbolspiels etwas sehr Wichtiges, in dem sie genau darzustellen versucht, was ihre Ängste sind und wonach sie sich so verzweifelt sehnt. Sie spielt mit den russischen Matroschka Püppchen, die sie endlos auseinandernimmt (trennt) und dann wieder zusammenfügt (verbindet) und sagt dabei: »Die Kleine ist in Mamas Bauch und kann somit immer mit ihr zusammen sein.«

7.6 *The witching hour:* Gelegentlich überwältigt von grausigen »Hexen«-Gefühlen gegenüber anderen

The witching hour, somebody had once whispered to her, was a special moment in the middle of the night when every child and every grown-up was in a deep deep sleep, and all the dark things came out from hiding and had the world all to themselves. (Roald Dahl, 1982)

Eine andere Metapher, die hilft zu verstehen, was sich manchmal im Kopf eines Kindes mit einem komplexen Trauma abspielt, ist die der »Geisterstunde« oder »the witching hour«. Der Moment, in dem einem plötzlich unerwartete, unverarbeitete und unvorhergesehene dunkle Gedanken durch den Kopf gehen.

Momente der Trennung und Momente von intensivem Stress aktivieren das Bindungssystem. Das bedeutet, dass wir zum Beispiel bei einem Unfall – unabhängig vom Ausmaß – in der Regel zuallererst Kontakt mit unseren engsten Bezugspersonen aufnehmen. Ihre Stimmen zu hören, ihre körperliche Nähe zu fühlen oder ihre Worte zu vernehmen, bringt oft die erste notwendige Ruhe, um danach wieder nachdenken zu können. Bei Kindern mit einem komplexen Trauma reaktivieren solche Momente der Trennung den Stress oder das Bedrohungsgefühl, wie z. B. beim Abschied nehmen, beim Schuleingang, beim Schulausflug, beim zu Besuch Bleiben, beim Abschiednehmen von einem Elternteil, der für ein paar Tage verreist. Jedes Mal werden die »alten« Bilder von vernachlässigenden, unberechenbaren oder abwesenden Bezugspersonen wiederbelebt. Je verletzlicher die ersten Beziehungen zu den versorgenden Personen waren, desto intensiver die Angst und die Reaktionen, die sich aus dieser Erfahrung ergeben. Darum bleiben diese sehr ausgeprägten Ängste bei Kindern mit einem komplexen Bindungstrauma in Momenten von Stress und Trennung manchmal noch lange Zeit spürbar.

Noch überraschender für die direkte Umgebung ist, dass selbst eine vermeintlich harmonische Familiensituation die Angst, ob man wirklich dazu gehört (*the fear of not-belonging in foster children*, Briggs, 2015; Biehal, 2014) – hervorrufen kann. Mit anderen Worten gesprochen, bedeutet dies, was ein herrlicher und gemütlicher Moment zu sein scheint, kann für das Kind mit einem komplexen Trauma zu einem Stressmoment werden und es in einen Zustand versetzen, in dem die »Gespenster der Vergangenheit« (*the witches inside*) seine Gedanken vereinnahmen.

Leonardo berichtet über einen Tag in den Ferien, an dem er den ganzen Tag im Garten seiner Adoptiveltern gemeinsam mit den anderen gearbeitet hat und zum Abendessen Pommes frites geholt wurden. »Mama schaute mich dann so an. Ich merkte, dass sie mich anschaut. Die anderen haben auch Pommes frites und die schaute sie nicht so an.« Auf die Frage der Therapeutin, was dieser Blick für ihn bedeutet, antwortet er: »Sie ist der Meinung, dass ich zu viel esse, dass ich zu viel koste. Aber für die anderen bezahlt sie einfach.«

Obwohl der Tag toll war und gut verlaufen ist und Leonardo auch alles getan hat, damit es ein schöner Tag wurde, überfallen ihn am Ende des Tages Zweifel: »Gehöre ich wirklich dazu? Wird mir das wirklich gegönnt?« Diese Angst führt sofort zu der Überzeugung, dass er zu viel ist oder zu viel für die anderen kostet und dass sie ihm die Pommes frites und (vor allem) die Gemütlichkeit und die Zugehörigkeit nicht gönnen.

Unabhängig davon, wie fürsorglich die neuen Eltern in Wirklichkeit auch sind, erleben Kinder mit einem komplexen Bindungstrauma sie manchmal – und ganz plötzlich – als Personen, die zu wenig tun, verständnislos sind, manchmal sogar vernachlässigend oder misshandelnd erscheinen.

Das Plötzliche und Unerwartete, mit dem die Abfolge von zuvor üblichen, tagtäglichen Erfahrungen unterbrochen wird, ist für das Kind und seine Umwelt oft sehr erschreckend, wenn plötzlich etwas das Kind an diese vergangenen Erfahrungen erinnert oder aber wenn das Kind unvermittelt feststellt, dass es ungewöhnlich gut behandelt wird und verspürt, dass es dies »nicht verdient hat«. Neben dem plötzlichen Auftreten dieser traumabedingten Vorstellungen, hat diese Erfahrung für das Kind eine verfolgende, erschreckende Eigenart oder einen ›stalking character‹, sodass das Kind von diesen Vorstellungen nicht loskommt. Es handelt sich oft um Erfahrungen, die ein Kind verfolgen, ohne dass das Kind diese Erfahrungen begreifen oder von sich abwenden kann. Es handelt sich um Themen und Bilder, die an ihm haften bleiben und als Schatten der Vergangenheit fortbestehen. Nicht nur das Kind, sondern auch dessen Umgebung hat einen Weg mit diesen Vorstellungen oder Bildern, die plötzlich und intrusiv aufkommen können, zu finden, um den normalen Tagesablauf wieder aufnehmen zu können. Manchmal genügt ein scheinbar kleiner Grund, der das Zusammenspiel zwischen einem komplex traumatisierten Kind und seiner Umgebung in feindselige Szenen oder Konflikte verwandelt. Diese (kleinen) äußeren Ursachen berühren jedoch fast immer das Innere, das einen Impuls veranlasst, der zum Ausbruch oder zu einer Implosion führen kann. Dieses negative Bild schiebt sich dann über das aktuelle Erlebnis und wird zur Brille, die das scheinbar gewöhnliche Ereignis mit negativer Bedeutung versieht.

Positive Erfahrungen anzunehmen und daraus positive Bilder von versorgenden Pflegepersonen zu erarbeiten und zu verinnerlichen, ist ein wichtiger Aspekt des – oft herausfordernden – Wachstumsprozesses, mit dem ein Kind mit Verletzungen in der Bindungsentwicklung konfrontiert wird. Diesen Herausforderungen muss sich das Kind stellen, damit es sich in einer fürsorglichen, warmen Pflege- oder Adoptionsfamilie allmählich zu Hause fühlen kann. Bei einem günstigen Verlauf beginnen positive, fürsorgliche, liebevolle und warme Bilder zu entstehen, die auch den negativen Bildern standhalten können. Sie sind aber nur schwer zu ersetzen und können in einem unbewachten Moment manchmal in aller Heftigkeit wie Hexen- oder Gespensterbilder wieder auftauchen. Während solche Geister oder Gespenster (*the ghosts in foster care*, nach Analogie mit Fraiberg et al. (1975), *the ghosts in the nursery*: völlig unverarbeitete Erfahrungen aus der Lebensgeschichte, die aktuelle und neue Beziehungen und Bindungsmöglichkeiten verunmöglichen) manchmal die Pflege- oder Adoptiveltern an den Rand der Verzweiflung führen, sind sie immer ein schwieriger und verzweifelter Versuch des Kindes etwas mitzuteilen und an die Oberfläche kommen zu lassen, womit das Kind sonst keinen Rat mehr weiß. Die Tatsache, dass das Kind etwas zeigen will, von dem es innerlich verfolgt wird und von dem es selbst keine Ahnung hat, woher diese Bilder kommen, ist an sich schon ein hoffnungsvolles und wertvolles Ereignis, solange es einen Kontext gibt, der diese Situation auch weiterhin tragen kann. Schließlich handelt es sich um Bilder, Gefühle und Erfahrungen, die an die Oberfläche kommen wollen, weil sie in der Erlebniswelt unerträgliche Spannungen verursachen, das Kind weiterhin verfolgen und einen Einfluss auf sein Reaktionsvermögen haben.

Nur in einer ausreichend geschützten Umgebung einer Pflegefamilie (mit neuen Bindungsmöglichkeiten) und/oder einer Psychotherapie kann ein Kind allmählich beginnen, zu diesen merkwürdigen Schatten (den Gespenster der Vergangenheit) eine gewisse Distanz herzustellen und sich gegen sie zu wehren.

7.7 »Gespensterstunde-Erfahrungen im Kleinen«

In der Kinderpsychotherapie schaffen wir bewusst Platz für solche Ängste und Sorgen der Kinder. Die »dunklen Gedanken und Geister- oder Gespensterbilder« kommen dann aus allen Ecken und Ritzen eines Kinderkopfes. Sie sickern buchstäblich ins Spielzimmer durch. Häufig stellen diese Kinder versorgende Personen als Hexen oder Zombies dar. Figuren, die – wie die Hexen in Märchen und Zombies in Filmen – Kinder nicht fürsorglich, sondern destruktiv und verletzend behandeln.

> Celine erzählt von einem Erlebnis am Meer: »Wir sahen einen genauen Abdruck einer Bärenklaue. Pflegemutter sagte, dass wir dann besser ganz arg still sein müssten und jemand anderes sagte, dass man nicht wissen und hören lassen darf, dass man da ist.« Celine zeichnet Dünen, einen Weg mit Pfählen, einen elektrischen Draht, und Figuren. Sie erzählt: »Wenn ein Bär vor mir steht,

fang ich einfach an zu pfeifen, und wenn er dann wegschaut, renn ich ganz schnell weg oder fang ich an zu schreien, denn anders frisst er mich auf.«

Malend und über Momente des Bangens erzählend, gelangt Celine zu den beängstigenden Träumen, die sie manchmal hat. »Einmal habe ich mir den Gesang eines Vogels angehört, der Menschen auffrisst. Danach träumte ich, dass wir in einer Garage waren, und Pflegepapa wollte einen Eisbären verjagen, so dass er hinterm Schrank nicht mehr zu sehen ist. Wir sahen plötzlich, wie ein Auge von Pflegevater auf den Boden fiel.« Celine malt ihren Alptraum: sie malt den Pflegevater hinterm Schrank – links auf dem Malpapier – und sich und die anderen Familienmitglieder, die zuschauen. Plötzlich fällt das Auge von Pflegepapa auf den Boden. »Ich habe oft Alpträume«, sagt sie und erzählt dann von dem häufigen Traum mit einem Zombie.

Wenn Celine in der Therapie Raum erhält, ihre Ängste auszudrücken, gelangt sie schnell zu bedrohlichen (erzählten oder gemalten) Bildern von Zombies oder Bären, die ihr schaden wollen. Versorgende Personen wie ihr Pflegevater, sind in ihrer Welt voller guter Absichten, diejenigen, die nur helfen wollen. Mit anderen Worten, sie hat auch ein positives Bild von einer fürsorglichen Person, die sie vor bedrohenden Gefahren schützt. Aber dieses positive Bild ist in Gefahr, es wird von Geister- und Monsterbildern bedroht. Das positive Bild kann sich plötzlich in das Bild verwandeln, dass »es auf der Welt niemanden gibt, der einen beschützen kann«, selbst der Pflegevater ist dann dazu nicht mehr in der Lage. Das positive Bild ist noch fragil, es zieht vorüber. In seinen Versuchen, die anderen zu schützen, verliert der Pflegevater im Traum ein Auge.

Etwas später in der Sitzung, nachdem über das Karussell mit schwierigen Bildern nachgedacht wurde, begrenzt der Therapeut die schwierigen Themen, indem er ihr Zeit für etwas anderes bietet, um sich wieder an den Alltag zu gewöhnen.

Celine öffnet eine Packung mit Knete und bittet um Hilfe, um die Knete weich zu machen. Während der Therapeut und sie beide die Knetmasse in ihren Händen rollen und kneten, denken sie noch einmal an all die schwierigen Themen, um Abschied von ihnen zu nehmen. »Glaubst du eigentlich, wenn wir über so viele schwierige und ängstliche Sachen reden, dass du dann nachher noch Angst hast?«, fragt der Therapeut. »Natürlich habe ich ein bisschen Angst, wenn ich hier darüber male und rede, aber nachher, wenn ich wieder in der Schule bin, habe ich keine Angst mehr. Manchmal in der Schule bin ich traurig, weil mir Mama so fehlt. Manchmal bin ich auch traurig, ohne zu wissen, warum. Dann sage ich in der Schule einfach etwas, z. B., dass ich mit Pflegemama gestritten habe. Ich will nicht, dass sie denken, dass ich wegen nichts heule. Manchmal fang ich an zu weinen, wenn jemand sagt: ›Geh doch zu deiner Mama, und heul dich da aus.‹ Oder wenn der Lehrer etwas über Mütter sagt. Ich vermisse Papa weniger, weil ich ihn öfter sehe.« In der Zwischenzeit hat Celine aus der Knete eine kleine Figur geformt, »ein Alien«, sagt sie. Dieser Alien – ein Wesen von einem anderen Planeten – führt zu einem Gespräch, über »viel erleben«, »sich anders fühlen«, und über die Tatsache, dass es in der Schule ein Mädchen gibt, deren Vater gestorben ist – ein Mädchen, das sie begreift. Als nächstes entsteht aus der Knete »ein bettähnliches Gebilde – ein Herz-Thron-Bett – für den Alien« (▶ Abb. 7.1).

Die Erfahrung »in Therapie gehalten zu werden« (*Therapy as Containment*, Bion, 1962) und sich mit all diesen schwierigen Gefühlen aufgenommen und getragen zu fühlen, scheint Celine zu helfen. Mit Worten kann sie ausdrücken, wie sie mit ihrer Trauer umgeht. In einem Bild – mit all ihrer Angst und ihrer Trauer – kann sie sich ausdrücken, wie sie sich fühlt und sie zeigt, dass sie weiß, dass sie geborgen ist und verstanden wird. Sie bringt ihr »Alien-Gefühl« zum Ausdruck. Das Gefühl, das sie mit anderen Kindern mit einer schwierigen Lebensgeschichte teilt: das ständig dominierende Gefühl, anders als andere zu sein, das Gefühl, als ob man von einem anderen Planeten käme. Aber genauso gut zeigt sie auch, was es bedeuten kann, wenn man mit diesem Anderssein bei jemandem ankommen kann, wo sie Geborgenheit und Verständnis dafür erhält. Der Therapeut begreift die Abbildung des »Herz-Thron-Bett« als ein Symbol dafür, was ihre Pflegefamilie und vielleicht auch der Therapieplatz für sie bedeuten. Plaudernd und knetend entsteht so ein neues Bild als eine symbolische Darstellung einer weiteren oder neueren Erfahrung: wie der Krokus, der aus dem Dunkeln der Erde sich ans warme Frühlingslicht empor stülpt.

Auf diese Weise entsteht neben Zombies und Geistern oder Gespenstern ein neues »Denkbild«. Das Bild scheint eine Insel des Friedens und der positiven Wirkung zu werden, für ein Kind mit einer Innenwelt, das oft von ängstlichen und destruktiven Bildern durcheinandergebracht wird. Die Darstellung des Herz-

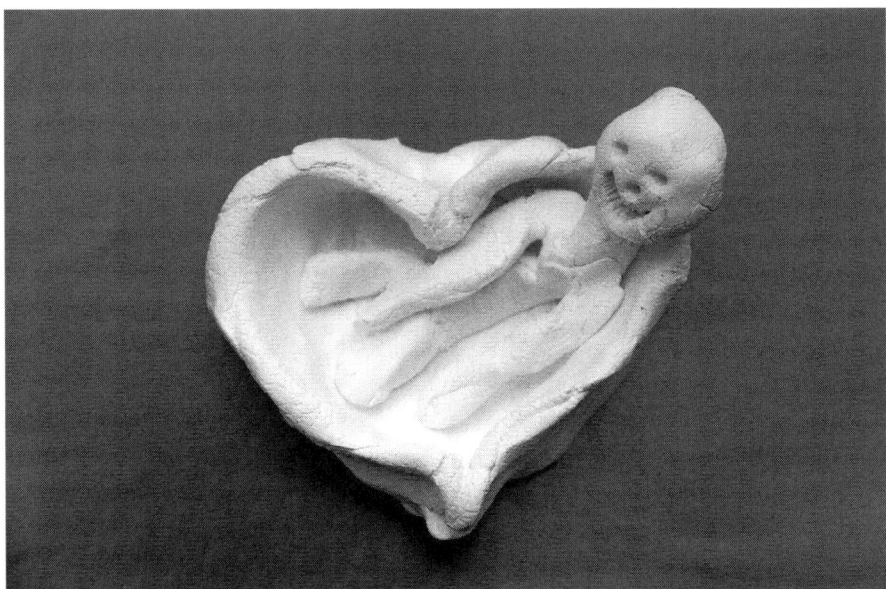

Abb. 7.1: Herz-Thron-Bett

Thron-Bettes berührt auch den eigentlichen Aspekt von Therapeut-seins: Zeit und Raum bieten, Träger und Behälter sein (*holding and containment in psychotherapy*) oder als »Herz-Thron-Bett« für die fremden Themen oder Geister zu fungieren, mit denen viele dieser Kinder konfrontiert sind.

7.8 Außen wütend, Innen zerbrechlich: Wutanfälle als Tarnung der Angst

Wenn die Angst vor Unberechenbarkeit, Enttäuschung oder davor, allein gelassen zu werden, schwer auf den viel zu schwachen Schultern dieser Kinder lastet, lösen einige von ihnen dieses Problem, indem sie ihr ängstliches Inneres vollkommen verschließen. Sie ziehen sich in eine Art Betonbunker zurück und kapseln so diese Ängste und die damit einhergehende Gefühle von Scham ein. Mithilfe eines solchen Beziehungsmusters, das dem Selbstschutz eines Igels ähnelt, der sich mit seinen Stacheln verschließt und andere fernhält, schützen sich diese Kinder vor Enttäuschungen und Verletzungen, riskieren durch dieses Verhalten jedoch, in eine einsame und isolierte Welt zu geraten und neue Bindungsangebote nicht zu nutzen.

> Valérie kann zu Hause stunden- oder tagelang schweigen. Häufig zieht sie sich dann in ihr Zimmer zurück. Wenn ihre Familie ein Gespräch beginnen will, werden sie angefaucht und angeschnauzt. Die Situation, in eine neue Schule zu gehen, löst sie, indem sie gereizt reagiert, sich einfach distanziert, oder gegenüber anderen reserviert verhält. »An meiner Haltung und meinem Gesicht war zu erkennen, dass ich nicht in diese Schule wollte. Es gibt für mich absolut keinen Grund, mich sozial zu verhalten. Ich nehme mir noch etwas Zeit, um zu sehen, wie die Sachen da so laufen. Die Klasse ließ mich auf jeden Fall schon mal in Ruhe, genauso, wie ich es wollte.«

Manchmal kapseln Kinder nicht nur diese schweren Angst- und Einsamkeitsgefühle ein, sondern sie verschleiern ihr zerbrechliches und verunsichertes Innenleben mit einer wütenden, schwer bewaffneten äußeren Rüstung. Ein Auszug aus Mayas Therapie veranschaulicht den Mechanismus des Einkapselns und/oder sich Bewaffnens und Angreifens.

> Als Maya eingeladen wird, zu malen (was sie wütend macht), malt sie ein Ereignis, bei dem sie sich allein gelassen fühlt. Wenn sie dann malt, was ihr Angst macht, malt sie mehr oder weniger immer wieder das Gleiche. Auf die Nachfrage, ob es möglich wäre, dass sie wütend wird, wenn sie in ihrer Innenwelt betrübt und traurig wird, reagiert sie mit verblüfftem Blick. Sie schaut dem Therapeuten fest in die Augen und sagt in einem flüsternden, verschwö-

rerischen Tonfall: »Ja! Aber das geht niemanden etwas an und braucht auch niemand zu erfahren!«. Später bespricht der Therapeut mit ihr, ob es vielleicht nicht doch sinnvoll wäre, wenn ihre Mutter und ihr Vater dies von ihr wissen dürften, da diese ihr dann auch in Augenblicken von Wut oder Traurigkeit besser helfen könnten. Als dies später mit den Eltern besprochen wird, teilt der Vater dem Therapeuten mit, dass ihn das an den Song des flämischen Sängers Bart Peeters erinnere, den Maya sich so oft anhöre. Maya versteht sofort, was er meint und sagt, dass sie den Song von Bart Peeters (der immer Ernst und Humor verknüpft) das nächste Mal mitbringen würde. Peeters' Text transportiert für Maya die Bedeutung des Verlassen-werdens und spiegelt somit ihre Wut, die drohende Kälte, der Trost denen man sucht, und auch die Ambivalenz im Umgang mit Wut:

Wenn du mich eines Tages verlassen würdest,
dann ließe ich dich gehen.
Sollte es keine Möglichkeit geben,
es zu besprechen,
dann werde ich mich in der Kälte verlaufen
und du bist der Grund für dies alles.
Dann werde ich mich jeden Tag besaufen
und ich esse nur noch Schokolade

Andere Textfragmente, in denen Maya lachend ihre Wut erkennt, sind wie folgt:

Ich schloss meinen Verstand ab.
Finde alle hässlichen Witze fantastisch.
Ich bin für null Toleranz was Aggression betrifft
und kaufe mir doch eine Kalaschnikow.

7.9 Sich verstecken, um gefunden zu werden: Erstes vorsichtiges Vertrauen

It's a joy to be hidden, but a disaster not to be found. (Winnicott, 1956, S. 186)

Es kommt öfter vor, dass sich Kindertherapeut*innen an den verschiedenen Varianten vom ›Verstecken spielen‹ beteiligen. Als anfangende*r Psychotherapeut*in fühlt sich das nicht immer sehr professionell an: Wie erklärt man anderen, erst jahrelang studiert zu haben, um dann im Therapiezimmer ›Verstecken‹ zu spielen?

Das erste Versteckspiel, das versorgende Personen mit einem Kind spielen, ist das Spiel, bei dem das Gesicht des Kindes unter einem Tuch verschwindet, während es auf der Wickelkommode liegt und das Elternteil das Tuch wieder wegzieht, sobald die Spannung zu groß wird, um dann mit einem fröhlichen Lächeln »Kuckuck« zu rufen (*the peek-a-boo game*). Es folgt daraufhin eine lange Periode, in der das Kind spielerisch Verschwinden und Erscheinen üben kann: Gegenstände verstecken und sich selbst verstecken, die immense Spannung darüber spüren, ob man gefunden wird und die ebenso intensive Freude, wenn die andere Person einen findet (*the hide-and-seek game*). Es ist schade, dass die deutsche Sprache nur eine Bewegungsrichtung dieser Hin-und-Her-Erfahrung abbildet, wenn wir dieses Spiel »Versteckspiel« nennen. Die englische Sprache beschreibt diese doppelte Bewegung konkreter (Verstecken und suchen/gesucht werden), wenn sie diese intensive und wichtige Form des Kinderspiels als »*hide and seek*« bezeichnet. Das Kind will sich nicht nur verstecken, es will gesucht und vor allem wiedergefunden werden.

Ein Kind mit einem komplexen Trauma traut sich oft nur dann Verstecken zu spielen, wenn es absolut sicher ist, dass der anderen Person vertraut werden kann und diese das Kind auch wirklich suchen und finden wird, d. h. es braucht genug Vertrauen in die andere Person, um es zu wagen, sich der Aufregung dieses Spiels hinzugeben. Deshalb ist das endlose sich Verstecken im Spielzimmer oder im Wartezimmer für Kindertherapeut*innen an sich schon ein Zeichen der Hoffnung. In unserem Praxiszentrum ist es fast an der Tagesordnung, dass ein*e Therapeut*in ein Kind beim Abholen aus dem Wartezimmer hinter einer Wand, hinter dem Stuhl, auf dem Papa sitzt oder hinter dem Rücken seiner Mutter sucht. Und jedes Mal spielen Therapeut*in und Eltern das Spiel wieder zusammen mit. Gespräche, wie unten beschrieben, sind im Wartezimmer unseres Praxiszentrums üblich:

> Therapeut: Wo ist denn die Alicia dieses Mal wieder? Ist sie heute nicht mitgekommen?
> Elternteil: Nein, sie ist diesmal nicht dabei. Sie wollte lieber zu Hause bleiben.
> Therapeut: Oh, das ist aber wirklich schade! Ich habe mich doch so darauf gefreut, sie wieder zu sehen und wollte heute ein ganz besonderes Spiel mit ihr spielen.
> Elternteil: Tja, ich dachte mir halt, dass ich dann einfach heute allein und ohne sie komme!
> Therapeut: Ja, zum Glück, dass zumindest Sie dann gekommen sind. Aber... aber... was höre ich da? Was ist denn das? Sehe ich da nicht ein paar kleine Füße, die wie die von Alicia aussehen oder irre ich mich?
> Und dann kommt Alicia hinter dem Rücken ihrer Mutter mit schallendem Lachen und voller Freude zum Vorschein.

Im Versteckspiel übt das Kind endlos und spielerisch mit Distanz und Nähe umzugehen; sich gegenseitig aus den Augen verlieren und sich wiederfinden, mit der Erfahrung, dass der andere immer wieder zurückkommt und man nie gänzlich aus seinem Blickfeld verschwindet. Wie oft in Spielen ist auch beim »sich verstecken spielen« die Kontrollkomponente ausschlaggebend: Das Kind initiiert das Spiel, wagt es manchmal eine Zeit lang nur Objekte zu verstecken, aber noch nicht sich selbst. Oder aber es will vor allem, dass der Therapeut oder die Therapeutin sich versteckt und dabei mitkriegen, wie dieser mit der Spannung umgeht, wenn nicht deutlich ist, dass nach einem gesucht wird. Ein Kind mit einem komplexen Trauma, dem der Gedanke allein schon zu viel wird, dass man auf den möglicherweise unberechenbaren Anderen angewiesen ist, um gefunden zu werden, kommt dann z. B. schon aus seinem Versteck hervor, bevor der Andere die Möglichkeit hat, es zu finden, oder lässt den Therapeuten oder die Therapeutin erst recht ganz lange warten, bevor es damit beginnt zu suchen. Manchmal traut sich ein Kind aus dem Spielraum wegzulaufen und versteckt sich dann auf der Toilette, um zu erfahren, wie viel Mühe der Therapeut oder die Therapeutin unternimmt, um es immer wieder zu finden oder es weist den Therapeuten bzw. die Therapeutin spielend zurecht, ein »dummer Sucher« zu sein, der das Kind nicht gut genug sucht oder es nicht schnell genug findet. Auf diese Art und Weise können Elemente eines traumatischen Erlebnisses therapeutisch wiederholt und im Versteckspiel ausprobiert werden, um die Situation so in den Griff zu bekommen (siehe auch: Willock, 1990: *From acting-out to interactive play*).

Eine Variante dieses Spielthemas, welche bei Kindern mit einem komplexen Trauma ebenfalls wiederkehrt, ist die des Fallens. Auch hier hat das Englische einen Vorsprung: »falling and being dropped« (Boston & Szur, 1983) drückt stärker das aus, was diese Kinder oft erlebt haben, nämlich die Angst vor dem »Fallen« und der Erfahrung, dass »etwas oder jemand einen fallen lässt«. Im Spiel und in den Alpträumen dieser Kinder geht es oft um die Angst, endlos in ein tiefes Loch zu fallen oder irgendwo zurückgelassen und nicht mehr abgeholt zu werden. Auch dieses Spielthema drückt die hoffnungsvolle Erwartung aus, dass man »aufgefangen« wird, um wieder zurückgebracht zu werden oder um einen Weg zurück zu den versorgenden Personen zu finden.

7.10 Im Spielzimmer noch mehr Wechselseitigkeit und Vertrauen üben

Im Rahmen einer therapeutischen Beziehung werden Themen wie die oben beschriebenen, gespielt, um den Einsatz des Therapeuten bzw. der Therapeutin zu spüren und um die Kontrolle über das Vertrauen in den Anderen und die Wechselseitigkeit der Beziehungen zu erlangen. Je mehr die »unsicheren« Themen Teil des Spiels und der Kommunikation werden können, desto weniger durchkreuzen und bestimmen sie das reale Leben.

Wenn Daniel ein Haus aus Blöcken bauen will, fehlt ständig etwas. Jedes Mal aufs Neue unterbricht das Spiel, weil etwas nicht da ist: die richtige Blockgröße fehlt, die richtige Tür ist nicht vorhanden, die richtige Farbe der Dachziegel fehlt auch schon wieder und an allem ist der Therapeut schuld, der »zu wenig Material hat«. Der Therapeut bleibt geduldig und sorgsam und wird – obwohl es sich hier um eine große Kiste voller Blöckchen handelt – weiterhin das Gefühl haben, dass es für Daniel noch zu wenig ist: »Wirklich schade, dass wir nur das hier haben, Daniel! Aber etwas anderes gibt es halt nicht, also müssen wir mit dem auskommen, was wir hier haben!«. Es braucht viele Sitzungen, bis Daniels Wut ein wenig nachlässt und er sich entspannter fühlen und ausdrücken kann, wie schade er es findet, dass das, was er so gerne hätte, nicht da ist. Wir können behutsam nachvollziehen, wie schwierig dieses Gefühl von »Mangel« für ihn sein muss, der ihn oft so wütend und gleichzeitig traurig macht. Erst viel später wird denk- und erzählbar, wie viel Mangel es in seinem Leben schon gegeben hat, so dass jeder neue Mangel einfach zu viel ist.

Wenn Gefühle der Unsicherheit, Angst (verlassen zu werden), des Mangels und der Bedrohung ihren Weg in das Spielzimmer finden, können diese Erfahrungen dort allmählich einen Platz bekommen, wodurch das Kind weniger zum Spielobjekt seiner Erfahrungen wird. Durch die therapeutische Behandlung können ängstliche und unangenehme Gedanken inmitten anderer Gefühle besser toleriert und ausgehalten werden. Solche Gefühle und Gedanken sind nicht länger Realitäten, die einen überfallen oder bedrohen, sobald sie an die Oberfläche kommen. Sie erhalten den Status von Gefühlen und Gedanken, die wie andere da sein können und nicht mehr und nicht weniger als die anderen mentalen Erfahrungen sind. Dies gibt dem Kind das Gefühl, die Situation im Griff zu haben, statt dieser ausgeliefert zu sein.

Claudia kam eine Zeit lang für eine Spielbegleitung zu uns, in der sie sehr intensiv an der Vorstellung einer unsicheren und unzuverlässigen Versorgung arbeitete, die sie während verschiedener Krankenhausaufenthalte (während derer ihre Eltern sie in der Klinik allein ließen) entwickelt hatte. Die Babypuppe aus dem therapeutischen Spielzimmer flog regelmäßig durch die Luft und landete in allen Ecken des Raumes und machte so einiges mit, was schlechtes oder unzuverlässiges Essen betrifft. Claudia kam gerne zu ihrer »Spielstunde«. Als sie sich von ihrem Therapeuten verabschiedete, fand folgende Szene statt:

Mit all dem großen Material, das sie im Spielraum finden kann (Tische, Stühle, Matten, etc.), baut sie einen großen Hindernisparcours durch das gesamte Spielzimmer auf. Dann fragt sie den Therapeuten, ob er sie auf dem Rücken tragen und mit ihr durch den gesamten Parcours laufen wolle. Mit diesem Bild fasst Claudia zusammen, wie sie im Spielzimmer einen Teil ihrer »Unsicherheit« und ihres »schwierigen Lebens« in Form eines Hindernislaufs zeigen konnte und wie sie sich vom Therapeuten dabei gleichzeitig getragen fühlte.

7.11 Zum Abschluss des 7. Kapitels

> For a young child the move into an adoptive placement represents a most radical intervention, the establishment of a freshly drawn map, involving the child in an entirely new set of experiences. (Steele, Hodges, Kaniuk, & Steele, 2010, S. 28)

Da der Verlust einer »secure base« eine dramatische Folge eines komplexen Bindungstraumas ist, ist die Rekonstruktion einer sicheren Basis für die Wiederherstellung unerlässlich (Lieberman & Van Horn, 2004 und 2011). Vernachlässigt oder von (sexualisierter) Gewalt bedroht zu werden, bedeutet eine extreme Störung der Wechselseitigkeit. Anstelle von wechselseitigen Beziehungen gibt es Bilder von Beziehungen, in denen die eine Partei die andere vernachlässigt, dominiert, erniedrigt, verletzt oder unberechenbar behandelt. Dies kann zu einer Reihe von »schwierigen Beziehungsmustern« führen. Einige Kinder nehmen schnell Kontakt auf mit neuen Bindungspersonen, jedoch z. B. auf eine idealisierende Art und Weise: Sie suchen eine »ideale versorgende Person« und scheinen diese für eine Weile gefunden zu haben. Die ersten Monate im neuen Zuhause oder in der Anfangsphase einer Behandlung sind dann eine sogenannte »honeymoon«-Periode mit dem Charakter eines »Alles oder Nichts«. Die erste Idealisierung der neuen versorgenden Personen kann für die Entwicklung von Regulierungsmöglichkeiten und damit der Belastbarkeit wichtig sein. Nicht selten jedoch verwandeln kleine, alltägliche Rückschläge im neuen Umfeld die Idealisierung in eine negative, abwertende Haltung, sodass es eine Weile dauern kann, bis ein bestimmtes Gleichgewicht wiederhergestellt werden kann.

Andere Kinder mussten erfahren, dass es ihnen allein besser geht, als wenn sie sich auf Beziehungen einlassen. In ihren Vorstellungen bestehen Beziehungen nur aus Streitigkeiten und Konflikten. Sie können sich nach einer längeren Zeit in einer zuverlässigen Familie und durch Therapie zwar sicherer gebunden fühlen, aber die alte Vorstellung unzuverlässiger Beziehungen und die Illusion, dass man am besten allein für sich selbst sorgen kann, bleiben im Hintergrund als »letztes Rettungsmittel« vorhanden. Im Falle eines Rückschlags ziehen sie sich manchmal – länger als andere Kinder – in sich selbst zurück (*emotional retreat*), sodass es einige Zeit dauern kann, bis sie die inzwischen erworbene Widerstandsfähigkeit mobilisieren können.

Wieder andere Kinder sind in ihrem Kontakt sehr unterschiedlich: Sie meiden etwa für eine Weile den Kontakt, um diesen danach auf sehr ambivalente Weise wiederaufzunehmen, z. B. auf eine sehr kontrollierende Art und Weise.

Die Rechnung für erlittene frühere Schmerzen wird meistens dem präsentiert, der im Leben des Kindes gerade präsent ist. Es ist wie bei einem Erwachsenen, der Schmerzen hat und über seine Schmerzen mit denen redet, die sich in seiner Umgebung befinden. So wie sich ein solcher Erwachsener während eines Besuchs groß und stark zeigen kann, sich jedoch dann, sobald der Besuch gegangen ist, erschöpft, traurig, enttäuscht und wütend bei seinem/r Partner*in abreagiert, so kann auch ein Kind nach außen hin den Eindruck entstehen lassen, dass alles in Ordnung ist, um sich schließlich bei denen auszutoben, die ihm am nächsten stehen. Die fröhliche Fassade fällt ab, sobald der Besuch weg ist und das innere

Inferno wird in voller Wucht sichtbar. Und wenn gerade diese zuverlässigen Personen weniger zur Verfügung stehen, weil sie bereits beschäftigt sind, bekommen sie vollkommen unerwartet die volle Ladung dafür präsentiert.

Die treffende Aufforderung »First regulate, then relate, then reason« (erst regulieren, dann eine Beziehung aufbauen, dann mit Bedeutung besetzen) bekamen wir von Perry (2016). Diejenige Person, die einen unermüdlich immer wieder »auffängt«, sobald man zusammenbricht und in ein Loch fällt, ist auch die Person, an die man gebunden ist, ungeachtet aller Rückschläge, die sich mit der Zeit angesammelt haben. »Ungewöhnlich verbunden« ist auch eine Art des ›Miteinander-verbunden-seins‹, da durch die Re-inszenierung alter Verletzungen in dieser neuen Bindung das Narbengewebe entstehen kann und die Verletzung der Bindungstraumatisierung heilen kann.

8 Ein Selbstnarrativ aufbauen und sich in neuen sozialen Beziehungen engagieren als Fundament der eigenen Identität

8.1 Das komplexe Trauma, der Bindungsabbruch und die Identitätsentwicklung: In einem Labyrinth aus schwierigen Erfahrungen kann man sich auch selbst verlieren

> Trauma compromises the brain area that communicates the physical, embodied feelings of being alive. (van der Kolk, 2014, S. 3)

Fühlen, dass man lebt, wissen, was für einen wichtig ist, erfahren, was einen müde macht und was einen fasziniert sind Erfahrungen, die wir aus unserem eigenen Leben gut kennen. Gerne kochen und Gäste empfangen, ein gutes Gespräch bei einem Glas Wein genießen, Freude am Sport empfinden, sich in Malerei ausleben oder sich von einem Roman oder Film verzaubern lassen – all dies dreht sich im Wesentlichen um Vitalität, also darum, was einen Menschen belebt und vitalisiert. Kinder mit einem komplexen Trauma hingegen kennen diese grundlegende menschliche Erfahrung kaum. Sie wissen manchmal noch nicht einmal, wer sie selbst sind, was für sie wichtig ist und was ihnen Energie und Kraft gibt. Oft haben sie gelernt, sich an ungewöhnliche Lebensbedingungen anzupassen und haben durch diese Anpassungen, die sich für sie vielmehr als Überlebensmechanismen darstellen, den Kontakt zu sich selbst verloren. Ihre Lebenseinstellung ist oft eher »reaktiv«: Sie reagieren hauptsächlich auf (sowohl externe und interne) Bedrohungen und kennen die Erfahrung des Gedeihens unter »guten« Bedingungen und des Ruhefindens kaum. Gleichzeitig sind diese Kinder auch weniger in der Lage, Momente der einkehrenden Ruhe zu nutzen, um sich selbst zu entdecken und zu entwickeln.

Inmitten traumatischer Zustände aufzuwachsen, führt – wie in den vorangegangenen Kapiteln ausführlich erläutert – zu erheblichem Stress und übermäßiger Wachsamkeit. Der starke Fokus auf eventuelle unberechenbare und negative Erfahrungen wird oft von Gefühlen einer gewissen Sinnlosigkeit (»Ich bedeute ja doch nichts«, »Das Leben bedeutet mir nicht viel«) und einem Mangel an Lebendigkeit und Affektivität begleitet. Das hat zur Folge, dass man schwer in Kontakt zu warmen und liebevollen Gefühlen treten und von dort aus reagieren kann, denn man zieht sich schlichtweg in eine distanzierte Haltung zurück. So wie ein Übermaß an stressvollen und negativen Gefühlen störend und destabilisierend sein kann, kann auch ein Mangel an lebenswichtigen und Entwicklung unterstützenden Erfahrungen ein Kind ernsthaft aus dem Gleichgewicht bringen.

Ein Mangel an Vitalität und den damit verbundenen Gefühlen wie Neugier, Interesse, Begeisterung, Leidenschaft usw. können einerseits zu einem bedrückenden Gefühl der Leere und der Sinnlosigkeit führen und andererseits zur Erfahrung, dass man keinen inneren Kompass besitzt, der einen beim Gestalten des eigenen Lebens unterstützt. Solche Gefühle geben manchmal Anlass zu Aussagen wie: »Das Leben bedeutet doch nicht so viel« oder »Ich könnte genauso gut nicht da sein«.

In der Psychotherapie suchen wir nach Wegen, wie wir einem Kind helfen können, seine Vitalität wiederzuerlangen (»vitalisierende Interventionen«, *vitali-*

zing interventions; Alvarez, 1992). Dies ist besonders wichtig, wenn das Kind zeigt, dass es von einem tiefen Gefühl der Leere und einem Mangel an Vitalität lebt. Das Vitalisieren kann dem Kind helfen, zu entdecken, wer es jetzt ist, wie es dazu kam, und wie es von hier aus weiter gehen kann und will.

8.2 Eine betäubte Innenwelt: Niemand weiß, wie lange Sprösslinge auf Regen warten können

Tote oder schlafende Keime?

Der Death Valley Nationalpark in den Vereinigten Staaten ist bekannt als der heißeste und trockenste Ort Nordamerikas. Im Sommer können die Temperaturen dort 55° Celsius erreichen. Das Death Valley erhielt seinen Namen, weil es dort so trocken und die Erde ausgedörrt ist. Ungefähr alle 10 Jahre jedoch kommt es im Death Valley zu einem »superbloom«. Im Herbst 1997, 2004 und 2015 fielen im Death Valley etwa 35 ml Feuchtigkeit. Im darauffolgenden Frühjahr blühten Millionen von Samen. Der goldene Blumenteppich zieht Touristen aus aller Welt an. Amerikanische Zeitungen und Zeitschriften berichteten über den »superbloom« des Jahres 2005: »No one knows how long seeds can wait for rain, but some flowers blossomed in 2005 that had never been seen in the park – indicating their seeds had been dormant for many years«.

Bei Kindern, deren Vitalität gefährdet ist, geht es in erster Linie darum, neuen, manchmal kaum greifbaren Erfahrungen Sinn und Bedeutung zu geben. Wer mit sehr gefährdeten Kindern arbeitet, weiß, dass sie sich manchmal ihrer eigenen körperlichen Empfindungen und Erfahrungen kaum bewusst sind. Zum Beispiel kann ein Kind mit einer dreckigen Nase ins Spielzimmer kommen, ohne es zu merken oder mit einer viel zu großen Hose, die ständig herunterrutscht. Wenn selbst grundlegende körperliche Erfahrungen kaum vom Kind wahrgenommen werden, geschweige denn in seinem Bewusstsein irgendetwas bedeuten, gibt es natürlich keinen psychischen Raum bzw. keine psychische Organisation, in der Gedanken denkbar oder Gefühle spürbar sind.

Ein solcher Mangel an bewusstem Erfahren des eigenen Körpers (wie der Körper aussieht, was in ihm vorgeht, welchen Eindruck er hinterlässt) kann einerseits in Beziehungen zu versorgenden Personen mit wenig mentalisierenden Eigenschaften entstanden sein. Das Kind mag wenig Erfahrung damit gemacht haben, wie leise Signale von Schmerzen oder Freude usw. wahrgenommen werden und in Worte gefasst bzw. mit Sprache versehen werden können, um auf diese Weise Bedeutung zu erhalten. Andererseits kann ein solcher Mangel an

Verbindung zum eigenen Körper auch durch die »betäubenden« Mechanismen (van der Kolk, 2014) entstehen, die eine Rolle bei einem Übermaß an Angst und Kummer spielen. Wenn Gefühle stärker sind, als sie der mentale Apparat zu ertragen fähig ist, kann der Versuch unternommen werden, all diese mächtigen und überwältigenden Gefühle auszuschalten oder zu entfernen. Mit aller Kraft werden sie aus der Psyche ausgeschlossen, indem sie einfach ignoriert werden. Diesen Mechanismus des »sich selbst Betäubens« finden wir bei Kindern mit einem Trauma während des Spielens oder des Erzählens über ihr Spiel, wenn sie etwa einen Spielcharakter plötzlich einschlafen oder einen spannenden Moment unerwartet abbrechen lassen.

Das Problem mit dem Ausschließen und Betäuben zu vieler komplizierter Gefühle ist jedoch, dass es unmöglich ist, einen signifikanten Teil der Gefühle auf diese Weise abzuschalten, ohne dabei den Kontakt mit der eigenen gesamten Gefühlswelt zu verlieren, d. h. ein erhebliches Ungleichgewicht im Gefühlsleben zu verursachen. Man kann also nicht einfach die dunklen Farben einer Malerei wegwischen, ohne die anderen Farben zu beschädigen. Sobald eine Farbe wegradiert wird, verliert die Malerei ihren Farbkontrast. Kinder, die zu viel heftige und negative Gefühle erlebt haben und diese dann ignorieren und »ausschalten«, geraten oft in eine Situation, in der sie sich »wie tot« fühlen können (van der Kolk, 2014, S. 8).

Ein solcher Mangel an Vitalität bei einem Kind mit einem komplexen Trauma zeigt, welches Ausmaß solch eine Störung annehmen kann. Wo die Verbindung mit dem eigenen tiefen Erfahrungsstrom begrenzt, bedroht und durcheinandergebracht wurde, kann ein »Selbstgefühl« (Emde, 1983) nur mühevoll entstehen. Wenn dieses lebenswichtige Gefühl der Vitalität bei einem Kind bedroht ist, ist dieses die Ebene auf der ein*e Therapeut*in als Erstes zu arbeiten beginnt. Bei solchen Kindern geht diese Ebene jeder anderen Ebene der therapeutischen Intervention oder Verarbeitung voraus.

Wenn ein Kind vorwiegend mit Antriebslosigkeits- und Betäubungsgefühlen zu tun hat und regelmäßig oder fast chronisch in einen apathischen und dissoziativen Zustand gerät, wird dieser oft durch einen Mangel an Versorgung verursacht. Bilder versorgender Personen gibt es dann nur noch vereinzelt oder sie fehlen vollständig. Ziel ist es, die möglichen Samen oder Keime der Vitalität und der fürsorglichen Bilder, die manchmal in Sekundenbruchteilen beim Spielen oder Sprechen bei diesen Kindern auftauchen, irgendwie zum Leben zu erwecken. Es geht darum dem Kind zu helfen, sich diese Versorgungsbilder nachhaltig merken zu können. Therapeut*innen suchen dann nach Anzeichen oder Bruchstücken irgendeiner Form von Vitalität, kleinen Erfahrungen, bei denen ein Kind einen Funken positiver Wirkung und Hoffnung sehen kann.

8.3 Die Quelle der Vitalität anbohren und den Keim unter einer Kappe schützen

Petra macht im Erstgespräch einen eher bedrückten Eindruck. Sie spielt lethargisch und abwesend. Wenn sie am Ende des Gesprächs expliziter beteiligt wird und selbst aussuchen darf, womit sie spielen möchte, entscheidet sie sich für ein Gesellschaftsspiel mit Papa. Als sie im Verlauf des Spiels einen Vorsprung hat, erscheint ein kleines Lächeln; als sie plötzlich in einer Runde diesen Vorsprung deutlich verliert, zieht sich ihr Mund angespannt zusammen. Der Therapeut fragt, ob sie gerne Gesellschaftsspiele spiele, worauf sie kaum wahrnehmbar nickt und in eher mattem Ton und mit leiser Stimme antwortet, dass sie gerne Spiele spielen würde. Vater sagt, dass dies zu Hause nicht mehr so oft vorkomme, weil Petra lieber draußen spiele. Auf die Frage des Therapeuten, was sie gerne spielen würde, wenn sie draußen sei, reagiert sie leise, dass sie gerne Rad fahre und – mit einer etwas kräftigeren Stimme: – auch Hockey spiele. Der Therapeut fragt, ob sie glaube, dass sie das gut könne. Daraufhin schaut sie zum Vater und fragt ganz leise: »Habe ich Talent dazu?«. Der Vater legt seine Hand auf ihre Schulter und antwortet: »Ich wünschte, du könntest das wieder glauben.« (Vliegen, Hannes & Meurs, 2016, S. 308)

Aufgrund der intensiven Aufmerksamkeit für die Themen, die wenn auch nur einen kleinen Funken positiver Wirkung und Hoffnung im Kind auslösen (Muller & Midgley, 2015), legt ein*e Therapeut*in eine schützende Haube oder Kappe über den Keim der Vitalität. Es geht nicht darum, ein Kind künstlich »aufzuladen«, sondern um die therapeutische Fähigkeit, kleine und kaum wahrnehmbare Zeichen festzustellen sowie auf Anzeichen einer Vitalität zu achten: das Funkeln in den Augen, welches beim Erzählen einer Geschichte entsteht, die plötzliche Kraft in der Stimme bei einem Thema, die unerwartete Intensität der Motorik bei einem Spiel, usw. Jedes Kind zeigt oft kleine Signale von dem, was es in Kontakt mit seiner vitalen Strömung bringt. Für das eine Kind ist dies der Bereich einer Aktivität, wie z. B. Sport oder Musik, in der es spüren kann, was es bedeutet, »sich für etwas einzusetzen«, »sich angesprochen zu fühlen«, »einen Funken Spaß zu erleben« und so weiter und so fort. Für ein anderes Kind gilt, dass etwas entsteht, sobald es Verbindung zu anderen herstellen kann: es hilft, kocht, versorgt andere. Wieder andere Kinder werden aktiv, sobald sie mit ihren Händen etwas herstellen und kreieren können, sobald sie Natur in ihren Händen halten und sie Kontakt zur Erde mit Ton, Farbe, Papier herstellen können.

Kann ein Kind auf einer expliziten und realistischen Ebene oder in Form von Wünschen, Träumen sowie Projekten erleben, wo seine Talente und Wünsche liegen? In der japanischen Sprache existiert das Wort »*ikigai*«, welches »das, wofür du morgens aufstehen willst« bedeutet. Für Kinder, die aufgrund einer traumatischen Vorgeschichte jeglichen Kontakt zu sich selbst und zu ihrer Innenwelt verloren haben, ist es unerlässlich, einen Kontext zu finden, der ihnen hilft, dieses Funkeln der Vitalität zu erfahren, es zu pflegen und diesem die Möglichkeit zu geben, wieder zu blühen. Sie brauchen mehr Hilfe als »normal« entwickelte Kinder, sie brauchen Unterstützung, um sich in Aktivitäten und Zukunftsplänen zu engagieren: Sie brauchen dringend andere, um zu entdecken, was das Leben für sie lebenswert macht, was sie selbst für sinnvoll halten, um dafür am Morgen aufzustehen.

8.4 Verliert man sich selbst, verliert man den inneren Kompass

Die Fähigkeit eines Kindes, Dinge im Leben selbst zu bestimmen, zu kontrollieren und in eine bestimmte Richtung zu führen, wird in der Entwicklungspsychologie als »self-agency« (Stern, 1995) bezeichnet. Diese Fähigkeit hat ihren Ursprung in dem Gefühl, ein »Selbst«, eine eigene Person zu sein. Unter »normal guten« Umständen entfaltet sich dieses »Selbstgefühl« in den ersten Wochen und Monaten des Lebens. Wenn das junge Kind in einer Umgebung aufwächst, die durch ausreichende Vorhersagbarkeit und Ruhe gekennzeichnet ist, beginnt sich ein eigener Kern in seinem diffusen Erfahrungsstrom zu entwickeln. Das Kind beginnt, sich allmählich selbst mit seinen Erfahrungen, Zuneigungen und Erwartungen vor dem Hintergrund einer ausreichend sicheren, vorhersehbaren, ruhigen und liebevollen Umgebung zu erkennen. In diesem Umfeld entwickelt sich das Kind zu einer sozial aktiveren Person (*a core sense of self*, ein erstes Selbstgefühl): Es fühlt sich eingeladen und angesprochen, um zu interagieren; es fühlt sich in seinen Initiativen ausreichend verstanden, gesehen und geschätzt. Der allererste »sense of agency« besteht darin, als Kind etwas in Bewegung bringen zu können, den Anderen durch Lachen, Weinen, durch Zeigen oder Quengeln zum Reagieren zu bewegen. Auf diese Weise schafft man es, dass die andere Person nochmal das Gesicht so komisch verzieht, was einen so zum Lachen bringt; dass man die Aufmerksamkeit und Wärme erhält, in die man sich so gerne hineinschmiegt oder dass man das Spielzeug bekommt, das man so gerne haben möchte. Das anregendste *activity center* im Leben eines jungen Kindes besteht aus Eltern, Großeltern und Geschwistern, die man so weit kriegt, dass sie tolle, lustige oder verrückte Sachen für einen machen. Auf der Grundlage dieser Erfahrungen und der ständig wachsenden perzeptiven, motorischen, kognitiven, emotionalen und relationalen Möglichkeiten entfaltet sich ein Kind. Es lernt sich selbst und seine Möglichkeiten kennen und entwickelt einen inneren Kompass. Dieser ›innere Kompass‹ deutet darauf hin, dass das Kind seine Vitalität aus seinem Selbstkern schöpft und dadurch die Erfahrung macht: »Das bin ich, das gefällt mir, das beruhigt mich, davon werde ich froh, hierin bin ich gut…«.

Eine unvorhersehbare, unsichere und/oder emotionslose Umgebung führt zu einer völlig anderen Grundlage der Selbsterfahrung. Organisation, Zusammenhang und Zielstrebigkeit entstehen entweder nicht ausreichend genug oder gehen schnell wieder verloren, wie z.B. dann, wenn das Kind unter Druck gerät. Das Kind erfährt sich selbst nicht als Teil eines sinnvollen Kontextes.

Es hat keinen Einfluss auf seine eigenen Reaktionen, wodurch es die Vorhersagbarkeit in sich selbst und den Zusammenhang in die eigene Selbsterfahrung verliert. Es ist kaum in der Lage sich zu konzentrieren und eine Richtung oder einen Aufmerksamkeitsfokus beizubehalten. Ihm fehlt das Gespür, dass es von der gegenwärtigen Situation aus auf etwas hinarbeiten und dafür schon jetzt die Weichen stellen kann.

8 Ein Selbstnarrativ aufbauen und sich in neuen sozialen Beziehungen engagieren

> Ruth Lanius (2004) verglich die Hirnaktivität von 16 »normalen« kanadischen Erwachsenen mit der von 18 Erwachsenen, die unter einer frühen Traumatisierung gelitten hatten. Nach vielen Untersuchungen und der Erforschung der Hirnaktivität zum Zeitpunkt, in dem die Teilnehmer*innen an traumatische Erfahrungen zurückdachten, wollte Lanius herausfinden, was in unserem Gehirn passiert, wenn wir »nicht wirklich mit etwas beschäftigt« sind. Die Erwachsenen wurden gebeten, sich bei einem MRI-Scan ihres Gehirns nur auf ihre Atmung zu konzentrieren und soweit wie möglich über nichts nachzudenken. Die Studie zeigte, dass die zentralen Strukturen des Gehirns bei Erwachsenen ohne frühe Traumatisierung, über den Augen beginnend und über die Mitte des Gehirns bis nach hinten aktiv waren. Diese zentralen Strukturen spielen eine zentrale Rolle im »Selbstgefühl«. Bei den Erwachsenen mit frühen negativen Lebenserfahrungen war dies vollkommen anders. Es gab überhaupt keine oder nur sehr wenig Aktivität in diesen zentralen Gehirndomänen, die am Selbstgefühl beteiligt sind.
>
> Laut van der Kolk (2014, S. 92) kann es hierfür nur eine Erklärung geben: Im Umgang mit traumatischen Erfahrungen und der langanhaltenden und nachwirkenden Bedrohung hatten diese Personen gelernt, die Bereiche des Gehirns, die für das Fühlen von Emotionen verantwortlich sind, auszublenden. Dies führt unter anderem dazu, dass die affektive Grundlage des Selbstgefühls ausgeschaltet wird oder nicht entwickelt ist. Im täglichen Leben sind die gleichen Bereiche des Gehirns auch dafür verantwortlich, die gesamte Bandbreite der Emotionen und Empfindungen zu registrieren, die die Grundlage unseres Selbstbewusstseins bilden.

Van der Kolk nennt dies eine »tragische Anpassung«: Um überwältigende ängstliche Gefühle auszuschließen, verlieren diese Personen ihre Fähigkeit, sich völlig lebendig zu fühlen (*»they feel deadened«*); sie haben auch die Möglichkeit verloren, sich mit sich selbst und ihrer inneren Welt verbunden zu fühlen. Dies verhindert dann die Kapazität, Entscheidungen zu treffen, denn es gibt keinen guten »inneren Kompass«, der angibt, ob sich eine Entscheidung in Bezug auf das was man wirklich erreichen will, gut oder nicht gut anfühlt. Wie kann man zum Beispiel einen Studiengang wählen, wenn es keine inneren Gefühle gibt, die darauf hindeuten, dass dies eine gute, richtige Entscheidung ist, die zu einem passt. Es schränkt auch das Gefühl der (Selbst-)Kontrolle und der Selbstwirksamkeit ein, etwa dem eigenen Leben eine Richtung geben und sich Ziele setzen zu können. Dieses mangelnde Selbstbewusstsein kann so ausgeprägt sein, dass sich Kinder, die von einer chronischen frühen Traumatisierung betroffen waren und bedrohliche Bindungsbeziehungen oder tragische Bindungsabbruche erlebt haben, im Alter von ca. 18 Monaten nicht selbst im Spiegel erkennen können (Perry, 2003 und 2009). Gehirn-Scans zeigen, dass dies nicht nur das Ergebnis von Unachtsamkeit ist, sondern dass die Strukturen der Selbsterkennung völlig »außer Betrieb« sind.

8.5 Kollidieren mit neuen Bezugspersonen und Konflikte suchen, um ein Selbstgefühl neu aufzubauen und Keime eines inneren Kompasses (wieder) zu finden

Sobald sich neue Möglichkeiten, z. B. in einer Pflege- oder Adoptionsfamilie ergeben, probiert das Kind seine Selbstentwicklung wieder aufzunehmen. Natürlich geschieht dies nicht bewusst oder zielgerichtet im Sinne eines: »Aha, neue Eltern, ich werde mal was Neues ausprobieren!« Vielmehr handelt es sich um einen Prozess, der einem wichtigen entwicklungspsychologischen Prinzip folgt: Wenn ein Kind einen schwierigen Start ins Leben hatte, im späteren Leben aber in besseren Umständen wieder Ruhe und Raum findet, um sich selbst zu entdecken, wird es neue emotionale und beziehungsbezogene Möglichkeiten ausprobieren. Dieser Entwicklungsmechanismus, den wir »self-righting tendencies« (Emde, 1983) nennen, ist mit einem Baum zu vergleichen, der wieder gegen Licht wächst, sobald ihm die Möglichkeit dazu gegeben wird (self-righting tendencies als Aspekt von Resilienz). Ebenso wird das Kind versuchen, die verpassten Entwicklungschancen aufzunehmen. Gleichzeitig aber werden die alten Bilder über das eigene Selbst und über erwachsene versorgende Personen, die das Kind auf der Grundlage vergangener Erfahrungen aufbewahrt hat und die sein Weltbild sowie die neuen Interaktionen prägen, noch eine lange Zeit fortbestehen.

Deshalb findet dieser Prozess der Anpassung an die neue Umgebung mit neuen Möglichkeiten in der Regel nicht ruhig und allmählich statt, wie es die Umgebung hoffen oder erwarten würde. Vielmehr wird ein solcher Prozess oft von einem heftigen inneren Konflikt mit intensiven Emotionen begleitet und häufig auch von Problemen in der Beziehungsgestaltung eingeholt.

Ohne den inneren Kompass, der eine gesunde frühe Selbstentfaltung markiert, kann das Kind sich nur durch einen Konflikt mit der Außenwelt fühlen-, kennen- und weiterentwickeln lernen (Winnicott, 1956 und 1965). Das Kind findet sich eher in der Reaktion der Außenwelt als in seiner entstehenden Organisation der inneren Welt. Das »Steuern« und »Kontrollieren von Beziehungen«, das typisch ist für diese Kinder, ist daher eher ein »Gegensteuern« oder ein »Kollidieren«, als ein von einem inneren Kompass heraus gelenkter Prozess. Diese Versuche eines Kindes mit einem komplexen Trauma, sich selbst zu finden und im Konflikt mit anderen zu entdecken, stoßen daher auf viele Reaktionen der Außenwelt. Was eigentlich ein verzweifelter Versuch ist, sich selbst in einer ausreichend sicheren Umgebung zu entwickeln beginnen, endet oft in einem Streit mit der Umwelt, wodurch die Chancen, in der Selbstentwicklung auf einen solideren Entwicklungsweg zu gelangen, begrenzt werden. Die Umgebung wird Grenzen ziehen, die notwendig sind, um das Zusammenleben zu ermöglichen, und um dem Kind zu helfen, sich selbst und seine Grenzen zu spüren. Manchmal aber geht die Kollision mit der Umgebung so weit, dass das Kind zurückgedrängt, bestraft oder verletzt wird oder sich in den Konflikten mit der Umgebung verletzt. Was zunächst der Versuch eines verletzten und traumatisierten

Kindes war, sein Selbstwertgefühl in den Griff zu bekommen oder zu kontrollieren, droht dann zu noch mehr Kontrollverlust zu führen, zum Zyklus von Misstrauen und Hass und die Drohung eines erneuten Abbruchs.

Es dauert bei diesen Kindern einige Zeit, bis sie in einer vorhersehbaren Umgebung wahrnehmen können, was sie selbst fühlen oder es wagen zu begreifen, dass sie überhaupt sehr wenig fühlen. Manchmal braucht es sogar »Übertreibungen« oder »überzogene Konflikte«, um in dieser neuen Umgebung erste Gefühle zu erfahren. Es verlangt von den versorgenden Personen viel Geduld und Fantasie, um zu erahnen, warum diese Kinder so ein reaktives, kollidierendes und konfliktsuchendes Verhalten annehmen. So wird ein Kind zum Beispiel in unbeholfenen Versuchen Sachen wegnehmen und/oder verstecken, um zu erfahren, dass man Sachen für sich selbst haben kann. Es wird leugnen, diese Sachen weggenommen zu haben, sobald es darauf angesprochen wird. Bei normal entwickelten Kindern nennen wir dieses Verhalten »stehlen« und »lügen«. Durch Grenzen und/oder Sanktionen, einer Einladung zu einem wiedergutmachenden Verhalten und einem moralischen und normativen Gespräch wird den Kindern beigebracht, dass es nicht gestattet ist, Sachen wegzunehmen, die einem anderen gehören. Solch ein erzieherisches Handeln und Auftreten zeigt bei Kindern mit einem komplexen Trauma über einen langen Zeitraum jedoch wenig Wirkung. Ihr »Stehlen« und »Lügen« hat schließlich die Funktion, sich selbst zu entwickeln und in Entwicklung zu bleiben und ist somit mit ihrem psychologischen Überleben verbunden. Solange sie wenig Erfahrung gemacht haben, was ihnen gehört, erweist es sich als schwierig, ein Verständnis und einen Respekt dafür zu entwickeln, was anderen gehört. Ähnlich wie bei kleinen Kindern, die oft ihr eigenes Spielzeug nicht teilen wollen und möchten und manchmal sogar »von mir« oder »das ist meins« schreien um ihren neuen Besitz in Sicherheit zu bringen, sobald sich jemand dieses Spielzeug anschaut oder anzufassen wagt. Wenn man jedoch in einem späteren Alter und/oder nach wiederholtem Ansprechen, Begrenzen und Sanktionieren weiterhin Sachen wegnimmt, versteckt oder nicht teilen will, führen derartige unbeholfene Versuche häufiger zu negativen Erfahrungen, Strafen, endlosen Konflikten, sado-masochistische Beziehungsmuster oder zu einem massiven Kontrollverlust.

> Als die Pflegemutter Laura zur Therapie bringt, möchte Laura, dass ihre Pflegemutter dem Therapeuten erzählt, was passiert ist. Die Pflegemutter antwortet, dass Laura »selbst ihren Mist aufzuräumen hat«. Im Spielzimmer kommt es dann, wenn auch unter viel Spannung, zu einem Gespräch über diesen sogenannten »Mist«. Laura hat ein eingepacktes Geschenk des Pflegevaters geöffnet, das für jemand anderen bestimmt war, um es sich anzusehen. Die Pflegeeltern reagierten mit Enttäuschung und Verärgerung auf Lauras zigsten Verstoß gegen die Familienvereinbarungen und -regeln. Mit Hilfe des Therapeuten ist es möglich, über die Gedanken und Gefühle nachzudenken, die Laura vor und in dem Moment hatte, als sie das Geschenk auspackte, was sie in dem Moment erfuhr und wie sie jetzt vor allem ängstlich und traurig ist, dass es »nie wieder gut wird« zwischen ihr und ihren Pflegeeltern.

In einer späteren Phase der Therapie sagt Laura auf dem Weg ins Spielzimmer dem Therapeuten, dass sie etwas zu sagen habe, »etwas ganz Schlimmes, dass sie untersuchen müssen und davor habe sie Angst«. Spontan holt sie sich Zeichenmaterial und malend berichtet sie, dass sie neulich gesagt hat, dass sie irgendwann dieses Jahr einen Mp3-Player im Sportverein weggenommen hat. Es geht vielleicht um ihre Gefühle der Angst – dass sie nicht weiß, was jetzt mit ihr passieren wird – und um Scham und Schuld über ihren Diebstahl. Laura entwickelt etwas Neues, indem sie ihren Pflegeeltern gegenüber ihr Bedauern über das Geschehen zum Ausdruck bringt.

8.6 Identitätsentwicklung: Schrittweise ein neues Narrativ mit verschiedenen Versionen oder Kapiteln des Selbst entwickeln

If a mirror reflects who you are on the outside, a story reflects who you are on the inside (Ait Hamou, 2015)

Die Gestaltung einer autobiografischen Lebensgeschichte ist ein wesentlicher Aspekt der Identitätsentwicklung (Wright, 2009; Jongedijk, 2014). Die ersten Vorstellungen darüber, wie die eigene Lebensgeschichte aussieht, gründen in der frühen Kindheit, wenn das Kind anfängt, sich zu fragen: »Wo komme ich her? Wo wart ihr, als ich noch nicht existierte?« Die ersten Ansätze dieser Lebensgeschichte, wie sie während der Kindergartenzeit entstehen, sind nur eine erste Version einer Geschichte, die sich Schicht für Schicht unter dem Einfluss der sich verändernden kognitiven, emotionalen und Bindungsmöglichkeiten aufbaut, vertieft und nuanciert. Später wird es Fragen geben wie: »Ist Tante Emma eine Schwester von Mama? Und habt ihr früher auch gestritten?« Oder: »Warum habe ich blaue Augen?« und »Warum kommt Onkel Peter nie zu Oma und Opa zu Besuch?« und so weiter. Auch die Antworten, die ein Kind auf seine Fragen bekommt, sind Teil der Entwicklungsfähigkeiten, die ein Kind erwerben kann. Dieser Prozess setzt sich bis ins Erwachsenenalter fort und verändert sich womöglich während der eigenen Elternschaft, während des Älterwerdens oder beim Tod der eigenen Eltern. Kinder erhalten Schritt für Schritt und entsprechend ihrer Fähigkeiten Informationen, um ihre eigene Lebensgeschichte verstehen zu können. Wahre und geträumte Elemente verweben sich zu einer zusammenhängenden individuellen Identitätsgeschichte und bieten ein gewisses Maß der Stabilität für das, wer man ist.

Die Geschichte ist jedoch nie »vollendet«, sie wird geschrieben und umgeschrieben, je nachdem, wie das Leben sich weiterentwickelt und kognitive sowie emotionale Möglichkeiten und Lebensereignisse Anlass geben, um die Geschichte aus einer neuen Perspektive heraus zu schreiben. Das Verlangen, wissen zu wollen, woher und von wem man stammt, wie es begann und wie entstanden ist, was jetzt besteht, ist Teil eines lebenslangen Entwicklungsprozesses der eigenen Identität.

8.7 Eine Lebensgeschichte mit Lücken, Sprüngen und Inkonsistenzen

> The adopted person must reckon with the lack of continuity and be able to tolerate this without getting lost in nothingness. (Wright, 2009, S. 77)

Bei einem komplexen Trauma kommen Bruchlinien in der Lebensgeschichte vor, Traumatisierungen bei denen andere Personen eine wichtige Rolle spielten. Personen, die »plötzlich« nicht mehr zur Verfügung standen oder sich als unzuverlässig erwiesen haben. Bei versorgenden Personen, die – aus welchen Gründen auch immer – nicht als versorgend oder als bedeutende Informationsquelle darüber, wer man ist und was man erlebt hat zur Verfügung standen, können Scham- oder Schuldgefühle in Bezug auf eigene Schwierigkeiten in der Kindheit und Jugend einen Einfluss auf die Beziehung zu ihrem Kind haben. Auch kann ein geringes Einschätzungsvermögen aufgrund einer Einschränkung oder eines psychiatrischen Problems (z. B. Psychose) mit einer korrekten Beurteilung der Tragweite des Geschehens auf das Leben und die Entwicklung eines Kindes interferieren. Gerade wegen dieser Lücken oder den Inkonsistenzen, die in der Lebensgeschichte entstehen, wird man manchmal intensiver von der Lebensgeschichte absorbiert oder aber man zieht es vor, sich von ihr zu distanzieren (Wright, 2009). Die Brüche in der eigenen Lebens- und Bindungsgeschichte sowie die Nichtverfügbarkeit zuverlässiger Informationsquellen verlangsamen und verhindern, die eigene Lebensgeschichte flexibel an die Entwicklungsmöglichkeiten anpassen zu können. Dies kann bedeuten, dass kindliche Erfahrungen oder Erinnerungen verblassen, da sie durch Fotos und Geschichten nicht lebendig gehalten werden und Informationen verloren gehen oder verformt werden.

Reale oder imaginäre Erfahrungen können nicht als Erinnerungen verinnerlicht und somit auch nicht angepasst, verarbeitet und kontextualisiert werden, weil es niemanden gab, der das Kind damals kannte und helfen konnte. Kindliche Fantasien darüber, warum die eigenen Eltern einen »weggegeben haben« («Vielleicht war ich zu kompliziert, um umsorgt zu werden« oder »Vielleicht war ich das Kind einer Prinzessin und meine Mutter hat mich als Findelkind nur deshalb irgendwo abgelegt, weil sie mich nicht behalten durfte«) werden nicht Schritt für Schritt korrigiert. Fragen darüber, was die Narben am Arm bedeuten, ob psychische Krankheiten in der Familie vorkommen, oder wie eigentlich der Name des Bruders war, wie das Waisenhaus aussah, was der Grund dafür ist, sich bei etwas Hunger so aufzuregen, finden nirgendwo einen Anhaltspunkt. Fragen zu »dem gelben Haus, das immer wieder im Traum auftaucht« und darüber, ob es ein Haus ist, das man wirklich jemals gekannt hat, bleiben offen, weil es niemanden gibt, der sie beantworten kann. Dass bei einer (internationalen) Adoption der Zugang zu Informationen über die eigene Genetik oft verschlossen bleibt, schließt auch die Vorstellung über bestimmte zukünftige Szenarien aus: »Werde ich auf dieselbe Art und Weise alt wie meine Mutter?« Zudem bleibt das Wissen um eventuelle Erbkrankheiten aus. Wenn man aufgrund schwerwiegender psychiatrischer Probleme der eigenen biologischen Eltern zum Pflegekind wird, ist es schwierig, eine zusammenhängende Lebensgeschichte zu erstellen. Dies wird unterdessen noch verstärkt, wenn der Elternteil, der einst aufgrund eigener Schwierigkeiten das Kind misshandelte oder vernachlässigte, jetzt behauptet, dass nichts davon wirklich passiert sei, sondern, dass das Jugendgericht und das Jugendamt sich gegen den Elternteil verschworen hätten, um das Kind in einem Heim oder in einer anderen Familie unterbringen zu können.

8.8 Trauer und Verlust betrifft mehr als nur eine versorgende Person

Bei Trennung oder Diskontinuität im Leben trauert man als (kleines) Kind unweigerlich um den Verlust der Eltern und/oder der Personen, die sich um einen in den ersten Tagen, Wochen, Monaten und manchmal sogar Jahren gekümmert haben. Was man verliert, ist jedoch weit mehr als nur die vertrauten und fürsorgenden Personen. Es handelt sich um ein komplettes Abtrennen von allem, was selbstverständlich ist: Die eigene Lebenswelt mit seinem vertrauten Rhythmus und seinen vertrauten Gerüchen, Farben und Klängen verschwindet schlagartig und vollkommen. Solch ein Bruch zeichnet sich tief in alle Lebensbereiche ab. Nur an wenigen Menschen gehen solch gravierende Ereignisse im Leben spurlos vorbei. Selbst wenn Kinder sehr jung adoptiert wurden, kennen sie gelegentlich Gefühle eines tiefverwurzelten Verlustes und einer Sehnsucht nach Elementen aus der ersten Lebensperiode (Brodzinsky, Schechter & Henig, 1993; Brodzinsky, 2011).

Diese Bruchlinie in den frühesten Bindungsbeziehungen und im Leben kann sich fest im Wesen des Kindes verwurzeln, ohne dass das Kind Bilder oder Begriffe dafür findet. Es kann aber auch zu der Erfahrung führen, dass Bilder und Begriffe nicht ausreichen, um die zerrütteten Gefühle zu beschreiben, mit denen das Leben einen konfrontiert. Das Kind entwickelt zum Beispiel eine übermäßige Sensibilität, bedingt durch Erfahrungen in Bezug auf den Verlust der Fürsorge, Liebe und Zustimmung durch andere, oder ein tiefes Gefühl, nicht dazu zu gehören oder es weiß überhaupt nicht, wie es sich fühlt, sondern zeigt ein ernsthaftes Symptomverhalten, wodurch erst deutlich wird, dass es ihm nicht gut geht. Darüber hinaus gehen Gefühle von Verlust und des Verlassenwerdens (*the core trauma of abandonment*) oft mit einem wertlosen und der Liebe unwürdigen Bild von sich selbst einher (Willock, 1986 und 1987). Auf diese Weise malt

Christof sich als ein riesengroßes faules Ei, das so furchtbar stinkt, dass es jeden stört. Das Bild gibt ein tiefes Gefühl preis, das jemanden beschreibt, der für andere nur störend und lästig ist, der nicht wirklich gerne gesehen oder unattraktiv ist. Unterdessen geht er als jemand durchs Leben, der das Leben seiner Familie nur schwer macht, wodurch das Bild, ein Störenfried zu sein und nur Ärger zu machen, weiter aufrecht erhalten bleibt. Charlotte fragt sich, warum ihre Adoptiveltern sie nicht zurückgeschickt haben, als sie sich als so schwierig herausstellte, denn – so denkt sie – »verschimmelten Käse bringt man ja auch in den Supermarkt zurück, oder etwa nicht?«. Kein Wunder also, dass Gefühle von Verlust, Trauer und Wertlosigkeit sich oft hinter einem schwierigen Verhalten verstecken. Schließlich ist es nicht einfach, über eigene Gefühle nachzudenken, die so schmerzhaft, verletzend und verletzlich sind. Schwer zu ertragende Spannungen in einem selbst werden eher indirekt oder unbegreiflich kommuniziert z. B. in dem Wunsch, übermäßig viel Bestätigung haben zu wollen, in einer schier endlosen Provokation der versorgenden Personen, im Einfordern von überschwänglich viel Liebe und Aufmerksamkeit oder aber jede Form von Liebe und Fürsorge abzustoßen zu wollen, sowie in Symptomen wie Depression oder aggressivem Verhalten gegenüber anderen oder sich selbst (Selbstverletzung). Manchmal werden die neuen versorgenden Personen so aggressiv behandelt, dass neue Bruchlinien zu entstehen drohen.

Meistens bleiben Einschnitte oder Verletzungen in der Autonomieentwicklung sowie im Selbstgefühl während der Grundschulzeit noch relativ unbemerkt. Erst in der Phase der Adoleszenz oder des Übergangs ins junge Erwachsenenalter – wenn die Entwicklungsaufgaben der Identitätsbildung sowie des Findens des eigenen Lebensweges sich stärker auf diese Entwicklungsaspekte berufen – wird manchmal schmerzhaft deutlich, wie stark das Gefühl, ein wertvoller Mensch zu sein, leidet. Um mit dieser unerträglichen Verwundbarkeit umzugehen, trifft man als Kind manchmal Entscheidungen, mit denen man zwar versucht, das Autonomiegefühl zu stärken, die zugleich aber die neu entstandene Familienverbundenheit bedrohen. Die Bindung zu wichtigen anderen ist ebenso eine Bedrohung für das zerbrechliche Selbstgefühl, das in der Pubertät und im jungen Erwachsenenalter immer mehr beansprucht wird.

8.9 Die unvermeidlichen Seelennarben als Teil des Selbst akzeptieren

> It takes enormous trust and courage to allow yourself to remember. (van der Kolk, 2014, S. 13)

Die undenkbaren Bindungsabbrüche und Bruchlinien im Leben können einen zerstörerischen Effekt auf ein Kind haben. Sie beanspruchen verschiedene Lebensbereiche und bedingen viele Entwicklungsaufgaben oder gefährden manchmal sogar die notwendigen neuen fürsorgenden Beziehungen. Erfahrungen, die zu überwältigend waren und/oder zu früh stattfanden, als noch keine innere Repräsentanz dieser bestand, werden in schwieriges Verhalten umgeformt. Sie äußern sich in Symptomen, die ausdrücken, was schwer kontrollierbar war und ist.

In einem therapeutischen Kontext wird gemeinsam mit dem Kind nach Bildern, Begriffen oder Geschichten gesucht, die diese Erfahrungen begreiflich machen. Für viele Kinder bietet dies eine positive und heilende Wirkung. Für manche von ihnen bietet diese Möglichkeit jedoch keine Garantie für die Verarbeitung ihrer frühen Bruchlinien. Trotzdem ist die Suche nach einer Umwandlung der erfahrenen Spannungen in Bilder und Begriffe außerordentlich wichtig, um dem destruktiven Verhalten weniger Chance zu bieten und eine drohende Verwüstung zu beschränken bzw. zu regulieren (Birch, 2008). Es ist für jedes Kind mit einem komplexen Trauma eine herausfordernde Lebensaufgabe sich mit dem komplexen Leben (und dem frühen Schicksal) auseinanderzusetzen.

Es geht dabei darum, sich selbst zu akzeptieren und anzuerkennen, wer man geworden ist – mit den Stärken und Qualitäten einerseits, aber auch mit den Verwundbarkeiten und Narben, die das Leben schon früh verursacht hat, andererseits. Ein neuer Kontext, der – über alle Auseinandersetzungen und Konflikte hinweg – möglichst erhalten bleibt und sich nicht in den Strudel der Schwierigkeiten hineinziehen lässt, ist hier von entscheidender Bedeutung. Zudem können das Erzählen, Schreiben und Umschreiben der Lebensgeschichte auch eine heilende und integrative Wirkung haben. Die persönlichen Lebenserfahrungen, mit den Lücken und Bruchlinien, den Momenten des Schmerzes und der Trauer, aber auch der Verbindung und des Vergnügens, die sich abwechselnd zu einer persönlichen Geschichte fügen, können heilsam sein. Die verschieden Erfahrungsfragmente dieser Kinder zusammenzuhalten und ihnen eine Bedeutung zu geben, ist überaus wichtig, da Kinder ihre Erfahrungen und Erlebnisse durch chaotische Verhaltensweisen, Inszenierungen, körperliche Symptome, Bilder, Zeichnungen und Geschichten zum Ausdruck bringen können. Diese Ausdrucksformen tieferliegender Erlebnisse sollten mittels »Containment« (Bion, 1962) (d. h. dabei helfen, tieferliegende Affekte zu (er)tragen und Bedeutung zu verleihen) aktiv zusammen- und ausgehalten werden. Dies ist aus der Perspektive der narrativen Entwicklung des Kindes von enormer Bedeutung. In diesem Kontext kann Psychotherapie Raum schaffen, um eine Geschichte bzw. ein Narrativ über sich selbst und die persönliche Lebensgeschichte zu entwickeln (Pawelczyck, 2012). Die eigene individuelle Geschichte zu haben und sich diese in der zuverlässigen Gegenwart eines anderen anzueignen, trägt auch zur Bildung der eigenen Identität bei. Durch das Erzählen der Geschichte wird das autobiografische oder narrative Selbst (Stern, 1989) kohärenter und stärker. Das Narrativ oder die eigene Geschichte geben der Selbsterfahrung notwendige Struktur und Kohärenz (Luyten & Fonagy, 2019).

8.10 Zum Abschluss

Sich autobiografisch zu erinnern und sich selbst zu begreifen, führt bei einer »normalen« Entwicklung zu einem kohärenten Bild der eigenen persönlichen Geschichte (Habermas & Bluck, 2000). Sobald ein Kind zu sprechen lernt, verändert sich auch der Erfahrungsmodus. Wenn die Umgebung eine ausreichend kontinuierliche und vorhersagbare Versorgung bietet, bringt die verbale und spätere narrative Entwicklung wichtige neue Errungenschaften. Wo Erfahrungen der prä-sprachlichen Periode manchmal ein wenig zu verblassen scheinen und plötzlich durch ein sensorisches Erlebnis, wie z. B. den Geruch von Haferflocken oder Rosen, wieder auftauchen, oder auf einer entwicklungspsychologisch komplexeren Ebene integriert werden (die vor-sprachige sensorielle Erfahrungen werden dann mit Bildern und Worten zum Ausdruck gebracht), können Erfahrungen ab dem Spracherwerb in Begriffen erfasst und so letztendlich in die eigene individuelle Lebensgeschichte integriert werden.

Bei Kindern mit frühen Bruchlinien im Leben hingegen können die vorsprachlichen Erfahrungen sich im Erleben des Kindes störend und überwältigend auswirken, weil sie die alten Gefühle von Angst, Panik oder intensiver Verwirrung wieder aktivieren. Diese frühen negativen Erfahrungen lassen sich nicht automatisch in der Fantasie und in der Erzählung, in der Zeichnung und in der Lebensgeschichte (in der autobiografischen Erinnerung) festhalten. Durch die aktive Suche nach Bildern, Begriffen und Geschichten bietet die Psychotherapie Bausteine an, um sich dem traumatischen Effekt des frühen Bindungsabbruchs zu nähern, sie verkraftbar zu machen und dem Erlebten insofern einen Sinn zu geben, indem die kreativen Möglichkeiten und die gesunde Entwicklung zunehmen. Dies kann bedeuten, dass die Erkenntnis bestehen bleibt, dass damit das Traumatische und Destruktive nicht vollständig rückgängig gemacht werden kann und ab und zu selbst wieder zum Ausbruch kommen kann.

Die Integration schwieriger und widersprüchlicher Aspekte des Lebens ist für jeden eine komplexe Aufgabe. Dies gilt umso mehr für Kinder mit einem komplexen Trauma und/oder mit Erfahrungen von einem oder mehreren Bindungsabbrüchen. Nicht nur die individuelle Lebensgeschichte muss integriert werden, sondern auch noch ihr traumatischer Anteil. Auf der Grundlage dieser frühen Diskontinuität in der Selbsterfahrung wird im Prinzip mehr Sprache und Bedeutung benötigt, als es normalerweise der Fall ist. Diese Sprache verliert ihre heilende Kraft in Zeiten oder in krisenhaften Phasen voller Spannungen erheblich schneller. Und doch sind und bleiben Symbolisierungen durch Körperexpression, rhythmische sowie musikalische Äußerungen, Spielen, Malen und Sprechen – also in Bewegungs- und Tanztherapie, Musiktherapie, kreativer Therapie und Psychotherapie – die Mittel für den weiteren therapeutischen Weg mit diesen Kindern. Die Herausforderung für Psychotherapeut*innen besteht darin, (dem Kind zu helfen) eine Sprache zu finden, die die unaussprechlichen Bruchlinien in seinem Leben beschreiben kann. Schließlich stellen jene Bruchlinien für sie – und damit auch für ihre neuen Familien – manchmal eine enorme Herausforderung dar. Aus diesem Grund will dieses Buch Wege aufzeigen, um die kontinuierliche Suche nach expressiver Körpersprache oder nach Bildern, Begriffen und Geschichten in der Therapie für diese Kinder mit einem komplexen Trauma und ihren Familien aufrechtzuerhalten.

> Kann man der Vase ihre Zerbrechlichkeit verweisen oder der Hand, die sie fallen lässt?
> (aus dem Gedicht ›Vaas‹ von Peter Verhelst, 2008)

Als Fazit: Ein Zehn-Punkte-Programm für eine traumasensible Gesellschaft

> There can be no keener revelation of a society's soul than the way in which it treats its children (Nelson Mandela)

In einer so komplexen Angelegenheit, wie der des komplexen Traumas und der Bindungstraumatisierung ist eine take-home message keine einfache Aufgabe. Dennoch wollen wir es wagen und unsere Einsichten zu diesem komplexen Thema in einem Zehn-Punkte-Programm zusammenfassen, das darauf zielt, zu einer traumasensiblen Gesellschaft beizutragen.

1. »Ihre Köpfe erinnern sich nicht mehr daran, aber ihre Körper wissen es noch!« – Ein komplexes Trauma hat immense Auswirkungen auf die Entwicklung

Kinder mit einem komplexen Trauma sind im Rahmen eines breiten Spektrums von Entwicklungsbereichen, besonders in ihren expressiven Fähigkeiten, ihren regulierenden Möglichkeiten, ihren sozialen und relationalen Kompetenzen, ihrem Selbstbild und ihrem Identitätsgefühl, beschädigt. Die narrativen und expressiven Fähigkeiten haben nicht den Nährboden für eine optimale Entwicklung erhalten. Die neurobiologischen Möglichkeiten, um Stress und Unberechenbarkeit zu ertragen, wurden zu früh auf die Probe gestellt, um anschließend noch flexibel eingesetzt zu werden. Am ursprünglichen Vertrauen in Andere wurde stark gezehrt, wodurch die Frustrationstoleranz für »normale« Alltagsschwierigkeiten, Defizite und Reibereien abnimmt. Die Selbstentfaltung und die Persönlichkeit eines Kindes haben sich an ungewöhnliche Umstände angepasst, wodurch das Kind – unter »genügend guten« Umständen einer späteren (Adoptions- oder Pflege-)Familie – plötzlich in einer für das Kind ungewohnten Situation zurechtkommt und nicht immer einschätzen kann, ob sie für andere vielleicht als ganz normale Situation empfunden wird. Das bindungstraumatisierte Kind kann vielleicht die neuen Bindungsmöglichkeiten in der Pflege- oder Adoptionsfamilie erstmal noch nicht als Chance wahrnehmen.

2. Fragen Sie nicht: »Wie durcheinander ist dieses Kind?«, sondern fragen Sie: »Was hat dieses Kind alles durchgestanden?«

Kinder mit einem komplexen Trauma vermitteln oft ein Verhalten, das auf den ersten Blick weder »logisch« noch verständlich und kaum nachvollziehbar ist. So stimmt z. B. die Intensität, mit der das Kind reagiert, nicht mit der Ursache überein oder der Affekt erscheint der Situation nicht angemessen. Wenn man jedoch solch ein Verhalten in seinem Sinn begreift, ist es nicht mehr so unbegreiflich. Panisch werden, wenn man nicht auf Anhieb etwas zu essen bekommt; ausflippen, weil die Mutter für ein paar Tage zu einem Kongress geht, obwohl man inzwischen schon zwölf Jahre alt ist; drauf losschlagen, wenn jemand einem ein gemeines Wort an den Kopf wirft – dies alles erhält durch die Vergangenheit des Kindes eine Bedeutung. Einem Kind helfen, neue und passendere Lösungen für die täglichen Probleme des Lebens zu finden, ist keine Frage eines »Warum machst du das jetzt? Wie verrückt ist das denn?«, sondern impliziert vielmehr das gemeinsame Nachdenken und Mentalisieren im Sinne von wie »Was hast du erlebt, dass diese Situation dich aus dem Gleichgewicht bringt und was brauchst du, um dein Gleichgewicht wiederzuerlangen?«

3. Erste Hilfe bei Konflikten: »Regulate, then relate, then reason«

Kinder mit einem komplexen Trauma haben in ihrem Leben bereits viele Konfliktmomente erlebt – Momente, in denen nicht sie selbst, sondern der Stress und die Affekte die Kontrolle übernahmen, wodurch sie die Kontrolle und die Zügel ihres Denkens, Fühlens und Verhaltens verloren haben. Selbst wenn diese Kinder Schritte in ihrer Entwicklung unternehmen, sind ihre Eltern auf einen Rückfall vorbereitet, wobei das vorsichtig entstandene Gleichgewicht weniger selbstverständlich ist, als bei »sich normal entwickelnden« Kindern. Mit jeder neuen Entwicklung kann ein bestehendes (aber instabiles) Gleichgewicht aus der Balance kommen, wodurch Eltern wieder mit Konfliktperioden konfrontiert werden.

Was nie funktioniert, sind von Vernunft und dem Wunsch nach einer schnellen Lösung geleitete Fragen, wie: »Sag, warum hast du die Sachen deiner Schwester schon wieder kaputt gemacht?« Denn Stress und Affekt sind gerade in diesem Zusammenhang ja zeitweise vom Verstand und der Vernunft entrückt. Was diese Kinder in solchen Momenten benötigen, sind Eltern (oder andere versorgende Personen), die es ertragen, dass die Abnahme der Regulierung eines der Symptome dieser Kinder ist und die bereit sind, die Regulierung abermals zu übernehmen, ähnlich wie es die Eltern eines sehr jungen Kindes tun. Dies ist allerdings nur dann möglich, wenn die versorgenden Personen in der Lage sind nachzudenken oder reflexiv zu funktionieren (*parental reflective functioning*), um nach unzähligen und manchmal lang anhaltenden Rückfallschüben immer wieder einen kühlen Kopf zu bewahren und herauszufinden, was dem Kind hilft, wieder zur Ruhe zu finden.

Auf der Basis von unzähligen Regulierungsmomenten entsteht, manchmal erst mit der Zeit, ein Band mit dem Kind, wodurch es möglich wird, gemeinsam über das nachzudenken und das zu besprechen, was vorgefallen ist: »Was ist eigentlich passiert, dass du gerade in dem Augenblick so laut herumgeschrien hast? Was veränderte sich in dir selbst, also in deinem Inneren, als dir auffiel, dass der Junge dich so ansah?« Sobald der »ON/OFF-Schalter« für den Verstand und die Vernunft wiedergefunden wurde, kann gemeinsam darüber nachgedacht und gesprochen werden.

4. Seien Sie mild zu denen, die als neue Betreuer*innen oder Bindungspersonen Verantwortung tragen

Viele sensible Eltern sind – im Laufe des Zusammenlebens mit einem Kind mit einem komplexen Bindungstrauma – im Regulieren von heftigem Kontrollverlust und im Vermeiden von eskalierenden Konflikten zu Expert*innen geworden. Sie haben gelernt, wie wichtig es ist, Ruhe zu bewahren. Sie sind manchmal – ohne es zu merken – zu einem quasi-therapeutischen Kontext für ihr Kind geworden. Das bedeutet zum Beispiel, dass sie nicht bei jeder Eskalation »pädagogisch« handeln, wie es bei »sich normal entwickelnden« Kindern der

Fall wäre. Sie kommentieren nicht jedes negativ auffallende Verhalten. Sie erdulden manchmal erst die heftige Reaktion, um sie dann zu einem späteren, ruhigeren Zeitpunkt zu besprechen (im Sinne eines »Eisen schmieden, wenn es abkühlt«). Sie dulden es, wenn das Kind während des Besuchs der Familie stundenlang im Kinderzimmer bleibt, schauen allerdings ab und zu herein, ohne das Kind zu zwingen, bei dem Besuch anwesend zu sein. In diesem Kontext kränkt es sensiblen Eltern, wenn die Stimmen Außenstehender Ursache und Konsequenz umdrehen. So werden viele Eltern schnell erfahren – und manchmal sogar in der Öffentlichkeit darauf angesprochen – als »pädagogisch schwach« wahrgenommen zu werden. Bemerkungen wie »bei uns wird so was nicht toleriert« sind an der Tagesordnung, wenn ein Kind in der Öffentlichkeit durchdreht. Auch Sozialarbeiter*innen und Therapeut*innen erlauben sich manchmal die pädagogischen Fähigkeiten der Eltern am Verhalten ihres traumatisierten Kindes zu messen und führen Deregulierung und Verhaltensprobleme beim Kind auf das Fehlen einer starken Erziehung der Eltern zurück.

5. Aufmerksam hinhören, wenn bindungstraumatisierte Kinder von einen Mangel an Fürsorge erzählen

Schmerzhaft wird es dann so richtig, wenn gesagt wird, dass die neuen Eltern die Probleme wegen fehlender Liebe, Fürsorge und Aufmerksamkeit für das Kind verursachen würden. Die negativen Bilder über versorgende Personen, die Kinder mit einem komplexen Trauma oft in sich tragen, prägen auch die Beziehungen zu neuen versorgenden Personen. Es ist nicht ungewöhnlich, dass diese Kinder noch lange Zeit misstrauisch gegenüber ihren neuen versorgenden Personen bleiben, in denen Gefühle der Unzulänglichkeit und des sich zurückgestellt Fühlens einen zentralen Platz einnehmen. Wenn ein Kind mit einem komplexen Trauma bei Nachbar*innen oder Lehrer*innen klagt: »Meine Schwester bekommt Geschenke vom Weihnachtsmann, aber ich bekomme nichts«, kann dies auf authentische Weise etwas von seiner verletzten Gefühlswelt widerspiegeln, aber nicht unbedingt die konkrete äußere Realität. Wenn ein Kind in der Öffentlichkeit seine Eltern anschreit: »Au, du tust mir weh«, kann das tiefe Ängste und Erwartungen vor drohenden Verletzungen durch Erwachsene ausdrücken, auch wenn dem Kind in diesem Augenblick nicht wehgetan wird. Solche Äußerungen sollten daher als Affekt oder Angst ernst genommen werden, ohne unbedingt die konkrete aktuelle Realität widerzuspiegeln. Sobald uns klar ist, dass neue versorgende Personen »normale« fürsorgliche Eltern sind, verdienen sie auch das volle Vertrauen, dass sie ihrem Kind in Wirklichkeit geben werden, was es an Fürsorge, Aufmerksamkeit, Liebe, Vertrauen und materieller Unterstützung braucht.

6. Der Stein im Teich: Das Trauma trifft nicht nur das verletzte Kind, sondern auch seinen Kontext

Pflege- oder Adoptiveltern und Kontext werden oft durch den Stress »angesteckt«, den ihr Kind verursacht, was in diesem Zusammenhang nicht selten die Gefahr einer indirekten oder »sekundären indirekten Traumatisierung« (Keilson, 1979; Figley, 1995; Lemke, 2006) bergen kann. Sobald sich das Problem des Kindes mit einem komplexen Trauma offenbart, nimmt es in seinem Kontext, in dem es aufwächst, viel Platz ein. Eltern und eventuelle andere Kinder in der Familie riskieren in diesem Sinne, genau wie Betreuer*innen in Pflegeheimen, von Zeit zu Zeit von einer außerordentlichen Flut mitgerissen zu werden, als dass sie in Situationen oder zu Verhaltensweisen verleitet werden, die unter anderen Umständen in dieser Familie nicht notwendig wären oder nicht zum Ausdruck kommen würden. So erschöpfen sich ihre Kräfte zum Beispiel an den Schlafproblemen ihres Kindes, weil sie zu wenig Schlaf bekommen oder an dem übermäßigen Schutz, dem sie ihren Kindern in bestimmten Situationen bieten, wenn sie es beispielsweise festhalten müssen, wenn es ein anderes Kind angreifen oder seine Aggressionen gegen sich selbst zu richten versucht oder aber wenn ein Kind, das früher misshandelt wurde, seine Eltern in der Öffentlichkeit anschreit, dass sie ihm »weh tun«. Wenn das Verhalten eines Kindes die versorgenden Personen in ihren Kräften zu stark herausfordert und zu einer familiären Sackgasse führt, kann es zu einer stationären Unterbringung des Kindes kommen, die weder Kind noch Eltern gewollt haben, was nicht nur eine neue Verletzung im Kind verursachen, sondern auch für die Eltern zu einer schmerzhaften Situation führen kann. »Trauma affects not only those who are directly exposed to it, but also those around them.« (van der Kolk, 2014, S. 1)

7. It takes a village to raise a child: Für manche Kinder sind neue Eltern nicht genug

Mit anderen aneinandergeraten, den Konflikt suchen, streiten – auch bei »normal entwickelten« Kindern sind dies Wege, die eigene Individualität zu entdecken, um zu spüren, wer man ist. Je größer jedoch die Unsicherheit über ein grundsätzlich positives und kohärentes Selbstbild ist, desto heftiger der Zusammenprall. Durchaus kann diese Kollision sich als eine Art »Probe« darstellen, um festzustellen, ob die neue elterliche Umgebung stark genug ist. Die neuen Eltern sind die bevorzugte Zielscheibe. Schließlich sind sie ja diejenigen, die über den Konflikt hinweg überleben müssen und als diejenigen, die aushalten müssen. Schließlich kann man als traumatisiertes Kind nur in Gegenwart derer die bleiben, ausrasten. Die neuen Eltern erhalten dann die Rechnung für ein schwieriges Leben mit viel Angst, Schmerz und Trauer. Das bedeutet, dass für manche Kinder mit einem komplexen Trauma ein Netzwerk von Auffangmöglichkeiten außerhalb der neuen Familie benötigt wird. Gerade bei Krisen, die über die elterliche Fähigkeit des Mentalisierens, um konstruktiv zu handeln, hinausgehen, beweist dieses Netzwerk seine Notwendigkeit.

Entscheidend dabei ist, dass dieses Netzwerk von Betreuer*innen und begleitenden Dienstleistungen aufeinander abgestimmt ist, damit sie Eltern und Kind auf der Suche nach einem (relativen) Gleichgewicht unterstützen können, anstatt das gesamte System noch mehr unter Druck zu setzen.

Wichtig ist auch die Kontinuität der Begleitung z. B. in Heimen für bindungstraumatisierte Kinder. Ein zu schneller Wechsel seitens der Begleiter*innen bietet dem traumatisierten Kind nicht die Kontinuität, die es braucht, damit es sich erneut binden kann oder wird. Eine traumasensible Gesellschaft ist folglich auch eine Gesellschaft, die diese professionellen Begleitpersonen beruflich und finanziell entsprechend wertschätzt, sodass diese komplexe, bindungsaufbauende Arbeit über einen längeren Zeitabschnitt attraktiv genug bleibt. Nur so werden erneute (institutionell verursachte) Bindungsabbrüche für diese Kinder vermieden.

8. Vorsicht vor blitzschnellen Lösungen: Um mit einem Trauma den Weg durchs Leben zu finden, braucht man viel Zeit und Geduld

Bei einem komplexen Trauma handelt es sich um tiefe Wunden, oft verborgene Verletzungen, die in den verschiedensten Entwicklungsbereichen tief verborgen sind, um überleben zu können. Das Kind lässt, aus Angst wieder traumatische Erfahrungen durchstehen zu müssen, eine neue versorgende Person oder eine*n Therapeut*in jedoch nicht so einfach zu. Eine sorgfältige Verarbeitung, die für die weitere Entwicklung des Kindes von Bedeutung sein wird, braucht daher Zeit. Die Begleitung eines Kindes mit einem komplexen Trauma in einer Familie und in einer Therapie ist ein Prozess mit großen und kleinen Erfolgen, mit zahlreichen Momenten des Zurückfallens in das »uralte« Gefühl des Misstrauens, denn ›menschliche Zeit ist langsame Zeit‹.

9. Narben: Fluch und Segen?

Von Verletzungen in Form von rohen offenen Wunden bis hin zu verheilten Narben ist es ein langer Weg für ein traumatisiertes Kind und seine neuen Eltern. Aus entwicklungspsychologischer und psychotherapeutischer Sicht ist die Entwicklung von einer rohen Wunde zu einer verschlossenen Narbe ein großer Schritt nach vorne. Aus persönlicher Sicht des Kindes (und seines Kontextes) bilden die Narben auch die – manchmal lebenslange – Verletzlichkeit, die durch eine neue Lebensphase oder eine neue Herausforderung ausgelöst werden kann. Ein neuer Stressfaktor im Leben, wie z. B. der Verlust einer wichtigen versorgenden Person oder eines geliebten Menschen, kann sehr stark auf diese verletzliche Stelle drücken und die Wunde unerwartet wieder aufreißen. So wie die Haut bei der Narbenbildung ihre Elastizität verlieren kann, entwickelt sich auch das Kind mit einem komplexen Trauma trotz seiner Resilienz und Widerstandsfähigkeit, weniger flexibel und robust, als wenn es die Entwicklung von Grundvertrauen und Autonomie einschließlich aller Möglichkeiten von Anfang an gehabt hätte.

Trotzdem macht es für bindungstraumatisierte Kinder einen riesigen Unterschied, wenn man mit Narben leben kann, die die Rauheit und die Schmerzen der Verletzung und der offenen Wunde verschließen: Die Schmerznerven sind dann nicht mehr offen und ungeschützt, sodass das Kind aufgrund der heilenden Narben manchmal sogar (teilweise) vergessen kann (oder in den Hintergrund rücken lassen kann), dass es tiefe Verletzungen und Bindungstraumatisierungen oder mehrfache komplexe Traumata in sich trägt (Alvarez, 1989).

10. Schätzen Sie jeden Hoffnungsschimmer

»Das Leben ist nicht fair«, seufzen Kinder und Eltern ab und zu im Beratungszimmer. Das Leben von Kindern mit einem komplexen Trauma, aber auch das Leben ihrer Eltern, scheint manchmal eine lange Reihe von Problemen zu sein: Während gerade ein Problem bewältigt schien, kündigt sich schon wieder das folgende an. Es gibt viele schwierige Momente zu ertragen, viele Niederschläge zu überwinden, viele Brandherde zu löschen und durch viele Krisen hindurchzugehen. Hier unterscheidet sich das Leben dieser Kinder und ihrer Pflege- oder Adoptiveltern wirklich von dem der »durchschnittlichen« oder »sich normal entwickelnden« Kinder. Die intensive Angst und die große Verzweiflung, die Teil des Lebens sowohl der Kinder mit einem komplexen Trauma als auch ihrer Umgebung sind, sind von einem ganz anderen Format, als die kleineren Sorgen und Ängste, die jede Familien im Allgemeinen kennt.

Ab und zu ist eine Vogelperspektive erforderlich, um inmitten so vieler, schwieriger Momente den Richtungswechsel sehen zu können, der sich inzwischen im Leben eines Kindes vollzieht. Kinder und Eltern halten sich – zu Recht – an jeder kleinen Veränderung fest. »Ich bin beim ersten Mal im Ferienlager nicht in Panik geraten, es hat wirklich geholfen, dass Thomas, der Betreuer, mir jeden Abend geholfen hat, eine SMS an Mama und Papa zu schicken, um zu schreiben, dass alles gut läuft.« Oder: »Ich habe gestern zum ersten Mal seit langem ein ruhiges und angenehmes Gespräch mit meinem Sohn gehabt, als wir zusammen auf der Terrasse Spaghetti aßen. Das hat gutgetan.«

Jeder Hoffnungsschimmer muss gehegt und gepflegt werden. Zum Arsenal eines guten Therapeuten und einer guten Therapeutin gehört ein Schrank voller schützender Kappen: für jeden Hoffnungsschimmer eine, damit dieses hoffnungsvolle Moment gut geschützt werden kann. Ausgestattet mit nährreicher Erde, belebt von Sonnenschein, mit Wasser zur richtigen Zeit, mit genügend Sauerstoff und etwas extra Nährstoff kann so eine empfindliche Pflanze gedeihen.

Hilfreich ist auch die Langzeitperspektive: Neue Bindungspersonen und Betreuer*innen werden von komplex traumatisierten Kindern für kurze Dauer manchmal sehr unter Druck gesetzt, über längere Zeit jedoch eröffnen sie für diese Kinder wichtige neue Möglichkeiten› die ›den Unterschied machen‹ zwischen einem Leben mit Kreativität und konfliktreichen Aspekten oder einem Leben, das weiterhin im Schatten des Bindungstrauma steht und destruktive Momente birgt.

Nur bei einer sehr kleinen Minderheit der Pflege- oder Adoptivkinder kommt es in der Adoleszenz zum Abbruch der neuen Bindungsmöglichkeiten, unabhängig davon, wie gut die Pflege- oder Adoptiveltern für ihr Kind sorgen oder gesorgt haben. In den meisten Fällen jedoch machen die Pflege- oder Adoptiveltern, unterstützt von einem traumasensiblen Netzwerk, für ihre Kinder, die Bindungstraumatisierungen erlebt haben, einen bedeutsamen positiven Unterschied.

Die Erziehung eines Kindes, das komplexe Traumatisierungen erlitten hat, hat ihre Besonderheiten. Mit dieser Anerkennung möchten wir dieses Buch, das die neuen Bindungspersonen dieser Kinder mit einem Leitfaden unterstützt, hoffnungsvoll abschließen.

> Es ist, wie jeder Kapitän weiß: ein Schiff braucht nur ein paar Grad vom Kurs abzuweichen und schon kommt man in einem anderen Hafen an (Adriaan Van Dis, Knack, 18. September 2007)

Literatur

Ait Hamou, I. (2015). The dance of storytelling. TED talk. Zugriff am 19. Februar 2017 unter https://www.youtube.com/watch?v=2s7-Ghrzx3E.
Allen, J. (2007). Evil, mindblindness, and trauma. *Smith College Studies in Social Work*, 77 (1), 9–31.
Allen, J. (2013). *Mentalizing in the development and treatment of attachment trauma.* London: Barclay.
Allen, J. & Fonagy, P. (2006). *Handbook of mentalization-based treatment.* Chichester: John Wiley & Sons.
Allen, J., Fonagy, P. & Bateman, A. (2008). *Mentalizing in clinical practice.* Washington DC/London: American Psychiatric Publishing, Inc.
Alvarez, A. (1989). *Child sexual abuse: the need to remember and the need to forget. The consequences of child sexual abuse.* (Occasional Papers, No.3). London: Association for Child Psychology and Psychiatry and allied Disciplines. (auch als Kapitel in Alvarez (1992).
Alvarez, A. (1992). *Live company. Psychoanalytic psychotherapy with autistic, borderline, deprived and abused children.* London/New York: Routledge.
Alvarez, A. (2012). *The thinking heart.* London/New York: Routledge.
Barclay, R. (1995). Autobiographical remembering: Narrative constraints on objectified selves. In D. Rubin (Hrsg.), *Remembering our past: Studies in autobiographical memory* (S. 94–125). Cambridge: University Press.
Baron-Cohen, S. (1995). *Mindblindness: An essay on autism and theory of mind.* Cambridge, MA: MIT Press.
Benoit, M. (2010). *Human Brain Mapping.* New York: Wiley.
Bernier, A. & Dozier, M. (2003). Bridging the attachment transmission gap: The role of maternal mind-mindedness. *International Journal of Behavioral Development*, 27(4), 355–365.
Bettelheim, B. (1976 [1991]). *The uses of enchantment. The meaning and importance of fairy tales.* New York: Vintage Books.
Biehal, N. (2014). A sense of belonging. Meanings of family and home in long-term foster care. *British Journal of Social Work*, 44, 955–971. Doi:10.1093/bjsw/bcs177
Bion, W. (1962). A theory of thinking. *International Journal of Psycho-Analysis*, 43 (2), 306–310.
Birch, M. (2008). *Finding hope in despair. Clinical studies in infant mental health* (S. 77–101). Washington DC: Zero to Three.
Bischoff, U. (2016). *Munch.* Köln: Taschen Verlag.
Blatt, S. J. (2008). *Polarities of experience: Relatedness and self-definition in personality development, psychopathology, and the therapeutic process.* Washington DC: American Psychological Association.
Blaustein, M. & Kinniburgh, K. (2010). *Treating traumatic stress in children and adolescents: How to foster resilience through attachment, self-regulation and competency.* New York/London: The Guilford Press.
Bleyen, J. (2012). *Doodgeboren. Een mondelinge geschiedenis van rouw.* Amsterdam: De Bezige Bij.
Bonovitz, C. (2004). Unconscious communication and the transmission of loss. *Journal of Infant, Child, and Adolescent Psychotherapy*, 3(1), 1–27.
Boston, M. & Szur, R. (Hrsg.). (1983). *Psychotherapy with severely deprived children.* London/Boston: Routledge & Kegan Paul.

Bowlby, J. (1973). *Separation: Anxiety and anger. (Vol II of Attachment and loss.)* London: Hogarth Press.
Bowlby, J. (1979). *The making and breaking of affectional bonds.* London: Tavistock.
Briggs, A. (Hrsg.). (2015). *Towards belonging: Negotiating new relationships for adopted children and those in care.* London: Karnac Books.
Brisch, K.-H. (2012). *Bindungsstörungen: Von der Bindungstheorie zur Therapie.* Stuttgart: Klett-Cotta.
Brisch, K.-H. (2016). *Bindungstraumatisierungen: Wenn Bindungspersonen zu Tätern werden.* Stuttgart: Klett-Cotta.
Brisch, K.-H. & Hellbrügge, Th. (2003). *Bindung und Trauma. Risiken und Schutzfaktoren für die Entwicklung von Kindern.* Stuttgart: Klett-Cotta.
Brodzinsky, D. M. (2011). Children's understanding of adoption: Developmental and clinical implications. *Professional Psychology: Research and Practice, 42*(2), 200–207.
Brodzinsky, D. M., Schechter, M. D. & Henig, R. M. (1993). *Being adopted: The lifelong search for self.* New York: Anchor Books.
Casalin, S., Permentier, F., Luyten, P. & Vliegen, N. (2008). The Leuven Adoption Study (LAS): The role of child temperament, parental personality and mentalization in developmental trajectories of adopted children. *Infant Mental Health Journal, 31*(3), 259–260.
Casement (2002). *Learning from our mistakes. Beyond dogma in psychoanalysis and psychotherapy.* New York: Guilford Press.
Christianson, S. Å. & Safer, M. A. (1996). *Emotional events and emotions in autobiographical memories.* New York: Cambridge University Press.
Cicchetti, D. & Beeghly, M. (1987). Symbolic development in maltreated youngsters: An organizational perspective. *New Directions for Child Development, 36*, 47–68.
Cicchetti, D. & Lynch, M. (1995). Failures in the expectable environment and their impact on individual development: The case of child maltreatment. In D. Cicchetti & D. J. Cohen (Hrsg.), *Developmental psychopathology: Risk, disorder, and adaptation* (Vol. 2) (S. 32–71). New York: John Wiley & Sons.
Cook, A., Blaustein, M., Spinazzola, J. & van der Kolk, B. (2003). *Complex trauma in children and adolescents.* New York: National Child Traumatic Stress Network Complex Trauma Task Force, New York.
Cooper, A. & Redfern, S. (2016). *Reflective parenting. A guide to what's going on in your child's mind.* Routledge: London/New York.
Dahl, R. (1982). *The big friendly giant.* London: Jonathan Cape.
De Belie, E. & Van Hove, G. (2004). *Ouderschap onder druk. Ouders en hun kind met een verstandelijke beperking.* Antwerpen/Apeldoorn: Garant.
de Crée, M. (2011). In een bos. In: *Barcarolle* (S. 28). Gent: Snoeck-Ducaju & Zoon.
Derckx, B. (2011). Somatiek en psyche: Een ondeelbare eenheid. In M. Rexwinkel, M. Schmeets, C. Pannevis & B. Derckx (Hrsg.), *Handboek infant mental health. Inleiding tot de ouder-kindbehandeling* (S. 46–55). Assen: Van Gorcum.
Desmarais, S. (2006). A space to float with someone: Recovering play as a field of repair in work with parents of late-adopted children. *Journal of Child Psychotherapy, 32*(3), 349–364.
de Thierry, B. (2017). *Teaching the child on the trauma continuum.* London/Philadelphia: Jessica Kingsley Publishers.
Edwards, A., Shipman, K. & Brown, A. (2005). The socialization of emotional understanding: A comparison of neglectful and non-neglectful mothers and their children. *Child Maltreatment, 10*, 293–304.
Emde, R. N. (1983). The pre-representational self and its affective core. *The Psychoanalytic Study of the Child, 38* (1), 165–192.
Emde, R. N., Osofsky, J. D. & Butterfield, P. M. (1993). *The I FEEL Pictures. A new instrument for interpreting emotions.* Madison, CT: International Universities Press.
Ensink, K. (2004). *Assessing theory of mind, affective understanding and reflective functioning in primary school age children.* Doctoral dissertation, University of London.
Figley, C. R. (1995). *Compassion fatigue. Coping with secondary traumatic stress disorder in those who treat the traumatized.* New York: Brunner.

Fivush, R. & Hamond, N. R. (1990). Autobiographical memory across the preschool years: Toward reconceptualizing childhood amnesia. In R. Fivush & J. A. Hudson (Hrsg.), *Emory symposia in cognition, Vol. 3: Knowing and remembering in young children* (S. 223–248). New York: Cambridge University Press.

Fonagy, P. & Allison, E. (2012). What is mentalization? The concept and its foundations in developmental research. In N. Midgley & I. Vrouva (Hrsg.), *Minding the child: Mentalization-based interventions with children, young people and their families* (S. 11–34). London/ New York: Routledge.

Fonagy, P., Gergely, G., Jurist, E. & Target, M. (2002). *Affect regulation, mentalization, and the development of the self*. New York: Other Press.

Fonagy, P. & Target, M. (2002). Psychodynamic approaches to child psychotherapy. In F. Kaslow & J. Magnavita (Hrsg.), *Comprehensive handbook of psychotherapy, Volume 1: Psychodynamic/Object Relations* (S. 105–132). New York: John Wiley & Sons.

Ford, J. & Courtois, C.A. (2021). Complex PTSD and borderline personality disorder. *Borderline Pesonality Disorder and Emotion Dysregulation*, 8, 16. Doi.org/10.1186/s40479-021-00155-9.

Fraiberg, S., Adelson, E. & Shapiro, V. (1975). Ghosts in the nursery. A psychoanalytic approach to the problems of impaired infant-mother relationships. *Journal of the American Academy of Child Psychiatry*, 14 (3), 387–421.

Franz, M. & West-Leuer, B. (2008). *Bindung – Trauma – Prävention. Entwicklungschancen von Kindern und Jugendlichen als Folge ihrer Beziehungserfahrungen*. Gießen: Psychosozial Verlag.

Freud, A. (1964 [1967]). Comments on psychic trauma. *The writings of Anna Freud, Vol. 5* (S. 221–241). New York: International Universities Press.

Gaensburger, T. J. (1995). Trauma in the preverbal period, symptoms, memories and developmental impact. *Psychoanalytic Study of the Child*, 50, 123–149.

Garbe, E. (2015). *Das kindliche Entwicklungstrauma: Verstehen und bewältigen*. Stuttgart: Klett-Cotta.

Gaskill, R. & Perry, B. (2014). The neurobiological power of play. Using the neurosequential model of therapeutics to guide play in the healing process. In C. Malchiodi & D. Crenshaw (Hrsg.), *Creative arts and play therapy for attachment problems* (S. 178–194). New York: The Guilford Press.

Gergely, G. & Watson, J. S. (1996). The social biofeedback model of parental affect-mirroring. *The International Journal of Psycho-analysis*, 77 (6), 1181–1212.

Gordon, J.S. (2018). *The Transformation. Discovering wholeness and healing after trauma*. Los Angeles: Harper Collins Publishers.

Göttken, T. & von Klitzing, K. (2014). *Psychoanalytische Kurzzeittherapie mit Kindern (PaKT). Ein Behandlungsmanual*. Stuttgart: Klett-Cotta.

Göttken, T. & von Klitzing, K. (2018). *Manual for short-term psychoanalytic child psychotherapy (PaCT)*. London/ New York: Routledge.

Grünbaum, L. (1997). Psychotherapy with children in refugee families who have survived torture: Containment and understanding of repetitive behavior and play. *Journal of Child Psychotherapy*, 23 (3), 437–452.

Grünbaum, L. & Mortensen, K. V. (2018). *Psychodynamic Child and Adolescent Psychotherapy: Theories and Methods*. London: Routledge.

Grünbaum, L. & Mortensen, K. V. (2018). Psychotherapy with children who suffered complex trauma. In: L. Grünbaum & K. V. Mortensen, *Psychodynamic Child and Adolescent Psychotherapy: Theories and Methods* (S. 221–241). London: Karnac Books.

Grünberg, K. & Markert, F. (2016). Child survivors – Geraubte Kindheit. Szenisches Erinnern der Shoah bei Überlebenden, die als Kinder oder Jugendliche Opfer der Nazi-Verfolgung waren. *Psyche*, 79 (5), 411–440.

Gruwez, L. (2012). Ronelda S. Kampfer: Santenkraam. *De Standaard* (7. September 2012).

Gunnar, M. R. & Donzella, B. (2002). Social regulation of the cortisol levels in early human development. *Psychoneuroendocrinology*, 27 (1), 199–220.

Gunnar, M. & Quevedo, K. (2007). The neurobiology of stress and development. *Annual Review of Psychology*, 58, 145–173.

Habermas, T. & Bluck, S. (2000). Getting a life: The emergence of the life story in adolescence. *Psychological Bulletin, 126* (5), 748–769.

Haley, D. W. & Stansbury, K. (2003). Infant stress and parent responsiveness: Regulation of physiology and behavior during still-face and reunion. *Child Development, 74* (5), 1534–1546.

Harris, P. (1990). *Children and emotion. The development of psychological understanding.* Oxford: Blackwell.

Herman, J. L. (1992). Complex PTSD. A syndrome in survivors of prolonged and repeated trauma. *Journal of Traumatic Stress, 5* (3), 377–391.

Hodges, J. & Steele, M. (2000). Effects of abuse on attachment representations: Narrative assessments of abused children. *Journal of Child Psychotherapy, 26* (3), 433–455.

Hug, F., Fischmann, T. & Meurs, P. (2019). *MUKI – Mutige Kinder. Verhaltensbasierte Untersuchung emotionaler Erwartungs- und Bewertungsprozesse bei multipel komplex-traumatisierten Kindern.* Zugriff am 8. März 2021 von https://www.idea-frankfurt.eu/de/forschung/nachwuchsprojekte/muki

Hughes, D. A., Golding, K. S. & Hudson, J. (2017). *Healing relational trauma with attachment focused therapy. Dyadic developmental therapy with children and families.* New York: W.W. Norton.

Jenkinson, S. (2001). *The genius of play. Celebrating the spirit of childhood.* Gloucestershire/London: Hawthorn Press.

Jones, H. (2021). *Signs of complex PTSD.* Zugriff am 2. März 2021 von htpps://www.verywellhealth.com/complex-ptsd-5094628.

Jongedijk, R.A. (2014). Narrative exposure therapy: an evidence-based treatment for multiple and complex trauma. *European Hournal of Psychotraumatology, 5* (1), 26522. Doi: 10.3402/ejpt.v5.26522.

Keilson, H. (1979). *Sequentielle Traumatisierungen bei Kindern.* Stuttgart: Enke Verlag.

Kopland, R. (1982). *Dit uitzicht.* Amsterdam: Van Oorschot. (Fragment aus ein Gedicht ›Verder‹ (›Weiter‹.)

Krüger, A. & Reddemann, L. (2004). *Psychodynamische imaginative Traumatherapie für Kinder und Jugendliche: PITT-KID – das Manual.* Stuttgart: Klett-Cotta.

Ladan, A. (2015). *Het vanzelfzwijgende. Over psychoanalyse, desillusie en dood.* Amsterdam: Boom.

Lanius, R. A., Williamson, P. C., Densmore, M., Boksman, K., Neufeld, R. W., Gati, J. S. & Menon, R. S. (2004). The nature of traumatic memories: a 4-T fMRI functional connectivity analysis. *American Journal of Psychiatry, 161* (1), 36–44.

Lanyado, M. (2013). *Transforming despair into hope. Reflections on psychotherapeutic processes with severely neglected and traumatized children.* Abingdon/New York: Routledge.

Lanyado, M. (2019 [2004]). *The presence of the therapist. Treating childhood trauma.* (5., überarbeitete Auflage). London/ New York: Routledge.

Laor, N., Wolmer, L. & Cohen, D. (2001). Mothers' functioning and children's symptoms 5 years after a SCUD missile attack. *The American Journal of Psychiatry, 158* (7), 1020–1026.

Lebiger-Vogel, J., Rickmeyer, C. & Meurs, P. (2020). *BAPAS – Bindungstrauma bei Adoptiv- und Pflegekindern. Eine psychoanalytische Therapiestudie.* Zugriff am 8. März 2021 von htpps://www.idea-frankfurt.eu/de/forschung/nachwuchsprojekte/bapas

Lemke, J. (2006). *Sekundäre Traumatisierung. Klärung von Begriffen und Konzepten der Mittraumatisierung.* Kröning: Asanger Verlag.

Leuzinger-Bohleber, M. & Lebiger-Vogel, J. (Hrsg.). (2016). *Migration, frühe Elternschaft und die Weitergabe von Traumatisierungen. Das Integrationsprojekt »ERSTE SCHRITTE«*. Stuttgart: Klett-Cotta.

Lieberman, A. & Van Horn, P. (2004). Assessment and treatment of young children exposed to traumatic events. In J. D. Osofsky (Hrsg.), *Young children and trauma: Intervention and treatment* (S. 111–138). New York: Guilford Press.

Lieberman, A. & Van Horn, P. (2005). *Don't hit my mommy! A manual for Child-Parent Psychotherapy with young witnesses of family violence.* Washington DC: Zero to Three.

Lieberman, A. & Van Horn, P. (2011). *Psychotherapy with infants and young children: Repairing the effects of stress and trauma on early attachment.* Washington DC: Zero to Three.
Lieberman, A., Ippen, C. & Van Horn, P. (2015). *Don't hit my mommy! A manual for Child-Parent Psychotherapy with young children exposed to violence and other trauma.* Washington DC: Zero to Three.
Luyten, P. & Blatt, S. (2013). Interpersonal relatedness and self-definition in normal and disrupted personality development: Retrospect and prospect. *American Psychologist, 68* (3), 172–183.
Luyten, P., Mayes, L., Fonagy, P. & Nijssens, L. (2017). Parental reflective functioning: Theory, research, and clinical applications. *The Psychoanalytic Study of the Child, 70,* 174–199.
Luyten, P. & Fonagy, P. (2019). Mentalizing and trauma. In A. Bateman & P. Fonagy (Hrsg.), *Handbook of mentalizing in mental health practice* (2. Auflage) (S. 79-99). Washington, DC: American Psychiatric Publishing.
Luyten, P., Campbell, C. & Fonagy, P. (2020). Borderline personality disorder, complex trauma, and problems with self and identity: A social-communicative approach. *Journal of Personality, 88,* 88–105. https://doi:10.1111/jopy.12483.
Lyons-Ruth, K., Zeanah, C. & Benoit, D. (2003). Disorder and risk for disorder during infancy and toddlerhood. In E. J. Mash & R. A. Barkley (Hrsg.), *Child psychopathology* (2. Auflage) (S. 589–631). New York: Guilford.
Madigan, S., Atkinson, L., Laurin, K. & Benoit, D. (2012). Attachment and internalizing behavior in early childhood: A meta-analysis. *Developmental Psychology, 49,* 1–18.
Maercker, A. (2021). Development of the new CPTSD diagnosis for ICD-11. *Borderline Personality Disorder and Emotion Dysregulation, 8.* Doi: 10.1186/s40479-021-00148-8.
Malcorps, S., Vliegen, N., Nijssens, L., Tang, E., Casalin, S., Slade, A. & Luyten, P. (2021). Assessing reflective functioning in prospective adoptive parents. *PLoS ONE, 16* (1): e0245852. https://doi.org/10.1371/journal.pone.0245852
Mahler, M., Pine, F. & Bergman, A. (1975). *The psychological birth of the human infant: Symbiosis and individuation.* New York: Basic Books.
Mathelin, C. (2004). What I hear, I can't write. *Journal of Infant, Child, and Adolescent Psychotherapy, 3* (3), 369–383.
Mayes, L. (2019). *Developing more resilience in children and communities. Interventions to counteract life-diminishing hardship in children, families and communities.* Zugriff am 10. März 2021 von htpps://medicine.yale.edu/new/medicineatyale/developing-more-resilience-in-children-and-communities/
McLean, S. (2019). *Parenting traumatized children with developmental differences.* London/Philadelphia: Jessica Kingsley Publishers.
Meins, E., Fernyhough, C., Fradley, E. & Tuckey, M. (2001). Rethinking maternal sensitivity: Mothers' comments on infants' mental processes predict security of attachment at 12 months. *Journal of Child Psychology and Psychiatry, 42* (5), 637–648.
Meins, E., Fernyhough, C., Wainwright, R., Clark-Carter, D., Das Cupta, M., Fradley, E. & Tuckey, M. (2003). Pathways to understanding mind: Construct validity and predictive validity of maternal mind-mindedness. *Child Development, 74* (4), 1194–1211.
Meins, E., Fernyhough, C., Wainwright, R., Das Cupta, M., Fradley, E. & Tuckey, M. (2002). Maternal mind-mindedness and attachment security as predictors of theory of mind understanding. *Child Development, 73* (6), 1715–1726.
Meurs, P. (2009). Individuele psychodynamische kinderpsychotherapie. In J. Dirkx, M. Hebbrecht, A.W.M. Mooij en R. Vermote (Hrsg.), *Handboek Psychodynamiek* (S. 319–330). Utrecht: De Tijdstroom.
Meurs, P. & Vliegen, N. (2020 [2008]). *Affectinterpretatie en emotieregulatie. De I feel Pictures Test* (2. Auflage). Tielt: Lannoo.
Midgley, N. & Vrouva, I. (2012). *Minding the child: Mentalization-based interventions with children, young people and their families.* London/New York: Routledge.
Miller, A. (1979). *Das Drama des begabten Kindes und die Suche nach dem wahren Selbst.* Suhrkamp: Frankfurt am Main.
Miller, A. (1980). *Am Anfang war Erziehung.* Suhrkamp: Frankfurt am Main.

Mortensen, K. V. & Grünbaum, L. (2010). *Play and Power*. London: Routledge.
Muller, N. & Midgley, N. (2015). Approaches to assessment in time-limited Mentalization-Based Therapy for Children (MBT-C). *Frontiers in Psychology*, 6, 1063.
Nadar, K. (2018). *Handbook of trauma, traumatic loss and adversity in children. Development, adversity's impacts and methods of intervention*. London/ New York: Routledge.
Naish, S., Dillon, S. & Mitchell, J. (2020). *Therapeutic parenting essentials. Moving from Trauma to Trust*. London/ Philadelphia: Jessica Kingsley Publishers.
Nhat Hanh, T. (1995). *Peace is every step. The path of mindfulness in everyday life*. London: Ebury Publishing.
Nickman, S. L. (2004). The holding environment in adoption. *Journal of Infant, Child, and Adolescent Psychotherapy*, 3 (3), 329–341.
Nickman, S. L., Lewis, R. G., Jellinek, M. S. & Biederman, J. (1994). Adoptive families and professionals: When the experts make things worse. *Journal of the American Academy of Child & Adolescent Psychiatry*, 33 (5), 753–755.
Nijssens, L., Vliegen, N. & Luyten, P. (2020). The mediating role of parental reflective functioning in child social-emotional development. *Journal of Child and Family Studies*, 29, 2342–2354. https://doi:10.1007/s10826-020-01767-5.
Norris, V. & Rodwell, H. (2020). *Parenting with Theraplay*. Evanston: The Theraplay Institute (e-book).
Ogden, P., & Minton, K. (2000). Sensorimotor psychotherapy: One method for processing traumatic memory. *Traumatology*, 6 (3), 149–173.
Ogden, P., Minton, K. & Pain, C. (2006). *Trauma and the body. A sensorimotor approach to psychotherapy*. New York/London: Norton & Company.
Ogden, P., & Fisher, J. (2015). *Sensorimotor psychotherapy. Interventions for trauma and attachment*. New York/London: Norton & Company.
Osofsky, J. D. (Hrsg.) (2004). *Young children and trauma. Intervention and treatment*. New York: The Guilford Press.
Osofsky, J. D. (Hrsg.) (2011). *Clinical work with traumatized young children*. New York: Guilford Press.
Papousek, H. & Papousek, M. (1987). A dialectic counterpart to the infant's integrative competence. In J. Osofsky (Hrsg.), *Handbook of infant development* (2. Auflage, S. 669–720). Oxford: John Wiley & Sons.
Pawelczyck, J. (2012). »No stories, no self«: Co-constructing personal narratives in the psychotherapy session. *Poznań Studies in Contemporary Linguistics*, 48, 1–21.
Perry, B. (2001). Childhood experience and the expression of genetic potential: What childhood neglect tells us about nature and nurture. *Brain and Mind*, 3, 79–100.
Perry, B. (2001). The neurodevelopmental impact of violence in childhood. In D. Schetky & E. P. Benedek (Hrsg.), *Textbook of child and adolescent forensic psychiatry* (S. 221–238). Washington, D.C.: American Psychiatric Press.
Perry, B. (2003). *Effects of traumatic events on children. An introduction*. Washington, D.C.: The Child Trauma Academy.
Perry, B. (2009). Examining child maltreatment through a neurodevelopmental lens: Clinical applications of the neuro-sequential model of therapeutics. *Journal of Loss and Trauma*, 14, 240–255.
Perry, B. (2016). *Traumatherapie*. Zugriff am 14. August 2016 von http://www.thetraumatherapistproject.com/podcast/bruce-perry-md-phd/.
Perry, B., Pollard, R., Blaicley, T., Baker, W. & Vigilante, D. (1995). Childhood trauma, the neurobiology of adaptation, and »use-dependent« development of the brain: How »states« become »traits«. *Infant Mental Health Journal*, 16 (4), 271–291.
Perry, B., & Szalavitz, M. (2006). *The boy who was raised as a dog, and other stories from a child psychiatrist's notebook*. New York: Basic Books.
Phillips, A. (2010). *On balance*. London: Penguin Books Ltd.
Piaget, J. & Inhelder, B. (1966). *Le jeu et la naissance de l'intelligence chez l'enfant*. Parijs: Presses Universitaires de France.
Pivnick, B. (2010). Left without a word: Learning rhythms, rhymes, and reasons in adoption. *Psychoanalytic Inquiry*, 30, 3–24.

Quindeau, I. & Rauwald, M. (Hrsg.) (2016). *Soziale Arbeit mit unbegleiteten minderjährigen Flüchtlingen. Traumapädagogische Konzepte für die Praxis*. Weinheim: Beltz Juventa.
Quinton, D., Rushton, A., Dance, C. & Mayes, D. (1998). *Joining new families: A study of adoption and fostering in middle childhood*. Chichester: John Wiley & Sons.
Rauwald, M. (2013). *Vererbte Wunden. Transgenerationale Weitergabe traumatischer Erfahrungen*. Weinheim: Beltz Verlag.
Roberts, G. (1999). A story of stories. In G. Roberts & J. Holmes (Hrsg.), *Healing stories: Narrative in psychiatry and psychotherapy* (S. 3–26). Oxford: Oxford University Press.
Robinson, F., Luyten, P., & Midgley, N. (in press, 2021). Child psychotherapy with looked after and adopted children: A UK national survey of the profession. *Journal of Child Psychotherapy, 47* (2).
Rocha, J., Rodrigues, V., Santos, E., Azevedo, I., Machado, S., Almeida, V., Silva, C., Almeida, J. & Cloître, R. (2021). The first instrument for complex PTSD assessment: psychometric properties of the ICD-11 Trauma Questionnaire. *Brazilian Journal of Psychiatry, 42* (2), 185–189. Doi:10.1590/1516-4446-2018-0272.
Saint Arnould, D. & Sinha, L. (2019). Hope and fulfillment after complex trauma: Using mixed methods to understand healing. *Frontiers in Psychology, 20*. September 2019. doi.org/10.3389/fpsyg.2019.02061
Sandler, J. (1967). Trauma, strain and development. In S. Furst (Hrsg.), *Psychic trauma* (S. 154–174). New York: Basic Books.
Schaefer, C. & Kaduson, H. (2006). *Contemporary play therapy. Theory, research and practice*. New York: The Guilford Press.
Schmeets, M. (2005). Theoretische concepten. In J. E. Verheugt-Pleiter, M. Schmeets & J. Zevalkink (Hrsg.), *Mentaliseren in de kindertherapie* (S. 7–20). Assen: Koninklijke Van Gorcum.
Schmeets, M. (2011). De neurobiologie van de vroege ontwikkeling. In M. Rexwinkel, M. Schmeets, C. Pannevis, & B. Derckx (Hrsg.), *Handboek infant mental health. Inleiding tot de ouder-kindbehandeling* (S. 33–45). Assen: Van Gorcum.
Schmid, M. Petermann, J. M. & Fegert, F. (2010). Traumaentwicklungsstörung: Pro und Contra. *Kindheit und Entwicklung, 19* (1), 47–63.
Schore, A. (2009). Attachment trauma and the developing right brain: Origins of pathological dissociation. In P. Dell & J. O'Neil (Hrsg.), *Dissociation and the dissociative disorders. DSM-V and beyond* (S. 107–141). New York: Routledge.
Seghers, N. (2013). *Magenta. Werkboek zorg – werk – leven balans voor ouders van een zorgenkind*. Leuven: Leuven University Press.
Sells, S. P. & Souder, E. (2018). *Treating the traumatized child. A Step-by-Step Systems Approach*. New York: Springer.
Shalev, A. Y. (2000). Post-traumatic stress disorder: Diagnosis, history and life course. In D. Nutt, J. R. T. Davidson & J. Zohar (Hrsg.), *Post-traumatic stress disorder: Diagnosis, management and treatment* (S. 1–15). London: Martin Dunitz.
Sharp, C. & Fonagy, P. (2008). The parent's capacity to treat the child as a psychological agent: Constructs, measures and implications for developmental psychopathology. *Social Development, 17* (3), 737–754.
Shipman, K. & Zeman, J. (2001). Socialization of children's emotion regulation in mother-child dyads: A developmental psychopathology perspective. *Development and Psychopathology, 13* (2), 317–336.
Slade, A. (1994). Making meaning and making believe: Their role in the clinical process. In A. Slade & D. Wolf (Hrsg.), *Children at play. Clinical and developmental approaches to meaning and representation* (S. 81–107). Oxford: Oxford University Press.
Slade, A., Grienenberger, J., Bernbach, E., Levy, D. & Locker, A. (2005). Maternal reflective functioning, attachment, and the transmission gap: A preliminary study. *Attachment & Human Development, 7* (3), 283–298.
Smis, W. (1989). *Beelden kunnen spreken. Studie van het schilderij bij kinderen met psychische problemen. (Bilder, die sprechen können. Zeichnungen und Gemälde von Kindern mit psychischen Problemen)* Roeselare: Die Keure.

Solomon, E.P. & Heide, K.M. (1999). Type III Trauma: toward a more effective conceptualization of psychic trauma. *International Journal of Offender Therapy and comparative Criminology, 43* (1), 202–210.
Solms, M.L. (2018). The neurobiological underpinnings of psychoanalytic theory and therapy. *Frontiers of Behavioral Neurosciences, 12,* 294. Doi:10.3389/frben.2018.00294
Spitz, R. (1965). *The first year of life. A psychoanalytic study of normal and deviant development of object relations.* Madison, CT: International Universities Press.
Stamm, B. H. (Hrsg.) (1995). *Secondary traumatic stress: self-care issues for clinicians, researchers and educators.* Lutherville, MD: Sidran Press.
Stamm, B. H. (2002). *Sekundäre Traumastörungen. Wie Kliniker, Forscher und Erzieher sich vor traumatischen Auswirkungen ihrer Arbeit schützen können.* Paderborn: Junfermann.
Steele, M., Hodges, J., Kaniuk, J., Hillman, S. & Henderson, K. (2003). Attachment representations and adoption: Associations between maternal states of mind and emotion narratives in previously maltreated children. *Journal of Child Psychotherapy, 29* (2), 187–205.
Steele, M., Hodges, J., Kaniuk, J. & Steele, H. (2010). Mental representation and change: Developing attachment relationships in an adoption context. *Psychoanalytic Inquiry, 30,* 25–40.
Stern, D.N. (1989). Developmental prerequisites for the sense of narrated self. In A.M. Cooper, O.F. Kernberg & E.S. Person (Hrsg.), *Psychoanalysis: Toward the second Century* (S. 168–178). Yale: Yale University Press.
Stern, D.N. (1995). The parent-infant interaction. In *The motherhood constellation. A unified view of parent-infant psychotherapy* (S. 59–78). New York: Basic Books.
Stern, D.N. (1985). *The interpersonal world of the infant.* London/New York: Karnac.
Struik, A. (2010). *Slapende honden? Wakker maken! Een stabilisatiemethode voor chronisch getraumatiseerde kinderen.* Amsterdam: Pearson Assessment and Information.
Struik, A. (2016). *Treating chronically traumatized children: Don't let sleeping dogs lie!* (2. Auflage). London/ New York: Routledge.
Szalavitz, M. & Perry, B. (2010). In your face. In M. Szalavitz & B. Perry, *Born for love. When empathy is essential and endangered* (S. 27–44). New York: Harper Collins Publishers.
Tang, E., Bleys, D. & Vliegen, N. (2018). Making sense of adoptive children's inner world using narrative story stem techniques: A mixed-methods synthesis. *Frontiers in Psychology* (Open access e-Journal), (publiziert am 10. Juli 2018, doi: 10.3389/fpsyg.2018.01189) (IF:2.32).
Terr, L.-C. (1991). Childhood trauma's: an outline and overview. *American Journal of Psychiatry, 148* (1), 10–20.
Terr, L.-C. (2008). *Too scared to cry: Psychic trauma in childhood.* New York: Basic Books.
Tronick, E., Adamson, L. B., Als, H. & Brazelton, T. B. (1975). Infant emotions in normal and perturbated interactions. (Presentation at the biennial meeting of the Society for Research in Child Development, Denver, CO, April).
Tronick, E. Z. & Gianino, A. (1986). Interactive mismatch and repair: Challenges to the coping infant. *Zero to Three, 6* (3), 1–6.
Tuber, S. (2012). The clinical implications of aspects of a child's degree of psychological mindedness in dynamically oriented child psychotherapy. *Journal of Infant, Child and Adolescent Psychotherapy, 11,* 3–20.
Turnbull, (2012). *Gevangen in je hoofd. Hoe verwerkt ons brein een trauma?* Amsterdam: A.W. Bruna Uitgevers.
van der Kolk, B. (1996). The complexity of adaptation to trauma: Self-regulation, stimulus discrimination, and characterological development. In B. van der Kolk, A. McFarlane & L. Weisaeth (Hrsg.), *Traumatic stress* (S. 182–213). New York: Guilford.
van der Kolk, B. (2003). The neurobiology of childhood trauma and abuse. In *Child and Adolescent Psychiatric Clinics of North America: Posttraumatic Stress Disorder, 12,* (S. 293–317). Philadelphia, PA: W.B. Saunders.
van der Kolk, B. (2005). Developmental trauma disorder: Toward a rational diagnosis for children with complex trauma histories. *Psychiatric Annals, 35* (5), 401–408.

van der Kolk, B. (2014). *The body keeps the score. Brain, mind, and body in the healing of trauma.* New York: The Penguin Group.
van der Kolk, B. (2016). Verkörperter Schrecken. Traumaspuren in Gehirn, Geist und Körper und wie man sie heilen kann. Lichtenau: G.P. Probst Verlag.
van der Kolk, B. A., Pynoos, R. S., Cicchetti, D., Cloitre, M., D'Andrea, W., Ford, J. D. & Teicher, M. (2009). *Proposal to include a developmental trauma disorder diagnosis for children and adolescents in DSM-V.* Unpublished manuscript. Zugriff am 20. Mai 2011 von http://www. cathymalchiodi. com/dtd_nctsn. Pdf.
van Dis, A. (2007). Interview in *Knack*, 18. September 2007.
van Egmond, (1987). *Bodemloos bestaan. Het Geen-Bodem-Syndroom, problemen met adoptiekinderen.* Amsterdam: Ambo.
Van Horn, P. (2011). The Impact of Trauma on the developing social Brain: Development and Regulation in Relationships. In J.D. Osofsky (Hrsg.), *Clinical Work with traumatized young children* (S.11–30). New York/London: The Guilford Press.
Verhelst, P. (2008). *Sterrebeelden.* Amsterdam: Prometheus.
Verheugt-Pleiter, A., Zevalkink, J. & Schmeets, M. (2008). *Mentalizing in child therapy. Guidelines for clinical practitioners.* London: Karnac.
Vliegen, N. (2006). *Kleine baby's, prille ouders. Samen in ontwikkeling.* Leuven: Acco.
Vliegen, N., Hannes, K. & Meurs, P. (2016). De complexiteit van klinische psychodiagnostiek vraagt methodologische diversiteit. *Tijdschrift Klinische Psychologie, 46* (4), 302–316.
Vliegen, N., Tang, E. & Meurs, P. (2017). *Van kwetsuur tot litteken. Hulpverlening aan kinderen met complex trauma.* Kalmthout: Pelckmans Pro. [Von der Verletzung bis zur Narbe: Begleitung von Kindern mit komplexen Traumatisierungen]
Vliegen, N., Tang, E., Midgley, N., Luyten, P. & Fonagy, P. (in Vorbereitung für 2021). *Children recovering from complex trauma. A three-track contemporary psychodynamic treatment approach. (Guidelines for DCTT: Dynamic Complex Trauma Therapy).* London: Routledge.
von Klitzing, K., White, L.O., Otto, Y., Fuchs, S., Egger, H.L. & klein, A.M. (2014). Depression comorbidity in preschool anxiety disorders. *The Journal of Child Psychology and Psychiatry, 55* (10), 1107–1116. https://doi.org/10.1111/jcpp.12222
Weinberg, D. (2005). *Traumatherapie mit Kindern. Strukturierte Traumaintervention und traumabezogene Spieltherapie.* Stuttgart: Klett-Cotta.
Weinberg, D. (2010). *Psychotherapie mit komplex traumatisierten Kindern. Behandlung von Bindungs- und Gewalttraumata der frühen Kindheit.* Stuttgart: Klett-Cotta.
Weinberg, D. (2015). *Verletzte Kinderseele. Was Eltern traumatisierter Kinder wissen müssen und wie Sie richtig reagieren.* Stuttgart: Klett-Cotta.
Willock, B. (1986). Narcissistic vulnerability in the hyper-aggressive child: the disregarded (unloved, uncared for) self. *Psychoanalytic Psychology, 3* (1), 59–80.
Willock, B. (1987). The devalued (unlovable, repugnant) self: a second facet of narcissistic vulnerability in the aggressive, conduct-disordered child. *Psychoanalytic Psychology, 4* (3), 219–240.
Willock, B. (1990). From acting-out to interactive play. *International Journal of Psycho-Analysis, 71*, (2), 321–334.
Winnicott, D. W. W. (1956). The antisocial tendency. In D. W. W. Winnicott (1984), *Deprivation and delinquency* (S. 103–112). London/New York: Tavistock Publications.
Winnicott, D. W. W. (1965). *The maturational processes and the facilitating environment: Studies in the theory of emotional development.* London: The Hogarth Press and the Institute of Psycho-Analysis.
Winnicott, D. W. W. (1971). *Playing and reality.* London/New York: Routledge.
Wöller, W. (2016). *Bindungstrauma und Borderline-Störung.* Stuttgart: Schattauer.
Wright, J. (2009). The princess has to die. Representing rupture and grief in the narrative of adoption. *Psychoanalytic Study of the Child, 64*, 75–91.
Yanof, J.A. (2019). Play in the analytic setting: The development and communication of meaning in child analysis. *The International Journal of Psychoanalysis, 100* (6): 1390–1404. htpps://doi.org/10.1080/00207578.2019.1642758

Zeman, J., Shipman, K. & Suveg, C. (2002). Anger and sadness regulation: Predictions to internalizing and externalizing symptoms in children. *Journal of Clinical Child & Adolescent Psychology, 31* (3), 393–398.

Zorzi, H. (2019). *Psychotherapie mit komplex traumatisierten Kindern. Ein integrativer Ansatz.* Stuttgart: Klett-Cotta.